司法書士

STANDARDSYSTEM

スタンダード合格テキスト 9

JN116774

供託法・
司法書士法

Wセミナー／司法書士講座 編

早稲田経営出版
TAC PUBLISHING Group

本書は，2022年（令和4年）7月1日時点での情報に基づき，2023年（令和5年）4月1日までに施行が確定している法改正に対応しています。本書刊行後に明らかになった法改正につきましては，毎年4月1日時点での法改正情報としてまとめ，ＴＡＣ出版書籍販売サイト「サイバーブックストア」（https://bookstore.tac-school.co.jp/）の早稲田経営出版・司法書士「法改正情報」コーナーにて公開いたしますので，適宜ご参照ください。

【本書の主な改正ポイント】
- ・ 差押債権に係る取立訴訟において債権者等の秘匿決定がされた場合の供託命令の制度
- ・ 供託物の払渡請求権の消滅時効に主観的起算点が定められた
- ・ 司法書士の欠格事由の改正
- ・ 1人司法書士法人の設立が可能となった
- ・ 司法書士に対する懲戒権者とその手続の改正

はしがき

　司法書士試験は，合格率４％程度と，数ある国家試験の中でも最難関の資格のひとつに位置づけられています。また出題科目も多く，学習すべき範囲が膨大であることも司法書士試験の特徴のひとつです。このため，学習がうまく進まなかったり，途中で挫折してしまう方がいらっしゃることも事実です。

　では，合格を勝ち取るために必要な勉強法とはどのようなものでしょうか。
　Ｗセミナーでは，長年にわたり司法書士受験生の受験指導を行い，多くの合格者を輩出してきました。その経験から，合格へ向けた効率的なカリキュラムを開発し，さまざまなノウハウを蓄積してまいりました。そしてこの度，その経験とノウハウのすべてを注ぎ込み，合格のためのテキストの新たな基準をうちたてました。それが，本シリーズ「司法書士　スタンダード合格テキスト」です。

　本シリーズは，司法書士試験の膨大な試験範囲を，科目ごとに11冊にまとめました。また，法律を初めて学習する方には使い勝手のよい安心感を，中・上級者にとってはより理解を深めるための満足感を感じていただけるような工夫を随所に施しており，受験生の皆さまの強い味方になることでしょう。

　「供託法」は，供託法・供託規則における手続に関して学習するのみでは全く不十分であって，民法，民事執行法あるいは民事保全法の理解を前提にしなければ歯が立たない科目です。そのため，本書では条文の掲載範囲を拡張するなど，わかりやすい説明を行い，しっかりと理解していただけるような内容としました。また，「司法書士法」は，わずか１問の出題ですが，合格のためには取りこぼしが許されない科目となっています。そこで，本書では，確実に押さえるべき条文を掲載するとともに，理解しづらい部分については詳しい解説を心がけています。

　司法書士を志した皆さまが，本シリーズを存分に活用して学習を深めていただき，司法書士試験合格を勝ち取られることを願ってやみません。

2022年８月

Ｗセミナー／司法書士講座
講師・教材開発スタッフ一同

●●●●● 本シリーズの特長と使い方 ●●●●●

・特長１　法律論点を視覚的に理解できる！

　ケーススタディが適宜設けられ，具体例が示されているので，法律論点を具体的・視覚的に理解でき，知識の定着を促します。

・特長２　学習に必要な情報が満載！

　重要条文はもれなく掲載されており，その都度，六法にあたる手間を省くことができます。また，本試験の出題履歴も表示されており，重要箇所の把握に大いに役立ちます。

・特長３　学習しやすいレイアウト！

　行間や余白が広いため書き込みがしやすく，情報をこのテキスト一冊に集約できます。また，細かな項目分けがなされているため飽きずにスラスラ読み進むことができます。

Topics　←方向感！

　何を学習するのか，どこが重要かを明らかにすることで，学習の目的や方向性を明確にすることができます。

ケーススタディ　←臨場感！

　具体的な事例や図を用いることによって，複雑な権利関係や法律論点を分かりやすく解説しています。質問形式で始まるため，まるで講義を受けているかのような臨場感を味わいながら読み進めることができます。

＊アルファ
二重差押えによる差押えの競合
　二重差押えによる差押えの競合の考え方は，執行供託を理解するための重要なポイントである。差押えの競合とは次の①および②の双方が該当する状態である。
① 債権に対して複数の差押え等（仮差押え，滞納処分による差押えを含む）がある。
② 複数の差押え等の差押債権者の合計額が，被差押債権額を超えている。
　具体例でみてみよう。AはBに対して100万円の債権を有しているとする。
㋐ Aの債権者Cが40万円の差押えをし，さらにAの債権者Dが50万円の差押えをした場合には，差押債権額の合計額は90万円で，被差押債権額の100万円を超えていないので，差押えの競合ではない。
㋑ Aの債権者Cが40万円の差押えをし，さらにAの債権者Dが60万円の差押えをした場合には，差押債権額の合計額は100万円で，被差押債権額の100万円と同額ではあるが，超えていないので，差押えの競合ではない。
㋒ Aの債権者Cが40万円の差押えをし，さらにAの債権者Dが70万円の差押えをした場合には，差押債権額の合計額は110万円で，被差押債権額の100万円を超えているので，差押えの競合である。

[2]　第三債務者の供託の義務
　差押えが競合した場合，第三債務者が特定の債権者に任意に弁済すると，他の債権者は満足を得られないことになってしまう。そこで民事執行法は差押えの競合が生ずる場合，債権者間の平等を確保する趣旨から第三債務者に供託の義務を負わせ，その供託金を配当手続によって分配するシステムをとっている。

[3]　供託の義務の発生の時点
　取立訴訟の訴状を受ける時までに差押えが競合したとき（被差押債権のうち差し押さえられていない部分を超えて差押命令，差押処分または仮差押命令の送達を受けたとき）または配当要求があった旨を記載した文書の送達を受けたとき（民執§154Ⅱ，民執規§145，26）は，第三債務者は債務履行地の供託所に供託をしなければならない（民執§156Ⅱ）。この供託を，第三債務者等の「義務供託」という。供託の法令条項は，いずれの場合も「民事執行法第156条第2項」である。

プラスアルファ　←満足感！
　適宜，プラスアルファとして，補足的な知識や応用的な内容が盛り込まれているため，中・上級者の方が読んでも満足する構成となっています。

---

[3]　訂正等が禁じられる場合（供託規§6Ⅵ）

（記載の文字）
供託規則 第6条
6　供託通知書，代供託請求書，附属供託請求書，供託有価証券払渡請求書は供託有価証券利札の枚数に記載した供託金額，有価証券の枚数及び総額面又は請求利札の枚数については，訂正，加入又は削除はしてはならない。

　供託書，供託通知書，代供託請求書，附属供託請求書，供託有価証券払渡請求書は供託有価証券利札の枚数に記載した供託金額，有価証券の枚数および総額面又は請求利札の枚数については，訂正，加入または削除をしてはならない。これらの書面は，いずれも供託所から供託者に交付され，供託所の外部で用いられるものであるから，その金額等の改ざんによる損害の発生を防止しなければならないからである。一方，供託所から供託者に交付されない供託金払渡請求書や供託金利息請求書については金額等の訂正，加入または削除は認められる。

[4]　書類の契印等

（書類の契印）
供託規則 第8条　供託所に提出すべき書類（供託書，供託通知書，代供託請求書及び附属供託請求書を除く。）が二葉以上にわたるときは，作成者又は，毎葉のつづり目に契印をしなければならない。
2　前項の場合において，当該書類の作成者が多数であるときは，その1人が契印すればたりる。
（供託規）
供託規則 第13条
5　供託書が二葉以上にわたるときは，作成者は，当該供託書の所定の欄に枚数及び丁数を記載しなければならない。

　供託規則13条1項の供託書（OCR用）が二葉以上にわたる場合でも，作成者は，毎葉のつづり目に契印をすることを要しない。

重要条文　←効率化！
　法律を学習する上で条文をチェックすることは欠かせませんが，本書では重要条文が引用されているので，六法を引く手間を省くことができます。

過去問表記　←リアル感！
　過去に本試験で出題された論点には，出題履歴を表示しました。試験対策が必要な箇所を把握することができ，過去問にあたる際にも威力を発揮します。「R4-9-ア」は，令和4年度本試験択一式試験（午後の部）の第9問肢アで出題されたことを示しています。

目次

第2編　司法書士法

付 録

凡　例

1．法令の表記
供託規§13Ⅱ①→　供託規則第13条第2項第1号

2．法令の略称　※　主なものを掲載しています
供託規→　供託規則
供託→　供託法
供託準→　供託事務取扱手続準則
民→　民法
民訴→　民事訴訟法
民執→　民事執行法
民保→　民事保全法
滞調→　滞納処分と強制執行等の手続の調整に関する法律
滞調令→　滞納処分と強制執行等の手続の調整に関する政令
宅建→　宅地建物取引業法
非訟→　非訟事件手続法
公選→　公職選挙法
司書→　司法書士法
司書規→　司法書士法施行規則

3．判例・先例等の表記
最判昭46.11.30→　昭和46年11月30日最高裁判所判決
大判大7.4.19→　大正7年4月19日大審院判決
大阪高決昭41.5.9→　昭和41年5月9日大阪高等裁判所決定
大阪地判昭27.9.27→　昭和27年9月27日大阪地方裁判所判決
先例昭26.6.27－1332→　昭和26年6月27日第1332号先例

第 **1** 編

供託法

第1章
供託手続総論

第1節　供託の意義

Topics・供託の仕組みについて学習する。
　　　　・供託における用語を理解する。

1　供託の意義

　供託とは，法令の規定を根拠として，一定の財産を国家機関である供託所に提出してその管理を委ね，最終的に当該財産をある人に受領させることにより，一定の法律上の目的を達成させるために設けられた制度である。

2　供託者と被供託者

　供託の申請を行い，供託すべき物としての一定の財産を供託所に提出する者を「供託者」という。また，その相手方として供託所から供託された財産を受領する者を「被供託者」という。たとえば，民法上の債務について債務者が債権者に弁済しようとしたが，債権者がこれを拒んだ場合，債務者は供託により債務を免れることができるが(民§494Ⅰ①)，この場合，債務者が「供託者」に，債権者が「被供託者」に該当する。

　供託がされた後，被供託者が供託物を供託所から取得することを「還付」といい，これにより供託は目的を達して終了する。一方，供託者が供託物を供託所から取得することを「取戻し」といい，供託が最初からされなかったことになる。還付と取戻しの双方を含む用語として供託所から供託物が交付されることを「払渡し」という。

3　供託物

　供託すべき物としての一定の財産を「供託物」という。供託物は「供託の目的物」ともいう。供託物としては，金銭，有価証券，振替国債およびその他の物が考えられるが，供託の根拠規定により供託が認められる物が個別に定められている。

4　供託所

> **供託法 第1条**　法令ノ規定ニ依リテ供託スル金銭及ヒ有価証券ハ法務局若ハ地
> 方法務局若ハ此等ノ支局又ハ法務大臣ノ指定スル此等ノ出張所カ供託所トシ
> テ之ヲ保管ス
> **供託法 第5条**　法務大臣ハ法令ノ規定ニ依リテ供託スル金銭又ハ有価証券ニ非
> サル物品ヲ保管スヘキ倉庫営業者又ハ銀行ヲ指定スルコトヲ得
> 2　倉庫営業者又ハ銀行ハ其営業ノ部類ニ属スル物ニシテ其保管シ得ヘキ数量
> ニ限リ之ヲ保管スル義務ヲ負フ
> **供託法 第7条**　倉庫営業者又ハ銀行ハ第5条第1項ノ規定ニ依ル供託物ヲ受取
> ルヘキ者ニ対シ一般ニ同種ノ物ニ付テ請求スル保管料ヲ請求スルコトヲ得

　供託事務を取り扱う場所が供託所である。供託物が金銭，有価証券（振替国　〔H16-9-イ〕
債を含む。）である場合には，法務局もしくは地方法務局またはその支局もし
くは法務大臣の指定する出張所が供託所となる（供託§1）。この場合，供託
を行うことについての手数料は不要である。

　また，供託根拠法令により，金銭や有価証券以外のその他の物品を目的物と　〔H2-12-2〕
することが認められている場合，法務大臣は，その物品を保管すべき倉庫営業　〔H2-12-4〕
者または銀行を指定することができ（供託§5Ⅰ），この倉庫営業者または銀
行が供託所となる。この場合，当該倉庫営業者または銀行は，その営業の部類
に属する物であって，かつ，保管可能な数量に限りこれを保管する義務を負う
（同Ⅱ）。また，当該倉庫営業者または銀行は，供託物を受け取るべき者に対し
て保管料を請求することができる（供託§7）。

5　供託官

　供託所における事務は，法務局もしくは地方法務局もしくはこれらの支局ま
たはこれらの出張所に勤務する法務事務官であって，法務局または地方法務局
の長の指定した者が供託官としてこれを取り扱う（供託§1の2）。

➕ アルファ

　供託官の審査の方法は，供託法規に基づく一定の申請書および添付書類また　〔H17-10-イ〕
は提示書類のみに基づいてする書面審査としての形式的審査権に限定される。　〔H17-10-エ〕
そのため，法定の書類以外に判断書類たる書証，人証等を求めるなどして実質　〔H17-10-オ〕
的審査をする権限を有しない（最判昭36.10.12）。　　　　　　　　　　　　　〔H13-9-1〕

　これに対して，供託官の審査の範囲や対象については，供託法規上特に制限　〔H13-9-2〕
する規定が設けられていないから，供託官の審査権限は，当該申請行為に関す　〔H13-9-3〕

H13-9-4

る一切の法律上の要件に及ぶ。すなわち，供託の手続的要件のみならず，提出された法定の書面の記載に基づいて判断しうる限りにおいて，当該申請が実体上の要件を具備した有効なものであるか否かまで及ぶものである（最判昭59.11.26）。

6　供託の種類

(1)　供託の種類

供託は，供託を義務づけまたはこれを許容する法令の規定，すなわち，供託根拠法令が存しなければこれをすることができないが（供託§1），その機能から，弁済供託，執行供託，担保（保証）供託，没取供託，保管供託の5種類に分類される。

(2)　弁済供託

弁済供託とは，債務を負担している債務者が，その債務を履行しようとしても，債権者の受領の拒否，債権者の受領の不能，債権者が確知できないという理由により債務の履行ができない場合に，債務者が債務の目的物を供託することにより，債権者に弁済したときと同様の効果を生じさせ，債務者が債務を弁済することができないことによって受ける不利益を免れさせることを目的とする供託である（民§494）。→第5章参照

(3)　執行供託

執行供託とは，強制執行の手続，保全執行の手続，滞納処分の手続において，執行の目的物を執行機関や第三債務者から供託させ，その目的物の管理と執行当事者への交付を行うことで各種執行手続を円滑に行うとともに，第三債務者を保護するための供託である。なお，試験出題の傾向に合わせ，第三債務者が行う執行供託を取り扱うこととする。→第6章参照

(4)　担保（保証）供託

担保（保証）供託とは，法律に規定される特定の相手方が被る債務あるいは損害を担保するための供託である。「裁判上の担保供託」と「営業保証供託」の2種類が重要である。→第7章参照

①　裁判上の担保供託

裁判上の担保供託は，民事訴訟法，民事執行法，民事保全法の規定により相手方に生ずる損害を担保することを目的とするものである。

② 営業保証供託

　営業保証供託は，営業による取引の相手方が不特定多数であり，その取引活動が広範，かつ，頻繁に行われ，営業者の信用が社会に保証されていなければならない場合や，その性質上他人に損害を与える可能性が大きい場合について，取引により生じた損害賠償債務の支払いを担保することを目的とするものである。

(5)　没取供託

　没取供託とは，ある一定の法的な目的を実現するために，一定の事由が生じたときは，供託物を国庫等に帰属させることを目的とする供託である。代表的なものは，公職選挙法に基づく立候補の濫用防止のための選挙供託である（公選§92）。→第7章参照

(6)　保管供託

　保管供託とは，目的物の散逸を防止するために，供託物の保全を目的とする供託である。銀行等の業績悪化により資産状態が不良となった場合に，その財産の散逸を防止するために，銀行等に財産の供託を命じる場合などがある（銀行§26など）。

7　供託の要件

(1)　供託が根拠法令に基づくものであること

　供託は，供託を義務づけ，または供託ができる旨の法律の規定がなければすることはできない。供託書において，「供託を義務付けまたは許容した法令の条項」が記載事項となっているのは（供託規§13Ⅱ⑤），この要件が満たされていることを明らかにさせるためである。

(2)　供託の目的物が供託できるものであること

　供託物は，金銭，有価証券（振替国債を含む。）またはその他の物品でなければならない。

(3)　適法な供託所に対する供託であること

　供託は，供託を義務づけ，または供託ができる旨の法律の規定により定められた供託所に対してしなければならない。この法令で定められた供託所以外の供託所にされた供託は，無効である（大判昭10.7.10）。なお，弁済供託においては例外となる先例があるので注意すること。

第2節　供託の管轄

Topics・ここでは，供託の管轄について学習する。
　　　　・供託の種類別の管轄の定めについて理解しておくこと。

1　総　説

　　供託法においては，前述のとおり目的物による管轄の規定はあるが（供託§
1，5），全国に存するどこの供託所に供託するかについては規定されていない。
そこで，この場合の供託の管轄については，供託根拠法令に定めがあればそれ
に従うこととなり，定めがなければ全国のどこの供託所にも供託できることに
なる。以下，供託の種類ごとに説明する。

2　弁済供託

　　弁済供託における管轄供託所は，「債務履行地の供託所」である（民§495Ⅰ）。

(1)　債務履行地の考え方

> （弁済の場所及び時間）
> **民法 第484条**　弁済をすべき場所について別段の意思表示がないときは，特定
> 　物の引渡しは債権発生の時にその物が存在した場所において，その他の弁済
> 　は債権者の現在の住所において，それぞれしなければならない。
> 2　（略）

H3-11-1
H3-11-2

　　債務履行地は，持参債務であれば債権者の住所地，取立債務であれば債務
者の住所地となる。そして民法において，弁済の場所につき別段の意思表示
がないときは，特定物の引渡しは債権発生の時にその物が存在した場所にお
いて，その他の弁済は債権者の現在の住所においてしなければならないとさ
れており（民§484Ⅰ），金銭債務について問題文で特約の存在が明らかにさ
れていないときは，持参債務として債権者の住所地が債務履行地となる。

(2)　債務履行地の供託所の意味

H28-9-ア
H20-9-ウ
H12-10-ア
H8-9-ア
H2-12-5

　　債務履行地の供託所とは，債務履行地の属する最小行政区画に存する供託
所である（大判昭8.5.20）。そして，債務履行地の属する最小行政区画内に供
託所がない場合には，その地を包括する行政区画内における最寄りの供託所
に供託すればよい（先例昭23.8.20－2378，東京高判昭38.1.31）。すなわち，
東京都新宿区が債務履行地である場合，新宿区内には供託所がないので，新

宿区を包括する行政区画である東京都内における最寄りの供託所に供託すればよいことになる。また，ここでいう「**最寄りの供託所**」は，債務履行地を基準として，距離的，時間的，経済的に見て，被供託者である債権者が供託物を受領するのに最も便利な供託所として差し支えないと解されている（先例昭42.1.9－16）。

(3)　管轄違いの供託の効果

　　管轄違いの供託は無効であり，誤って受理された場合でも効力を生じないのが原則である。しかし，弁済供託において，管轄違いの供託が誤って受理され，供託者が供託物を取り戻す前に，被供託者が供託を受諾し（供託規§47），または還付請求したときには，管轄違背は治癒され，当初から有効な供託があったものとされる（先例昭39.7.20－2594）。

R4-10-オ
H28-9-オ
H8-9-オ

(4)　その他の物品を供託する場合

（供託の方法）
民法　第495条
2　供託所について法令に特別の定めがない場合には，裁判所は，弁済者の請求により，供託所の指定及び供託物の保管者の選任をしなければならない。
（供託所の指定及び供託物の保管者の選任等）
非訟事件手続法　第94条　民法第495条第2項の供託所の指定及び供託物の保管者の選任の事件は，債務の履行地を管轄する地方裁判所の管轄に属する。
2　裁判所は，前項の指定及び選任の裁判をするには，債権者の陳述を聴かなければならない。
3　裁判所は，前項の規定により選任した保管者を改任することができる。この場合においては，債権者及び弁済者の陳述を聴かなければならない。
4　裁判所が第2項の裁判又は前項の規定による改任の裁判をする場合における手続費用は，債権者の負担とする。
5　民法第658条第1項，第659条から第661条まで及び第664条の規定は，第2項の規定により選任し，又は第3項の規定により改任された保管者について準用する。

　　その他の物品が弁済供託の目的物である場合に，債務履行地に所定の供託所（供託§5）がない場合，裁判所は，弁済者の請求により，供託所の指定および供託物の保管者の選任をしなければならない（民§495Ⅱ，非訟§94）。

H22-9-イ
H2-12-3

(5) 参考先例

H3-11-3

① 持参債務につき，債権者の住所が不明である場合には，債権者の最後の住所地の供託所に供託する（先例昭39決議）。

② 持参債務の場合において，債権者が各地に複数存在する場合，可分債権であれば，各債権者の住所地の供託所に供託することになるが，不可分債権であれば，債権者の内の1人の住所地の供託所に供託することができる（先例昭36.4.8-816）。

R2-10-エ

③ 持参債務の場合において，債務者の過失なくして債権者がAまたはBのいずれであるか確知できない場合（債権者不確知），AまたはBのいずれかの住所地の供託所に供託すれば足りる（先例昭38.6.22-1794）。

3 執行供託

> （第三債務者の供託）
>
> **民事執行法 第156条** 第三債務者は，差押えに係る金銭債権（差押命令により差し押さえられた金銭債権に限る。次項において同じ。）の全額に相当する金銭を債務の履行地の供託所に供託することができる。
>
> 2 第三債務者は，次条第1項に規定する訴えの訴状の送達を受ける時までに，差押えに係る金銭債権のうち差し押さえられていない部分を超えて発せられた差押命令，差押処分又は仮差押命令の送達を受けたときはその債権の全額に相当する金銭を，配当要求があつた旨を記載した文書の送達を受けたときは差し押さえられた部分に相当する金銭を債務の履行地の供託所に供託しなければならない。

H26-11-イ
H8-9-イ

金銭債権に対する強制執行による差押え，仮差押えの執行，滞納処分による差押えにより第三債務者が供託する場合の管轄供託所は，「債務履行地の供託所」である（民執§156ⅠⅡ，民保§50Ⅴ，滞調§20の6Ⅰ，20の9Ⅰ，36の6Ⅰ，36の12Ⅰ）。

これに対して，配当留保供託（民執§91Ⅰ等）には，管轄の定めがないので，全国どこの供託所に供託してもよい。

4　担保（保証）供託

　裁判上の担保供託と営業保証供託で管轄は異なる。

(1)　裁判上の担保供託

（担保提供の方法）

民事訴訟法　第76条　担保を立てるには，担保を立てるべきことを命じた裁判所の所在地を管轄する地方裁判所の管轄区域内の供託所に金銭又は裁判所が相当と認める有価証券（社債，株式等の振替に関する法律（平成13年法律第75号）第278条第1項に規定する振替債を含む。次条において同じ。）を供託する方法その他最高裁判所規則で定める方法によらなければならない。ただし，当事者が特別の契約をしたときは，その契約による。

（担保の提供）

民事訴訟法　第405条　この編の規定により担保を立てる場合において，供託をするには，担保を立てるべきことを命じた裁判所又は執行裁判所の所在地を管轄する地方裁判所の管轄区域内の供託所にしなければならない。

（担保の提供）

民事執行法　第15条　この法律の規定により担保を立てるには，担保を立てるべきことを命じた裁判所（以下この項において「発令裁判所」という。）又は執行裁判所の所在地を管轄する地方裁判所の管轄区域内の供託所に金銭又は発令裁判所が相当と認める有価証券（社債，株式等の振替に関する法律（平成13年法律第75号）第278条第1項に規定する振替債を含む。）を供託する方法その他最高裁判所規則で定める方法によらなければならない。ただし，当事者が特別の契約をしたときは，その契約による。

（担保の提供）

民事保全法　第4条　この法律の規定により担保を立てるには，担保を立てるべきことを命じた裁判所又は保全執行裁判所の所在地を管轄する地方裁判所の管轄区域内の供託所に金銭又は担保を立てるべきことを命じた裁判所が相当と認める有価証券（社債，株式等の振替に関する法律（平成13年法律第75号）第278条第1項に規定する振替債を含む。）を供託する方法その他最高裁判所規則で定める方法によらなければならない。ただし，当事者が特別の契約をしたときは，その契約による。

　民事訴訟法，民事執行法，民事保全法における裁判上の担保供託の管轄供託所は，発令裁判所または執行裁判所もしくは保全執行裁判所の所在地を管轄する地方裁判所の管轄区域内の供託所である（民訴§76，405Ⅰ，民執§

H28-9-エ
H19-11-ア
H8-9-ウ

15 I，民保§4 I）。ただし，民事保全法における保全命令の担保供託においては，上記の管轄区域の供託所に供託することが困難な事由があるときは，裁判所の許可を得て，債権者の住所地または事務所の所在地その他裁判所が相当と認める地を管轄する地方裁判所の管轄区域内の供託所に供託することができる（民保§14 II）。

(2)　営業保証供託

R3-9-イ
H28-9-イ
H3-11-5
　　営業保証供託の代表例として，宅地建物取引業者が行う営業保証金の供託における管轄供託所は，供託根拠法令である宅地建物取引業法により，**主たる事務所の最寄りの供託所である**（宅建§25 I）。

(3)　その他担保供託の性質をもつ供託

R3-9-ア
　　譲渡制限株式を他人に譲渡しようとする株主は，当該他人が当該譲渡制限株式を取得することにつき承認するか否かを決定することを当該株式会社に請求することができ（会§136），当該他人も当該譲渡制限株式の取得につき，同様の請求を当該株式会社に対してすることができる（会§137 I）。当該株式会社は，当該承認をしない旨の決定をしたときは，当該譲渡制限株式を買い取り，または指定買取人に買い取らせなければならない（会§140 I IV）。これらの場合，当該株式会社または指定買取人は，**株式会社の本店の所在地の供託所に**，当該買取りに係る算定額を供託しなければならない（会§141 II III，142 II III）。

5　没取供託

R3-9-オ
H28-9-ウ
H8-9-エ
　　没取供託の代表例として，選挙供託における管轄供託所は，供託根拠法令である公職選挙法に**管轄の定めがないので，全国どこの供託所に供託してもよい**（公選§92参照）。

第3節　供託の目的物

Topics・ここでは，目的物について学習する。
　　　　・供託の種類による違いに注意すること。

1　供託の目的物

　供託の目的物としては，金銭，有価証券，振替国債およびその他の物品がある。それぞれについて，申請手続や払渡手続に差異が生ずるので注意が必要である。

2　金　銭

(1)　金銭の内容

　供託における金銭は，日本国の通貨である。金銭は各種の供託において供託物となり得る。なお，外国の通貨は，金銭には含まれず，その他の物品としての取扱いとなる。 `H23-9-ウ` `H2-12-1`

(2)　小切手の代用

　供託金の受入れを取り扱う供託所（供託規§20参照）においては，供託官は，相当と認めるときは，日本銀行を支払人として政府，地方公共団体，公団，公庫，公社もしくは銀行が振り出した小切手または払込委託銀行の自己宛小切手を，金銭に代えて領収することができる（供託準§39）。

> ・供託事務取扱手続準則 第39条（金銭の代用）
> 　供託金の受入れを取り扱う供託所においては，供託官は，相当と認めるときは，日本銀行を支払人として政府，地方公共団体，公団，公庫，公社若しくは銀行が降り出した小切手又は払込委託銀行の自己宛小切手を，金銭に代えて領収することができる。

3　有価証券

(1)　有価証券の内容

　供託における有価証券とは，財産権を表章する証券であって，国内において転々流通する性質の物をいう。外貨債や無額面のものでも有価証券として供託できる（供託準§27，28）。供託者が記名式有価証券（株券を除く。）を供託しようとするときは，その還付を受けた者が直ちに権利を取得することができるように裏書きし，または譲渡証書を添付しなければならず，裏書き

する旨または譲渡証書を添付する旨を供託書に記載しなければならない（供託規§17）。

> ・供託事務取扱手続準則 第27条（外貨債の供託）
> 　1　供託物が外貨債であるときは，供託書に記載すべき総額面及び券面額は，外貨をもって表示させるものとする。
> 　（以下略）
>
> ・供託事務取扱手続準則 第28条（無額面有価証券等の供託）
> 　供託物が額面の記載のない有価証券であるときは，供託書には総額面を零とし，券面に表示された株数又は物の種類及び数量を記載させるものとする。（以下略）

> （記名式有価証券の供託）
> **供託規則 第17条**　供託者が記名式有価証券（株券を除く。）を供託しようとするときは，その還付を受けた者が直ちに権利を取得することができるように裏書し，又は譲渡証書を添付しなければならない。
> **2**　前項の場合には，裏書する旨又は譲渡証書を添付する旨を供託書に記載しなければならない。

⑵　有価証券を目的物とすることの可否

① 弁済供託において，弁済の目的物が有価証券そのものである場合には，当該有価証券を供託することができる（民§494）。

② 執行供託においては，有価証券を目的物とすることは認められていない。

H30-11-ア
H15-10-イ
③ 担保（保証）供託のうち裁判上の担保供託においては，担保を立てるべきことを命じた裁判所が相当と認める有価証券を目的物とすることができる（民訴§76，民執§15Ⅰ，民保§4Ⅰ）。

④ 担保（保証）供託のうち営業保証供託においては，供託根拠法令に基づいて有価証券を目的物とすることができ，宅地建物取引業法，旅行業法および家畜商法などにおいては，一定の有価証券につき目的物とすることが認められている（宅建§25Ⅲ，旅行業§8Ⅵ，家畜商§10の3Ⅱ等）。

4　振替国債

(1)　振替国債の内容

　　振替国債とは，社債，株式等の振替に関する法律（社振法）の適用を受けるものとして財務大臣が指定した国債のことをいい，国債振替決済制度における振替機関である日本銀行に設けられた銀行や証券会社等の振替口座簿に記録されたもので（社振§88），売買がされた場合の決済は口座振替により行われる。振替国債はペーパーレス国債として証券は存在しない。2003年1月以降に発行される国債はすべて振替国債の形態になっている。

(2)　振替国債を目的物とすることの可否

　　振替国債を供託の目的物とすることができるのは，供託根拠法令に認められた担保（保証）供託としての裁判上の担保供託（民訴§76，民執§15Ⅰ，民保§4Ⅰ）および営業保証供託（宅建§25Ⅲ参照），または没取供託としての選挙供託（公選§92Ⅰ）に限られる（社振§278）。弁済供託においては，振替国債を目的物とすることはできない。　`H20-9-イ` `H19-11-イ` `H16-9-オ`

5　その他の物品

(1)　その他の物品を目的物とすることの可否

　　供託根拠法令においてその他の物品を目的物として認めている例はほとんどないが，弁済供託においては，弁済の目的物を供託することができると定められており（民§494Ⅰ参照），弁済の目的物をどのように定めるかは当事者が自由に定めることができるので，その他の物品が目的物となることはあり得る。

(2)　自助売却

　　弁済供託において，弁済の目的物が供託に適しないとき，またはその物について滅失，損傷その他の事由による価格の低落のおそれがあるとき，もしくはその物の保存につき過分の費用を要するときは，弁済者は，裁判所の許可を得て，これを競売に付し，その代金を供託することができる（民§497，非訟§95，94）。これを自助売却という。　`H25-9-ア` `H16-9-ウ`

第4節　供託の当事者

Topics・ここでは，当事者について学習する。
　　　　・第三者による供託の可否に注意すること。

1　供託の当事者能力

　供託の当事者能力とは，供託の手続の当事者（供託者または被供託者）となりうる能力であり，供託法規上に規定がないので，民法その他の法令の定めに従うことになる。

H元-13-1
H元-13-2
H元-13-5

　自然人，会社その他の法人はすべて供託の当事者能力を有する。法人であれば健康保険組合等の登記されていない法人であっても当事者能力を有する（供託規§14Ⅱ参照）。さらに，法人でない社団または財団であって，代表者または管理人の定めがあるものについても当事者能力が認められている（供託規§14Ⅲ参照）。

2　供託の行為能力

⑴　供託行為能力の意義

　供託行為能力とは，供託手続上の行為を自ら有効にすることができる能力である。供託者および被供託者である供託の当事者が自ら供託手続を有効に行うためには，当事者能力を有するだけでなく，供託行為能力を有することが必要となる。供託の行為能力についても供託法規上に規定がないので，民法その他の法令の定めに従うことになる（先例大11.3.3回答）。

⑵　成年被後見人の場合

　成年被後見人には供託行為能力は認められず，法定代理人である成年後見人が供託手続を代理して行わなければならない。

⑶　被保佐人の場合

　被保佐人については，行為能力が制限されており，重要な財産上の行為については保佐人の同意を要する（民§13Ⅰ）。したがって，供託の申請，弁済供託の受諾，供託物の還付または取戻しについては，保佐人の同意を得て行うこととなる。

　ただし，債務の弁済は，保佐人の同意事項となっていないので，弁済供託の申請については，保佐人の同意を要せずに，被保佐人が単独で行うことができるという見解も存する。

(4)　未成年者の場合

　　原則として，未成年者には供託行為能力は認められない。しかし，営業の 〔H27-9-イ〕 許可を受けた未成年者は，その営業に関しては成年者と同一の行為能力を有 〔H元-13-4〕 するので（民§6Ⅰ），供託においてもその営業に関しては行為能力を有する。

参考先例

①　裁判上の保証供託金を供託原因消滅により，被供託者死亡のためその相続人である未成年者から，供託書正本，供託原因消滅を証する書面，相続を証する戸籍謄本および印鑑証明書を提出した場合，その払渡しはできない（先例昭37.12.11－3560）。

②　家賃の弁済供託を未成年者である被供託者から供託受諾を理由として供託通知書および印鑑証明書を添付して還付のため供託金払渡請求書を提出した場合払渡しはできないが，未成年者が民法6条の規定により貸家業を許可され営業許可書の添付のある場合は払渡しの認可ができる（同先例）。

(5)　供託行為能力を欠く者が行った供託の効力

　　民法においては，制限行為能力者が行った行為は，意思無能力者の行為と 〔H13-8-1〕 して無効である場合を除いて，取り消されるまでは有効とされるが，供託の行為能力を欠く者が行った行為は，手続の安定の要請から，取り消すことができるのではなく，当然に無効となる。

3　供託の当事者適格

(1)　供託の当事者適格の意義

　　供託の当事者適格とは，供託者または被供託者となる者が供託手続を遂行することについて，当該供託における供託根拠法令に基づいて，その資格を有することをいう。

　　これは，供託当事者能力や供託行為能力のような一般的な基準ではなく，具体的な個別の事件の実体上の制限に対し，当事者として認められるか否かの問題である。試験における供託当事者適格の論点としては，供託根拠法令において供託者となることができる原則的な資格を有する者以外の第三者により供託を行うことができるか否かが問われることとなる。

(2)　第三者による供託の可否

①　弁済供託 〔H27-9-ア〕

　　弁済供託においては，供託者となるべき者は，弁済をすべき債務者であ 〔H10-9-オ〕 るが，債務者以外の第三者も債務者のために弁済をすることができる範囲 〔H4-11-ア〕 〔H元-13-3〕

においては当事者適格を有し，供託者となることができる（民§474）。

利害関係のない者が他人の債務につき弁済する場合には，供託書の備考欄に第三者供託である旨を記載すれば足り，供託が当事者の意思に反していないこと等は記載せず（先例昭53決議），また，債務者の承諾書は添付する必要もない（先例昭41.12.15－3367）。

R3-10-エ
H21-9-イ

土地の賃借人が賃貸人に対して地代を支払わない場合，その借地上の建物の賃借人は，土地賃貸人との間には直接の契約関係がないものの，土地賃借権が消滅するときは，建物賃借人は土地賃貸人に対して賃借建物から退去して土地を明渡すべき義務を負う法律関係にあり，敷地の地代の弁済によって敷地の賃借権が消滅するのを防止することに法律上の利益を有するから，建物賃借人はその敷地の地代の弁済について法律上の利害関係を有するので（最判昭63.7.1），建物賃借人はその敷地の地代の弁済供託をすることができる。

② 執行供託

H27-9-オ
H10-9-エ
H4-11-エ

執行供託においては，供託者となるべき者は第三債務者に限られ，これ以外の第三者が供託することはできない。なお，仮差押解放金および仮処分解放金の供託においても第三者が供託することはできない（先例昭42決議，高松高決昭57.6.23）。

③ 裁判上の担保供託

H27-9-エ
H13-8-2
H10-9-ウ
H4-11-ウ

裁判上の担保供託においては，第三者も本人に代わって供託をすることができる（大判大2.1.30）。そして，裁判所が相当と認める場合には，相手方の同意を要せずに，裁判所から担保を立てるべきことを命じられた者以外の第三者が供託することができる（先例昭35決議）。この場合には，供託書上に第三者の住所，氏名を供託者として表示し，第三者として供託する旨を備考欄等に記載して明らかにすればよい（先例昭18.8.13－511）。また，供託書には，第三者の供託が許される趣旨を記載する必要はない（先例昭53決議）。

④ 営業保証供託

H25-10-イ
H13-8-5
H10-9-ア
H4-11-イ

営業保証供託においては，担保官庁の承認がある場合であっても，営業主以外の第三者が供託することはできない（先例昭39決議）。この場合，営業保証供託には，営業主の信用を確認するという目的も有しているからである（先例昭38.5.27－1569）。

⑤　選挙供託

　　没取供託である選挙供託においては，立候補をする者等の公職選挙法に　H10-9-イ
定められた者以外の第三者が供託することはできない（公選§92参照）。

(3)　**相続財産管理人，遺言執行者による供託**

　　相続財産管理人や遺言執行者など自己の名において他人の財産を管理する　H13-8-4
権限を有する者は，当該管理に係る財産に関する債務の弁済供託につき，当
事者として供託者となることができると解されている（『実務供託法入門』
P61参照）。

　　そのため，相続財産管理人や遺言執行者がその財産管理の一環としてする
供託においては，本人が供託者となるのではなく，相続財産管理人や遺言執
行者自らが供託者となることになる。

第2章
申請手続

第1節　申請手続の流れ

Topics　・供託の申請の全般について学習する。
　　　　　・申請手続を一連の流れとして理解する。

1　意　義

> **供託法 第2条**　供託所ニ供託ヲ為サント欲スル者ハ法務大臣カ定メタル書式ニ
> 依リテ供託書ヲ作リ供託物ニ添ヘテ之ヲ差出スコトヲ要ス

　供託の申請は，供託根拠法令に定める供託の原因が生じている場合に，法務大臣の定める書式による供託書を作成し，これに供託物を添えて供託所に提出することから開始される（供託§2）。供託申請がされると，供託官はその申請が適法かつ有効であるか否かを審査することになる。そして，供託の受理が決定されると，供託物の納付の手続に進行し，あわせて供託書正本を供託者に交付し，必要があれば供託通知書を被供託者に発送することになる。

2　供託官の審査

H17-10
H13-9
　供託官の審査方法は，供託書および添付書類のみに基づいてする**形式的審査**（書面審査）に限られており（最判昭36.10.12），供託官は，供託書や法定の添付書類以外の資料に基づいて審査する権限を有しない。

H17-10-イ
　しかし，形式的審査の範囲において，いかなる事項について審査をすべきかという「審査の対象」の問題がある。この点につき，供託の要件は，①供託の申請が適式・有効であること等の手続上の事項に関する要件（**形式的要件**）と，②供託原因が存すること等の実体上の事項に関する要件（**実質的要件**）とに分けることができるが，審査の対象はその**いずれにも及ぶ**と解されている（最判昭59.11.26）。

第2節　供託書

Topics　・供託書の形式，記載内容について学習する。
　　　　　・供託書の訂正方法や訂正の可否にも注意すること。

1　供託書の様式

　　供託をしようとする者は，定められた様式に基づく供託書を作成して，これ　`H12-8-1`
を提出しなければならない（供託§2，供託規§13Ⅰ）。供託書の様式は供託
規則において，供託の種類や供託の目的物により各種が定められている（第1
号様式～第11号様式）。

　　振替国債の供託をしようとする場合は，これに応じた様式の供託書を提出す
ることを要する（供託規§13Ⅲ）。

　　なお，金銭または有価証券の供託をしようとする者は，やむを得ない事情が
あるときは，供託規則に定められた第1号から第11号までの様式による供託書
（OCR用）（供託規§13Ⅰ）を供託所に提出することを要せず，この様式が作
成される以前に用いられていた書式による供託書正本および供託書副本を供託
所に提出しなければならない（供託規§16の2Ⅰ）。

2　供託書の記載事項

（供託書）

供託規則 第13条　金銭又は有価証券の供託をしようとする者は，供託の種類に
　従い，第1号から第11号までの様式による供託書を供託所に提出しなければ
　ならない。

2　前項の供託書には，次の事項を記載しなければならない。

　一　供託者の氏名及び住所，供託者が法人であるとき又は法人でない社団若
　　しくは財団であつて，代表者若しくは管理人の定めのあるものであるとき
　　は，その名称，主たる事務所及び代表者又は管理人の氏名

　二　代理人により供託する場合には，代理人の氏名及び住所，ただし，公務
　　員がその職務上するときは，その官公職，氏名及び所属官公署の名称

　三　供託金の額又は供託有価証券の名称，総額面，券面額（券面額のない有
　　価証券についてはその旨），回記号，番号，枚数並びに附属利賦札及びその
　　最終の渡期

　四　供託の原因たる事実

　五　供託を義務付け又は許容した法令の条項

　六　供託物の還付を請求し得べき者（以下「被供託者」という。）を特定する

　　　　ことができるときは，その者の氏名及び住所，その者が法人又は法人でな
　　　　い社団若しくは財団であるときは，その名称及び主たる事務所

　　七　供託により質権又は抵当権が消滅するときは，その質権又は抵当権の表
　　　　示

　　八　反対給付を受けることを要するときは，その反対給付の内容

　　九　供託物の還付又は取戻しについて官庁の承認，確認又は証明等を要する
　　　　ときは，当該官庁の名称及び事件の特定に必要な事項

　　十　裁判上の手続に関する供託については，当該裁判所の名称，件名及び事
　　　　件番号

　　十一　供託所の表示

　　十二　供託申請年月日

3　振替国債の供託をしようとする者は，供託の種類に従い，第5号から第9
　号まで，第11号及び第12号の様式による供託書を供託所に提出しなければな
　らない。

4　第2項の規定は，前項の供託書について準用する。この場合において，第
　2項第3号中「供託金の額又は供託有価証券の名称，総額面，券面額（券面
　額のない有価証券についてはその旨），回記号，番号，枚数並びに附属利賦札
　及びその最終の渡期」とあるのは，「供託振替国債の銘柄，金額，利息の支払
　期及び元本の償還期限」と読み替えるものとする。

5　供託書が2葉以上にわたるときは，作成者は，当該供託書の所定の欄に枚
　数及び丁数を記載しなければならない。

（供託書の特則等）

供託規則 第16条の2　金銭又は有価証券の供託をしようとする者は，やむを得
　ない事情があるときは，第13条第1項の規定にかかわらず，同項に規定する
　供託書を供託所に提出することを要しない。この場合においては，供託の種
　類に従い，第5号から第18号までの書式による正副2通の供託書を供託所に
　提出しなければならない。

H18-11-ア
H7-11-2

　　金銭または有価証券の供託における供託書の記載事項は，下記のとおり供託
規則に定められているが（供託規§13Ⅱ），供託者等の作成者の押印を要しな
いこととされている。

(1) 供託者の記載 （供託規§13Ⅱ①）

H30-9-イ
H2-11-1

　　供託者の氏名および住所，供託者が法人であるときまたは法人でない社団
もしくは財団であって，代表者もしくは管理人の定めのあるものであるとき
は，その名称，主たる事務所，および代表者または管理人の氏名を記載する。

　　また，本人に代わって第三者が供託する場合には，現実に供託を行う第三者の住所および氏名を記載し，備考欄に第三者供託である旨，例えば「賃借人何某に代わり供託する」のように記載する。

⑵　代理人の記載（供託規§13Ⅱ②）

　　代理人により供託する場合には，代理人の氏名および住所，ただし，公務 <u>H2-11-4</u> 員がその職務上するときは，その官公職，氏名および所属官公署の名称を記載する。

【会社の支配人の場合】

　　会社の支配人が会社を代表して供託する場合には，当該会社の代表者の資格および氏名を記載する必要はなく，会社の本店および商号と支配人の氏名および住所を記載すれば足りる。

【復代理人の場合】

　　復代理人が供託する場合には，供託者の代理人の氏名および住所と復代理人の氏名および住所を併記するか，「供託者の住所氏名」の欄に復代理人の氏名および住所を記載し，「備考」欄に代理人の氏名および住所を記載して復代理人との関係を明らかにする。

⑶　供託金の額等（供託規§13Ⅱ③）

　　供託金の額または供託有価証券の名称，総額面，券面額（券面額のない有価証券についてはその旨），回記号，番号，枚数ならびに附属利賦札およびその最終の渡期を記載する。

【振替国債の場合】

　　振替国債の供託をしようとする場合には，上記の「供託金の額または供託有価証券の名称，総額面，券面額（券面額のない有価証券についてはその旨），回記号，番号，枚数ならびに附属利賦札およびその最終の渡期」については，「供託振替国債の銘柄，金額，利息の支払期および元本の償還期限」と記載する（供託規§13Ⅳ）。

⑷　供託の原因たる事実（供託規§13Ⅱ④）

　　供託の根拠法令に基づく要件を具備し，供託の原因が存することを記載する。どの種類の供託であっても必ず記載しなければならない。

⑸　**供託を義務付けまたは許容した法令の条項（供託規§13Ⅱ⑤）**

　　供託を義務付けまたは許容した法令の条項を記載する。例えば弁済供託の場合には「民法第494条」，執行供託の場合には「民事執行法第156条第1項」のように記載する。供託は，供託を義務付けまたは許容した法令がなければすることができないので，必ず記載しなければならない。

⑹　**被供託者の記載（供託規§13Ⅱ⑥）**

R4-9-オ

　　供託物の還付を請求することができる者を被供託者というが，被供託者を供託申請の時点で特定することができる場合は，その者の氏名および住所，その者が法人または法人でない社団もしくは財団であるときは，その名称および主たる事務所を記載する。被供託者が，法人または法人でない社団もしくは財団であるときは，その代表者または管理人の氏名を記載することを要しない。

【被供託者が特定できない場合】

　　営業保証供託のように，供託をする時点において，被供託者が特定しないときは記載することを要しない。

【被供託者が所在不明である場合】

　　被供託者が誰であるかは特定できるが，その所在が不明であるときは，最後の住所または元住所と氏名を記載する（先例昭40.6.2－1123）。なお，この場合の管轄供託所は，それが持参債務であれば，最後の住所地の供託所である（先例昭39決議）。

【債権者不確知の場合】

　　債権者不確知を原因とする供託（弁済者の過失なく債権者を確知することができない供託のこと，民§494Ⅱ，第5章参照）の場合には，被供託者を「甲又は乙」のように複数記載して供託することができる。なお，この場合の管轄供託所は，それが持参債務であれば，甲または乙いずれかの住所地の供託所である（先例昭38.6.22－1794）。

【債権者（当初の被供託者）が死亡した場合】

　　債権者が死亡し，その相続人が誰であるか不明であるため供託するときは，被供託者の表示としては，「住所－何某の相続人」と記載する（先例昭37.7.9－1909）。なお，共同相続の場合において，各相続人の債権額が判明していれば，各別に供託する。

⑺　**供託により質権または抵当権が消滅するときは，その質権または抵当権の**　H2-11-5
表示（供託規§13Ⅱ⑦）

⑻　**反対給付を受けることを要するときは，その反対給付の内容（供託規§13**
Ⅱ⑧）
　　この反対給付の内容は，双務契約上の債務で実体上同時履行またはこれに
準ずる関係にあるもののほか，特約により同時になすべき給付，法律が特に
反対給付を定めるものでなければならず，これ以外の条件を記載することは
できない。

【抵当権の抹消登記をすることを反対給付とすることの可否】
　　反対給付の内容として，「抵当権の抹消登記をすること」という記載は，
原則として認められない（大判昭18.9.29）。消費貸借契約は，双務契約で
はなく，債務の弁済とその担保である抵当権の登記の抹消とは，同時履行
の関係に立つものではないからである。ただし，債務の弁済と抵当権の抹
消登記とが同時履行の関係に立つ旨の特約がされているときは，反対給付
の内容として「抵当権の抹消登記をすること」と記載することができる（先
例昭42.3.6 - 353）。

【反対給付の内容として認められるもの】
　　反対給付の内容として記載することが認められた事例のうち主要なもの
を掲げると，次のとおりである。
①　家賃の弁済供託における家屋修繕義務（大判大5.5.22）
②　売買代金の弁済供託における目的物の所有権移転の登記
③　受取証書の交付（民§486）
④　仮登記担保権者のする清算金の供託における土地等の所有権の移転の
　　登記および引渡し（仮担§3Ⅱ）
⑤　家賃の弁済供託における畳の修繕義務ならびに下水の排水管設備義務
　　（先例昭40.11.4 - 3141）

3　電磁的記録媒体の添付

（電磁的記録媒体の添付）

供託規則 第13条の3　供託をしようとする者は，第13条第2項各号（第2号，第5号，第9号，第11号及び第12号を除き，同条第4項において準用する場合を含む。）に掲げる事項の供託書への記載に代えて，法務大臣の指定する方式に従い当該事項を記録した電磁的記録媒体を当該供託書に添付することができる。この場合には，二葉以上にわたる供託書を提出することができない。

　供託をしようとする者は，供託書の記載事項のうち下記の事項の供託書への記載に代えて，法務大臣が指定する方式に従い当該事項を記録した電磁的記録媒体を当該供託書に添付することができるが，この場合には，2葉以上にわたる供託書を提出することができない（供託規§13の3Ⅰ）。

---

① 供託者の記載（供託規§13Ⅱ①）

② 供託金の額等（同Ⅱ③）

③ 供託の原因たる事実（同Ⅱ④）

④ 被供託者の記載（同Ⅱ⑥）

⑤ 供託により質権または抵当権が消滅するときは，その質権または抵当権の表示（同Ⅱ⑦）

⑥ 反対給付を受けることを要するときは，その反対給付の内容（同Ⅱ⑧）

⑦ 裁判上の手続に関する供託については，当該裁判所の名称，件名および事件番号（同Ⅱ⑩）

4　供託カード

（供託カード）

供託規則 第13条の4　賃料，給料その他の継続的給付に係る金銭の供託をするために供託書を提出する者は，供託カードの交付の申出をすることができる。ただし，前条第1項に規定する場合は，この限りでない。

2　前項の申出があつた場合には，供託官は，当該供託を受理することができないときを除き，供託カードを作成して，申出をした者に交付しなければならない。

3　前項の供託カードには，供託カードである旨及び供託カード番号を記載しなければならない。

4　供託カードの交付を受けた者が，当該供託カードを提示して，当該継続的
給付について供託をしようとするときは，第13条第2項の規定にかかわらず，
供託書には，次の各号に掲げる事項を記載すれば足りる。

一　供託カード番号

二　供託者の氏名又は名称

三　第13条第2項第2号，第3号及び第12号に掲げる事項（代理人の住所を
除く。）

四　供託カードの交付の申出をした際に供託書に記載した事項と同一でない
事項

5　前項の規定は，次の各号に掲げる場合には，適用しない。

一　最後に同項の規定による供託をした日から2年を経過したとき。

二　第13条第2項第1号又は第2号に掲げる事項に変更があつたとき。

(1)　供託カードの交付の申出

　賃料，給料その他の継続的給付に係る金銭の供託をするために供託書を提
出する者は，供託カードの交付の申出をすることができる（供託規§13の4
Ⅰ本文）。ただし，「3　電磁的記録媒体の添付」に記載した供託書の記載に
代えて電磁的記録媒体を供託書に添付する場合には，供託カードの交付の申
出をすることはできない（同Ⅰただし書）。供託カードの交付の申出があっ
た場合には，供託官は，供託が受理できないときを除き，供託カードを作成
して，申出をした者に交付しなければならない（同Ⅱ）。

`H21-11-ウ`

(2)　供託カードの使用による供託手続

　賃料の弁済供託や，給料に対する差押えによる執行供託の場合のように毎
月継続的に供託しなければならない事案においては，供託カードの交付を受
けた者が，当該供託カードを提示して供託しようとするときは，供託書には
記載事項のうち下記を記載すれば足り，記載事項が大幅に省略できるメリッ
トがある（供託規§13の4Ⅳ）。

`H30-9-ウ`

① 　供託カード番号（供託規§13の4Ⅳ①）

② 　供託者の氏名または名称（同Ⅳ②）

③ 　代理人の氏名（同Ⅳ③）

④ 　供託金の額等（同Ⅳ③）

⑤ 　供託申請年月日（同Ⅳ③）

⑥ 　供託カードの交付の申出をした際に供託書に記載した事項と同一で
ない事項（同Ⅳ④）

(3)　供託カードが使用できない場合

　　最後に供託カードを使用した供託をした日から２年を経過したとき，あるいは，供託者の記載事項（供託規§13Ⅱ①）または代理人の記載事項（同Ⅱ②）に変更があったときは，供託カードの使用による供託手続を行うことができない（同Ⅴ）。

5　供託書等の記載の文字および訂正等

　　供託書に限らず供託関係書類においては，記載の文字や訂正の方法，契印について，全般的な規定が設けられている。供託書以外の書類も含めてここで解説する。

(1)　記載の文字（供託規§6ⅠⅡⅢ）

（記載の文字）

供託規則 第6条　供託書，供託物払渡請求書その他供託に関する書面に記載する文字は，字画を明確にしなければならない。

2　金銭その他の物の数量を記載するには，アラビア数字を用いなければならない。ただし，縦書をするときは，「壱，弐，参，拾」の文字を用いなければならない。

3　記載した文字は，改変してはならない。

H2-11-3

　　記載した文字は，改変してはならない。改変とは，改ざんと同じ意味であり，一度記載した文字を正しい訂正方法を用いずに，別の文字に改めることをいう。

(2)　訂正等の方法（供託規§6Ⅳ）

（記載の文字）

供託規則 第6条

4　記載事項について訂正，加入又は削除をするときは，二線を引いてその近接箇所に正書し，その字数を欄外に記載して押印し，訂正又は削除をした文字は，なお読むことができるようにしておかなければならない。ただし，供託者又は請求者が供託書，供託通知書，代供託請求書又は附属供託請求書の記載事項について訂正，加入又は削除をするときは，これらの書面に押印することを要しない。

⑶　訂正等が禁じられる場合（供託規§6Ⅵ）

（記載の文字）

供託規則 第6条

6　供託書，供託通知書，代供託請求書，附属供託請求書，供託有価証券払渡請求書又は供託有価証券利札請求書に記載した供託金額，有価証券の枚数及び総額面又は請求利札の枚数については，訂正，加入又は削除をしてはならない。

供託書，供託通知書，代供託請求書，附属供託請求書，供託有価証券払渡請求書または供託有価証券利札請求書に記載した供託金額，有価証券の枚数および総額面または請求利札の枚数については，訂正，加入または削除をしてはならない。これらの書面は，いずれも供託所から供託者等に交付され，供託所の外部で用いられるものであるから，その金額等の改ざんによる信用の毀損を防止しなければならないからである。一方，供託所から供託者等に交付されない供託金払渡請求書や供託金利息請求書については金額等の訂正，加入または削除は認められる。

R4-9-ｱ
H30-9-ｱ
H21-11-ｴ
H12-8-2
H7-11-3
H2-11-2

⑷　書類の契印等

（書類の契印）

供託規則 第8条　供託所に提出すべき書類（供託書，供託通知書，代供託請求書及び附属供託請求書を除く。）が二葉以上にわたるときは，作成者は，毎葉のつづり目に契印しなければならない。

2　前項の場合において，当該書類の作成者が多数であるときは，その1人が契印すれば足りる。

（供託書）

供託規則 第13条

5　供託書が二葉以上にわたるときは，作成者は，当該供託書の所定の欄に枚数及び丁数を記載しなければならない。

供託規則13条1項の供託書（OCR用）が二葉以上にわたる場合でも，作成者は，毎葉のつづり目に契印をすることを要しない。

H30-9-ｴ

6　一括供託

　　供託の申請は，当事者または供託原因が異なるごとに別個の申請を行う必要がある。しかし，**供託官が相当と認めるときは**，当事者または供託原因が異なる数個の供託を1通の供託書で申請することが許容される一括供託の制度が設けられている（供託準§26の2本文）。

　　この一括供託が認められるのは，供託の原因たる事実において共通性が認められるため1通の供託書に記載するのが便宜的である場合や，申請された供託について一括して払渡しがされる蓋然性が高い場合などがあげられる（先例昭53.2.1－603）。たとえば，団地などの家賃の値上げに対する多数の入居者からの弁済供託の場合や，多数当事者訴訟における裁判上の担保供託の場合などが挙げられる。ただし，あくまでも個別にすべき供託を便宜的に1通で行っていることから，供託番号は各別に付される（供託準§26の2ただし書）。

> ・供託事務取扱手続準則　第26条の2（一括供託）
> 　　供託官は，相当と認めるときは，当事者又は供託原因が異なる数個の供託を1通の供託書でさせることができる。ただし，供託番号は，各別に付さなければならない。

7　供託書の提出

　　供託書の提出は供託者または代理人がすることができる。また，使者によってすることもできる（先例昭42決議，先例昭38.6.24－1793）。

【郵送による供託書の提出】

　　供託書の提出は郵送によってすることができる（供託規§50，先例大11.6.24－2367，先例昭42決議，先例昭39.8.4－2711）。

【オンラインによる場合】

　　金銭または振替国債の供託は，行政手続における情報通信の技術の利用に関する法律3条1項の規定により，同項に規定する電子情報処理組織を使用してすることができる（供託規§38）。この場合には，供託書に記載すべき事項に係る情報，すなわち申請書情報をインターネットにより送信しなければならない（供託規§39Ⅰ）。なお，有価証券の供託については，電子情報処理組織を使用する方法によりすることはできない。

8　供託書の提出があった場合における供託官の措置

> （供託書正本の調製等）
>
> **供託規則 第13条の2**　供託官は，供託書の提出があつたときは，次に掲げる措置を執らなければならない。
>
> 　一　第5号から第18号の5までの書式に準じて供託書正本を調製すること。
>
> 　二　当該供託書に記載された事項を磁気ディスクをもつて調製する副本ファイルに記録すること。

　供託書の提出があったときは，供託官は，供託書正本を調製しなければならず，また，当該供託書に記載された事項を磁気ディスクをもって調製する副本ファイルに記録しなければならない（供託規§13の2）。

第3節　申請における添付・提示書類

Topics ・申請の際の添付・提示書類について学習する。

　　　　・登記申請の場合と異なるので注意が必要である。

1　総　説

　供託の申請に対しては，供託官はその申請をする者が，供託申請手続を行う権限を有するか否かを判断するために，一定の書面の提示または添付を要求している。その内容は，法人等の代表者の資格を証する書面および代理人の権限を証する書面である。

H8-10-ア

　なお，供託の申請においては，供託原因を証する書面の添付を要しない。また，供託者の印鑑証明書を添付することも要しない。

2　資格証明書

(1)　登記された法人の代表者

H18-11-イ
H12-8-3
H4-14-1

　登記された法人が供託しようとするときは，代表者の資格を証する書面としての登記事項証明書を「提示」しなければならない（供託規§14 I 前段，供託準§31）。

（資格証明書の提示等）

供託規則 第14条　登記された法人が供託しようとするときは，代表者の資格を証する登記事項証明書を提示しなければならない。この場合においては，その記載された代表者の資格につき登記官の確認を受けた供託書を提出して，代表者の資格を証する登記事項証明書の提示に代えることができる。

　・供託事務取扱手続準則 第31条（資格を証する書面）

　　供託者が法人である場合における代表者の資格を証する書面は，登記された法人については登記事項証明書，その他の法人については関係官庁の証明書とする。

---

(2)　登記された法人の代表者についての簡易手続

　登記された法人が供託しようとするときに，その記載された代表者の資格につき登記官の確認を受けた供託書を提出して，代表者の資格を証する登記事項証明書の提示に代えることができる。これを**簡易確認手続**という（供託規§14 I 後段）。

(3)　登記された法人以外の法人の代表者

> **（資格証明書の提示等）**
> **供託規則 第14条**
> 2　前項の法人以外の法人が供託しようとするときは，代表者の資格を証する
> 書面を供託書に添付しなければならない。

　　　登記された法人以外の法人が供託しようとするときは，代表者の資格を証　`H8-10-ウ`
する書面を供託書に「添付」しなければならない（供託規§14Ⅱ）。登記さ
れた法人以外の法人としては，健康保険組合などがあるが，この場合関係官
庁が作成した証明書を添付することになる（供託準§31）。

(4)　法人でない社団または財団であって代表者または管理人の定めのあるもの
　　の代表者または管理人

> **（資格証明書の提示等）**
> **供託規則 第14条**
> 3　法人でない社団又は財団であつて，代表者又は管理人の定めのあるものが
> 　供託しようとするときは，当該社団又は財団の定款又は寄附行為及び代表者
> 　又は管理人の資格を証する書面を供託書に添付しなければならない。

　　　法人でない社団または財団であって代表者または管理人の定めのあるもの　`H4-14-2`
の代表者または管理人が供託しようとするときは，当該社団または財団の定
款または寄付行為および代表者または管理人の資格を証する書面を供託書に
「添付」しなければならない（供託規§14Ⅲ）。
　　　ここでいう定款または寄付行為とは，会則，規約等その名称を問わず，そ
の社団または財団の根本規則をいい，代表者または管理人の資格を証する書
面とは，総会等の代表者選任議事録，代表者または管理人を定めた規約およ
び代表者または管理人となることを約した委任契約書または委任状等が該当
する（先例昭26.10.30－2105）。

(5)　破産管財人

　　　破産管財人が供託をする場合，破産管財人による供託であることを証明す　`H8-10-エ`
るために，その資格を証する書面として，裁判所書記官が交付した破産管財
人の選任を証する書面を添付しなければならない（破産規則§23Ⅲ参照，先
例昭59.2.27－1122）。

3　代理権限証書

> （資格証明書の提示等）
> **供託規則 第14条**
> 4　代理人によつて供託しようとする場合には，代理人の権限を証する書面(当該代理人が法人である場合における当該法人の代表者の資格を証する登記事項証明書及び支配人その他登記のある代理人によつて供託しようとする場合における当該支配人その他登記のある代理人の権限を証する登記事項証明書を含む。以下同じ。）を提示しなければならない。この場合には，第1項後段の規定を準用する。

H18-11-ウ
H12-8-5
H4-14-3

　　代理人によって供託しようとするときは，代理人の権限を証する書面を「提示」しなければならない（供託規§14Ⅳ前段）。この場合に，その代理権限につき登記官の確認を受けた供託書を提出して，代理権限証明書の提示に代えることができる。(簡易確認手続；供託規§14Ⅳ後段Ⅰ後段)。

4　供託振替国債に関する資料の提供

> （供託振替国債に関する資料の提供）
> **供託規則 第14条の2**　供託者が振替国債を供託しようとするときは，その振替国債の銘柄，利息の支払期及び償還期限を確認するために必要な資料を提供しなければならない。

H21-11-イ

　　これは，振替国債については，払渡請求ができない時期などが定められているため，供託所が振替国債の償還期限や利息の支払期を管理する必要があるからである。

Topics・ここでは，添付書類の援用，原本還付および有効期間について学習する。
・申請手続のほか，払渡手続においても適用されるので注意すること。

1　添付書類の援用

> （添付書類の省略）
> **供託規則　第15条**　同一の供託所に対して同時に数個の供託をする場合において，供託書の添付書類に内容の同一のものがあるときは，1個の供託書に1通を添付すれば足りる。この場合には，他の供託書にその旨を記載しなければならない。

　同一の供託所に対して，同時に数個の供託をしようとする場合において，供託書の添付書類に内容の同一のものがあるときは，1個の供託書に1通を添付すれば足り，他の供託書には，その旨を記載しなければならない（供託規§15）。

R4-9-エ
H30-9-オ
H21-11-オ
H7-11-4

2　添付書類の原本還付

> （添付書類の原本還付）
> **供託規則　第9条の2**　供託書，代供託請求書，附属供託請求書，供託物保管替請求書，供託物払渡請求書，供託金利息請求書又は供託有価証券利札請求書に添付した書類については，供託又は請求に際し，還付を請求することができる。ただし，第30条第1項の証明書及び代理人の権限を証する書面（官庁又は公署の作成に係るものを除く。）については，この限りでない。
> 2　書類の還付を請求するには，供託書又は請求書に原本と相違がない旨を記載した当該書類の謄本をも添付しなければならない。
> 3　供託官は，書類を還付したときは，その謄本に原本還付の旨を記載して押印しなければならない。
> 4　委任による代理人によつて供託書，代供託請求書又は附属供託請求書に添付した書類の還付を請求する場合には，代理人の権限を証する書面を提示しなければならない。
> 5　委任による代理人によつて供託物保管替請求書，供託物払渡請求書，供託金利息請求書又は供託有価証券利札請求書に添付した書類の還付を請求する

場合には，請求書に代理人の権限を証する書面を添付しなければならない。この場合には，第15条の規定を準用する。

(1)　原本還付の手続

　　原本還付とは，供託の申請等において添付書面として定められている書面について，その原本を供託所から提出者に還付する手続である。書類の還付を請求するには，供託書等に原本と相違がない旨を記載した当該書面の謄本を添付しなければならない（供託規§9の2Ⅱ）。そして，供託官は，書類を還付したときは，その謄本に原本還付の旨を記載して押印しなければならない（同Ⅲ）。

　　なお，供託の申請に際し，原本還付の請求ができるのは，供託書，代供託請求書，附属供託請求書，供託物保管替請求書に添付した書面である（同Ⅰ本文）。

(2)　原本還付における代理権限証書

　　委任による代理人によって原本還付の請求をする場合，供託書，代供託請求書または附属供託請求書に添付した書面の原本還付については代理人の権限を証する書面を提示しなければならず，供託物保管替請求書に添付した書面の原本還付については代理人の権限を証する書面を添付しなければならない（供託規§9の2ⅣⅤ）。

3　資格証明書等の有効期間

（資格証明書等の有効期間）
供託規則 第9条　供託所に提出又は提示すべき登記事項証明書（商業登記法（昭和38年法律第125号）第10条第1項（他の法令において準用する場合を含む。）に規定する登記事項証明書をいう。以下第14条第1項及び第4項，第24条第2項，第27条第1項並びに第39条の2において同じ。）その他の代表者若しくは管理人の資格を証する書面又は代理人の権限を証する書面であつて官庁又は公署の作成に係るもの及び印鑑の証明書は，この規則に別段の定めがある場合を除き，その作成後3月以内のものに限る。

H18-11-イ

　　供託所に提出または提示すべき以下の証明書は，供託規則に別段の定めがある場合を除き，その作成後3月以内のものに限る（供託規§9）。
① 登記事項証明書その他の代表者もしくは管理人の資格証明書
② 官庁または公署の作成に係る代理権限証明書
③ 印鑑証明書

第5節　供託物の受入れ

Topics・ここでは，供託所の供託物の受入れについて学習する。
　　　　・目的物による受入方法の違いに注意すること。

1　総　説

　供託官が金銭または有価証券の供託を受理すべきものと認めるときは，受理の決定を行い，供託物の受入れの手続に進むことになる。供託物の受入れは，目的物が金銭，有価証券または振替国債のそれぞれについて手続が定められている。なお，供託官が供託を受理すべきでないと認めるときは，却下決定書を作成し，これを供託者に交付することになる（供託規§21の7）。

2　金銭の受入れの手続

　供託所には，直接金銭の受入れを取り扱う供託所，すなわち**現金取扱庁**と，供託金の受入れを行わない供託所すなわち**現金非取扱庁**の2種がある。このほか金銭の受入れには金融機関への振込みの方法や電子納付の方法も認められている。

(1)　現金取扱庁における受入れの手続

（供託金受入れの特則）

供託規則 第20条　供託金の受入れを取り扱う供託所に金銭の供託をしようとする者は，供託書とともに供託金を提出しなければならない。

2　供託官は，前項の供託を受理すべきものと認めるときは，供託書正本に供託を受理する旨，供託番号及び供託金を受領した旨を記載して記名押印し，これを供託者に交付しなければならない。この場合において，第16条第1項の請求があるときは，供託官は，被供託者に同条第4項の供託通知書を発送しなければならない。

　現金取扱庁に金銭の供託をしようとする者は，供託書とともに供託金を提出しなければならない（供託規§20Ⅰ）。そして，供託官は，当該供託を受理すべきものと認めるときは，供託書正本に供託を受理する旨，供託番号および供託金を受領した旨を記載して記名押印し，これを供託者に交付しなければならない（同Ⅱ前段）。

`R4-9-ウ`

【供託書正本】

　　供託書正本とは，供託所が供託の申請を受理した際に，供託官が所定の書式に準じて調製し（供託規§13の2①），供託者に交付する証明書類である。供託書正本は，官公署への営業許可等の要件としての供託をしたことを証する書面として，また，各種裁判手続において，担保を立てることが条件とされる場合において，その担保を立てたことを証する書面として用いられるなどの用途がある。

（供託書正本の調製等）

供託規則 第13条の2　供託官は，供託書の提出があつたときは，次に掲げる措置を執らなければならない。

　一　第5号から第18号の5までの書式に準じて供託書正本を調製すること。

　二　当該供託書に記載された事項を磁気ディスクをもつて調製する副本ファイルに記録すること。

⑵　現金非取扱庁における受入れの手続

（受理手続）

供託規則 第18条　供託官は，金銭又は有価証券の供託を受理すべきものと認めるときは，供託書正本に，供託を受理する旨，供託番号，一定の納入期日までに供託物を日本銀行に納入すべき旨及びその期日までに供託物を納入しないときは受理の決定は効力を失う旨を記載して記名押印し，これを，財務大臣の定める保管金払込事務等の取扱いに関する規定又は供託有価証券の取扱いに関する規定に従い作成した保管金払込書又は供託有価証券寄託書とともに供託者に交付しなければならない。

2　供託者が前項の納入期日までに供託物を納入しないときは，受理の決定は効力を失う。

3　供託官は，第16条第1項の請求があつた場合において，日本銀行から財務大臣の定める保管金払込事務等の取扱いに関する規定又は供託有価証券の取扱いに関する規定による供託物受領の証書の送付を受けたときは，被供託者に同条第4項の供託通知書を発送しなければならない。

・供託事務取扱手続準則 第38条（保管金払込書）
1　（略）
2　供託官は，供託書正本を交付するときは，供託者に対し，日本銀行に払い込みの際供託書正本及び前項の書面（保管金払込書）を提出し，供託書に受入の記載を受けて，その返還を受けるように指示しなければならない。
（以下略）

現金非取扱庁に金銭の供託をしようとする者は，供託書のみを提出する。　**H23-9-エ**
そして，供託官が当該供託を受理すべきものと認めるときは，供託書正本に，供託を受理する旨，供託番号，一定の納入期日までに供託金を納入すべき旨およびその期日までに供託金を納入しないときは受理の決定は効力を失う旨を記載して記名押印し，これを，保管金払込書とともに供託者に交付しなければならない（供託規§18Ⅰ）。また，供託官は，供託書正本を交付するときは，供託者に対し，日本銀行に払込みの際に供託書正本および保管金払込書を提出し，供託書正本に受入れの記載を受けて，その返還を受けるように指示しなければならない（供託準§38Ⅱ）。なお，供託者がこの納入期日までに供託金を日本銀行に納入しないときは，供託の受理の決定は効力を失う（供託規§18Ⅱ）。

⑶　振込方式による供託金の受入れ

供託規則 第20条の2　供託官は，銀行その他の金融機関に供託金の振込みを受けることができる預金があるときは，金銭の供託をしようとする者の申出により，第18条の規定による供託物の納入又は前条第1項の規定による供託金の提出に代えて，当該預金に供託金の振込みを受けることができる。
2　供託官は，前項の申出があつた場合において，同項の供託を受理すべきものと認めるときは，供託書正本に供託を受理する旨及び供託番号を記載して記名押印し，かつ，供託者に対し，供託を受理した旨，供託番号，一定の振込期日までに供託金を同項の預金に振り込むべき旨及びその期日までに供託金を振り込まないときは受理の決定は効力を失う旨を告知しなければならない。
3　供託者が前項の振込期日までに供託金を振り込まないときは，受理の決定は効力を失う。
4　供託者が第2項の振込期日までに供託金を振り込んだときは，供託官は，

> 供託書正本に供託金を受領した旨を記載して記名押印し，これを供託者に交付しなければならない。この場合には，前条第2項後段の規定を準用する。

H16-9-ア

① 　供託官は，銀行その他の金融機関に供託金の振込みを受けることができる預金があるときは，金銭の供託をしようとする者の申出により，当該預金に供託金の振込みを受けることができる（**振込方式**，供託規§20の2Ⅰ）。

② 　振込方式による場合には，供託者は供託書を提出し，振込方式によるべき旨の申出をしなければならない。この場合に，供託官が当該供託を受理すべきものと認めるときは，供託書正本に，供託を受理する旨および供託番号を記載して記名押印し，かつ，供託者に対し，供託を受理した旨，供託番号，一定の振込期日までに供託金を供託官の預金に振り込むべき旨およびその期日までに供託金を振り込まないときは受理の決定は効力を失う旨を告知しなければならない（供託規§20の2Ⅱ）。

③ 　供託者が振込期日までに供託金を振り込んだときは，供託官は，供託書正本に供託金を受領した旨を記載して記名押印し，これを供託者に交付しなければならない（供託規§20の2Ⅳ）。すなわち，この場合には，供託官が供託金の振込みを確認した後に，供託書正本が供託者に交付されることになる。

④ 　供託者が振込期日までに供託金を振り込まないときは，受理の決定は効力を失う（供託規§20の2Ⅲ）。

(4)　電子納付による供託金の受入れ

> **供託規則 第20条の3**　供託官は，金銭の供託をしようとする者の申出により，第18条の規定による供託物の納入又は第20条第1項の規定による供託金の提出に代えて，供託官の告知した納付情報による供託金の納付を受けることができる。
> 2　供託官は，前項の申出があつた場合において，同項の供託を受理すべきものと認めるときは，供託書正本に供託を受理する旨及び供託番号を記載して記名押印し，かつ，供託者に対し，供託を受理した旨，供託番号，同項の納付情報，一定の納付期日までに当該納付情報により供託金を納付すべき旨及びその期日までに供託金を納付しないときは受理の決定は効力を失う旨を告知しなければならない。

3　供託者が前項の納付期日までに第1項の納付情報により供託金を納付しないときは，受理の決定は効力を失う。

4　供託者が第2項の納付期日までに第1項の納付情報により供託金を納付したときは，供託官は，供託書正本に供託金を受領した旨を記載して記名押印し，これを供託者に交付しなければならない。この場合には，第20条第2項後段の規定を準用する。

① 　供託官は，金銭の供託をしようとする者の申出により，供託官の告知した納付情報による供託金の納付を受けることができる（供託規§20の3Ⅰ）。電子納付による供託金の納付は，書面申請による場合には，振込方式による方法と同様，供託者の申出がある場合に限って利用できる方法である。なお，オンラインによる供託手続により金銭を供託物とする供託の申請をするときは，当然に電子納付の方法による旨の申し出があったものとされる（供託規§40Ⅰ後段，20の3Ⅰ）。

R4-9-イ
H23-9-イ
H18-11-エ

② 　電子納付による場合には，供託者は供託書を提出し，電子納付によるべき旨の申出をしなければならない。この場合に，供託官が当該供託を受理すべきものと認めるときは，供託書正本に，供託を受理する旨および供託番号を記載して記名押印し，かつ，供託者に対し，供託を受理した旨，供託番号，納付情報，一定の納付期日までに当該納付情報により供託金を納付すべき旨およびその期日までに供託金を納付しないときは受理の決定は効力を失う旨を告知しなければならない（供託規§20の3Ⅱ）。

③ 　供託者は，納付情報に基づき，電子納付の方法（インターネットによるマルチペイメントネットワーク（ペイジー）に対応したATMまたはインターネットバンキング）によって供託金を納付する。

④ 　供託者が納付期日までに納付情報により供託金を納付したときは，供託官は，供託書正本に供託金を受領した旨を記載して記名押印し，これを供託者に交付しなければならない（供託規§20の3Ⅳ）。すなわち，この場合には，供託官が供託金の納付を確認した後に，供託書正本が供託者に交付されることになる。

⑤ 　供託者が納付期日までに納付情報に基づいて供託金を納付しないときは，受理の決定は効力を失う（供託規§20の3Ⅲ）。

(5) 国が供託者の場合の国庫金の移管による供託金の受入れ

> **供託規則 第20条の4**　供託官は，金銭の供託をしようとする者が国である場合には，当該者の申出により，第18条の規定による供託物の納入又は第20条第1項の規定による供託金の提出に代えて，国庫内の移換の手続による供託金の払込みを受けることができる。
>
> 2　供託官は，前項の申出があつた場合において，同項の供託を受理すべきものと認めるときは，供託書正本に供託を受理する旨及び供託番号を記載して記名押印し，かつ，供託者に対し，供託を受理した旨，供託番号，一定の払込期日までに同項の手続により供託金を払い込むべき旨及びその期日までに供託金を払い込まないときは受理の決定は効力を失う旨を告知しなければならない。
>
> 3　供託者が前項の払込期日までに第1項の手続により供託金を払い込まないときは，受理の決定は効力を失う。
>
> 4　供託者が第2項の払込期日までに第1項の手続により供託金を払い込んだときは，供託官は，供託書正本に供託金を受領した旨を記載して記名押印し，これを供託者に交付しなければならない。この場合には，第20条第2項後段の規定を準用する。

3　有価証券の受入れの手続

H23-9-オ

　有価証券の供託をしようとする者は，供託書のみを提出する。そして，供託官が当該供託を受理すべきものと認めるときは，供託書正本に，供託を受理する旨，供託番号，一定の納入期日までに供託有価証券を納入すべき旨およびその期日までに供託有価証券を納入しないときは受理の決定は効力を失う旨を記載して記名押印し，これを，供託有価証券寄託書とともに供託者に交付しなければならない（供託規§18Ⅰ）。

　また，供託官は，供託書正本を交付するときは，供託者に対し，日本銀行に納入の際に供託書正本および供託有価証券寄託書を提出し，供託書正本に受入れの記載を受けて，その返還を受けるように指示しなければならない（供託準§43Ⅱ，38Ⅱ）。なお，供託者がこの納入期日までに供託有価証券を日本銀行に納入しないときは，供託の受理の決定は効力を失う（供託規§18Ⅱ）。

> ・供託事務取扱手続準則 第43条（供託有価証券寄託書）
>
> 1　（略）
>
> 2　第38条第2項の規定は，有価証券の供託に準用する。

・供託事務取扱手続準則 第38条（保管金払込書）
1 （略）
2 供託官は供託書正本を交付するときは，供託者に対し，日本銀行に払込みの際供託書正本及び前項の書面（保管金払込書）を提出し，供託書に受入れの記載を受けてその返還を受けるように指示しなければならない。
（以下略）

4 振替国債の受入れの手続

供託規則 第19条 供託官は，振替国債の供託を受理すべきものと認めるときは，供託者に対し，供託を受理する旨，供託番号，供託所の口座，一定の納入期日までに当該口座について供託振替国債に係る増額の記載又は記録がされるべき旨及びその期日までに増額の記載又は記録がされないときは受理の決定は効力を失う旨を告知しなければならない。
2 前項の納入期日までに供託所の口座について供託振替国債に係る増額の記載又は記録がされないときは，受理の決定は効力を失う。
3 供託官は，第1項の納入期日までに前項の記載又は記録がされたときは，供託書正本に供託振替国債を受け入れた旨を記載して記名押印し，これを供託者に交付しなければならない。

(1) 振替国債の供託をしようとする者は，供託書のみを提出する。そして，供託官が当該供託を受理すべきものと認めるときは，供託者に対し，供託を受理する旨，供託番号，供託所の口座，一定の納入期日までに当該供託所の口座について供託振替国債に係る増額の記載または記録がされるべき旨およびその期日までに増額の記載または記録がされないときは受理の決定は効力を失う旨を告知しなければならない（供託規§19Ⅰ）。

(2) 指定された納入期日までに供託所の口座について供託振替国債に係る増額の記載または記録がされたときは，供託官は，供託書正本に供託振替国債を受け入れた旨を記載して記名押印し，これを供託者に交付しなければならない（供託規§19Ⅲ）。すなわち，この場合には，供託官が記載または記録を確認した後に，供託書正本が供託者に交付されることになる。

⑶　指定された振込期日までに供託所の口座について供託振替国債に係る増額の記載または記録がされないときは，受理の決定は効力を失う（供託規§19Ⅱ）。

第6節　供託の通知

Topics　・弁済供託における供託の通知について学習する。

　　　　　・供託の通知の要否，および方法について理解すること。

1　意　義

> （供託の方法）
>
> **民法 第495条**
>
> 3　前条の規定により供託をした者は，遅滞なく，債権者に供託の通知をしな
> ければならない。

　弁済供託において，供託者は，遅滞なく，債権者である被供託者に対して供 `H元-11-4`
託の通知をしなければならない（民§495Ⅲ）。これは，被供託者に還付請求権
が発生したことを知らせるためである。供託の通知は供託通知書として書面に
より行われる。この供託の通知は，例えば甲または乙を被供託者とする債権者
不確知による弁済供託の場合など，被供託者が複数である場合には，その全員
に通知することを要する。

　また，例えば，相続人不明の場合の債権者不確知による弁済供託や債権者の
行方不明の場合の受領不能による弁済供託においては，債権者の住所がわから
ないので供託の通知をすることが不可能であり，供託の通知を要しない（先例
昭36.4.8－816）。

2　供託通知書の発送の請求

> （供託通知書の発送の請求等）
>
> **供託規則 第16条**　供託者が被供託者（民法（明治29年法律第89号）第466条の
> 　2第1項又は第466条の3の規定による供託をした場合にあつては，譲渡人を
> 　含む。以下この条，次条第4項，第18条第3項及び第20条第2項において同じ。）
> 　に供託の通知をしなければならない場合には，供託者は，供託官に対し，被
> 　供託者に供託通知書を発送することを請求することができる。この場合にお
> 　いては，その旨を供託書に記載しなければならない。
>
> 2　前項の請求をするときは，供託者は，被供託者の数に応じて，供託書に，
> 　送付に要する費用に相当する郵便切手又は民間事業者による信書の送達に関
> 　する法律（平成14年法律第99号）第2条第6項に規定する一般信書便事業者
> 　若しくは同条第9項に規定する特定信書便事業者による同条第2項に規定す

43

> る信書便の役務に関する料金の支払のために使用することができる証票であ
> つて法務大臣の指定するものを付した封筒を添付しなければならない。
> **3**　前項の指定は，告示してしなければならない。
> **4**　第1項の請求があつた場合においては，供託官は，供託の種類に従い，第
> 19号から第21号までの書式に準じて供託通知書を調製しなければならない。

(1)　供託者が被供託者に供託の通知をしなければならない場合には，供託者は，供託官に対し，被供託者に供託通知書を発送することを**請求することができ**，この場合には，その旨を供託書に記載しなければならない（供託規§16Ⅰ）。

(2)　供託通知書の発送の請求を行う場合には，供託者は，被供託者の数に応じて，供託書に，送付に要する費用に相当する郵便切手等を付した封筒を添付しなければならない（供託規§16Ⅱ）。

(3)　供託通知書の発送の請求があった場合には，供託官は，供託の種類に従い供託規則所定の書式に準じた供託通知書を調製しなければならない（供託規§16Ⅳ）。そして，供託物の受入れの手続が完了した場合には，供託官は，供託通知書を被供託者に発送しなければならない（供託規§18Ⅲ，20Ⅱ後段，20の2Ⅳ後段，20の3Ⅳ後段）。

　なお，供託官が行う供託通知書の送付が行政訴訟の対象となる処分となるか否かについては，行政訴訟の対象となる行政庁の処分とは，行政庁の法令に基づく行為のすべてを意味するものではなく，公権力の主体たる国または公共団体が行う行為のうち，その行為によって，直接国民の権利義務を形成しまたはその範囲を確定することが法律上認められているものをいうものであるから（最判昭39.10.29），供託官が行う供託通知書の送付は行政訴訟の対象となる処分ではないと解される。

3　供託者による供託通知書の発送

　供託者は，供託官に供託通知書の発送を請求することができるが，供託者がこの請求をせず自ら供託通知書を発送することも認められる。すなわち，供託の通知を要する場合に，供託官に供託通知書の発送の請求を行わない場合でも，却下事由には該当しない。供託通知書は，供託者の選択によって，普通郵便，書留郵便，配達証明郵便等の方法により発送する（供託準§45Ⅰ）。

4　供託の通知がされなかった場合の供託の効力

　　供託の通知を要する場合に，供託の通知がされなかった場合，すなわち供託 H元-11-2
通知書の発送がされなかった場合であっても，供託の効力に影響は生じない（大
判大13.4.21）。すなわち，供託が無効となるものではない。

第7節　特殊な手続

Topics・ここでは，特殊な申請手続を学習する。
　　　　・代供託・附属供託・差替え・保管替えの要件に注意すること。

1　意　義

　特殊な申請手続として，代供託，附属供託，供託物の差替え，供託金の保管替えの手続がある。

2　代供託

> **供託法 第4条**　供託所ハ供託物ヲ受取ルヘキ者ノ請求ニ因リ供託ノ目的タル有価証券ノ償還金，利息又ハ配当金ヲ受取リ供託物ニ代ヘ又ハ其従トシテ之ヲ保管ス但保証金ニ代ヘテ有価証券ヲ供託シタル場合ニ於テハ供託者ハ其利息又ハ配当金ノ払渡ヲ請求スルコトヲ得
>
> （代供託又は附属供託の請求）
> **供託規則 第21条**　供託の目的たる有価証券の償還金，利息又は配当金の代供託又は附属供託を請求しようとする者は，第22号及び第23号書式による正副2通の代供託請求書又は附属供託請求書を供託所に提出しなければならない。

H16-10-ウ　　代供託とは，供託された有価証券の償還期限が到来した場合に，供託有価証券を受け取るべき者の請求により，供託所の内部手続をもって当該有価証券の償還を受け，その償還金を供託の目的物に変更して供託を継続する手続である（供託§4本文）。代供託を請求する者は，正副2通の代供託請求書を供託所に提出しなければならない（供託規§21Ⅰ）。
　なお，供託物払渡請求権に対する差押債権者は，代供託をすることができる（先例明44.11.15-821）。

3　附属供託

　附属供託とは，供託されている有価証券の支払期が到来した利息または配当金について，これを受け取るべき者の請求により，供託所の内部手続をもってその支払いを受け，支払いを受けた金銭を従来の供託物に附属させて供託する手続である（供託§4本文）。附属供託を請求する者は，正副2通の附属供託請求書を供託所に提出しなければならない（供託規§21Ⅰ）。

4　供託物の差替え

H25-10-エ
H20-10-ウ

供託物の差替えとは，裁判上の担保供託または営業保証供託において，裁判所または監督官庁の承認を得て，新たな供託をして，従前の供託物を取り戻すことにより，供託物の変更を行う手続きである。具体的には，金銭を有価証券に，有価証券を金銭にまたは他の有価証券に変更する手続である。そして，供託物の差替えは，供託物の一部についても行うことが認められている（先例昭42.1.9-16）。なお，供託物取戻請求権に差押え等の処分の制限がされている場合，差替えを行うことはできず，誤ってこれを受理したときは取り戻すことができる（先例昭36.7.19-1717）。

5　供託物の保管替え

(1)　供託物の保管替えの意義

供託物の保管替えとは，営業保証供託において，営業者が，営業所または住所を移転したために，管轄供託所が変更となった場合に，既に供託されている供託物（金銭または振替国債に限る。）を管轄供託所に移管する供託所相互間の内部手続である。

(2)　供託物の保管替えの要件

①　法令の規定により保管替えが許容されていること。

R2-11-ウ
H30-11-オ
H25-10-ウ
H16-10-エ
H15-10-エ

②　営業保証供託を行った営業者が，主たる事務所または住所を移転したため，法令で定められている最寄りの供託所に変更を生じたこと。

③　営業保証供託の供託物が金銭または振替国債であること。

④　営業保証供託の供託物について，差押え，譲渡または質入れがないこと（先例昭36.7.19-1717）。

(3)　供託物の保管替えの手続

供託物の保管替えを請求する場合には，供託金保管替請求書または供託振替国債保管替請求書1通に，供託書正本を添付して，既に供託がされている供託所に請求する（供託規§21の3Ⅰ，21の6Ⅰ）。

（保管替え）

供託規則 第21条の3　法令の規定により供託金の保管替えを請求しようとする者は，第24号書式による供託金保管替請求書1通に，供託書正本を添付して，これを当該供託金を供託している供託所に提出しなければならない。

2　数回にわたつて供託されている供託金については，一括して保管替えを請求することができる。

　3　第26条及び第27条の規定は，第1項の請求に準用する。

供託規則 第21条の4　供託官は，保管替えの請求を相当と認めるときは，供託金保管替請求書に保管替えする旨を記載して記名押印し，これを供託書正本とともに保管替えを受ける供託所に送付し，当該保管替えに関する事項を副本ファイルに記録し，かつ，財務大臣の定める保管金払込事務等の取扱いに関する規定に従い，国庫金振替の手続をしなければならない。

　2　供託官は，前項の手続をしたときは，金銭供託元帳に保管替えをした旨を記録しなければならない。

　3　供託官は，第1項の手続をしたときは，保管替えを受ける供託所に対し，保管替えを受けた供託に関する事項を副本ファイルに記録するために必要な情報を送信しなければならない。

供託規則 第21条の5　前条第1項の規定による書類の送付を受けた供託所の供託官は，供託書正本に新たに供託番号を記載し，従前の供託番号を朱抹し，かつ，金銭供託元帳に保管替えを受けた旨を記録しなければならない。

　2　前条第3項の規定による情報の送信を受けた供託所の供託官は，副本ファイルに保管替えを受けた供託に関する事項を記録しなければならない。

　3　日本銀行から国庫金振替済の通知を受けたときは，供託官は，供託書正本に保管替済の旨を記載して記名押印し，これを保管替えの請求をした者に交付しなければならない。

供託規則 第21条の6　第21条の3第1項及び第2項並びに前二条の規定は，供託振替国債の保管替えについて準用する。この場合において，第21条の3第1項中「第24号書式」とあるのは「第24号の2書式」と，前条第3項中「国庫金振替済」とあるのは「供託振替国債に係る増額の記載又は記録がされた旨」と読み替えるものとする。

　2　第26条及び第27条の規定は，前項において準用する第21条の3第1項の請求について準用する。

第3章
払渡手続

第1節　払渡手続

Topics・払渡手続には，還付手続と取戻手続の２つがあることに注意すること。
　　　・払渡手続の一括請求の要件について理解すること。

1　払渡手続としての還付と取戻し

　供託手続は，供託の受理，供託物の保管およびその払渡しによって終了する。この払渡しには，供託物が被供託者に払い渡される「還付」と，供託者に払い渡される「取戻し」とがある。

2　払渡しの一括請求

> （供託物払渡しの一括請求）
> **供託規則 第23条**　同一人が数個の供託について同時に供託物の還付を受け，又は取戻しをしようとする場合において，払渡請求の事由が同一であるときは，一括してその請求をすることができる。

　供託物の払渡しについては，一括請求が認められる。すなわち，同一人が数個の供託について同時に還付または取戻しをしようとする場合において，払渡請求の事由が同一であるときは，一括してその請求をすることができる（供託規§23）。例えば，数か月分の家賃が供託されている事件において，被供託者である建物賃貸人が一括して還付請求する場合がこれである。　`H27-10-イ` `H20-11-イ` `H6-9-1`

　一括請求は，請求者本人が同一人である場合にのみ認められる。請求者が異なるときは，仮に代理人が同一人であっても認められない。

3　郵送や使者による払渡請求

　払渡請求においても，出頭主義はとられていない。したがって，郵送あるいは使者による請求も認められる。さらに，電子情報処理組織による払渡請求も認められる（供託規§38Ⅰ②）。ただし，電子情報処理組織によって払渡請求ができるのは，供託金，供託金利息，供託振替国債に限られ，有価証券の払渡請求を電子情報処理組織によってすることはできない（同Ⅰ②）。

第2節　供託物払渡請求書

Topics　・供託物払渡請求書の記載内容を学習する。

　　　　　・目的物による訂正の可否に注意すること。

1　供託物払渡請求書

　供託物の払渡しを請求する者は，払渡請求書に以下の事項を記載し，請求者またはその代表者もしくは管理人もしくは代理人がこれに記名押印しなければならない（供託規§22Ⅱ）。

　なお，供託物払渡請求書には，供託金払渡請求書と供託有価証券払渡請求書，供託振替国債払渡請求書がある。

（供託物払渡請求書）

供託規則 第22条　供託物の還付を受けようとする者又は供託物の取戻しをしようとする者は，供託物の種類に従い，第25号から第26号の2までの書式による供託物払渡請求書(供託物が有価証券又は振替国債であるときは請求書2通)を提出しなければならない。

2　前項の請求書には次の事項を記載し，請求者又はその代表者若しくは管理人若しくは代理人が記名押印しなければならない。

一　供託番号

二　払渡しを請求する供託金の額，供託有価証券の名称，総額面，券面額(券面額のない有価証券についてはその旨)，回記号，番号及び枚数又は供託振替国債の銘柄及び金額（国債の発行等に関する省令（昭和57年大蔵省令第30号）第3条第2項に規定する最低額面金額の整数倍の金額に限る。）

三　払渡請求の事由

四　還付又は取戻しの別

五　隔地払の方法（供託所の保管金取扱店である日本銀行所在地外の日本銀行その他供託官の定める銀行において供託金の払渡しをする方法をいう。）又は預貯金振込みの方法（日本銀行が指定した銀行その他の金融機関の当該請求者又はその代理人の預金又は貯金に振り込む方法をいう。第43条第1項において同じ。）により供託金の払渡しを受けようとするときは，その旨

六　国庫金振替の方法により供託金の払渡しを受けようとするときは，その旨

七　供託振替国債の払渡しを請求するときは，請求者の口座

八　請求者の氏名及び住所，請求者が法人であるとき又は法人でない社団若

　しくは財団であつて，代表者若しくは管理人の定めのあるものであるとき
　は，その名称，主たる事務所及び代表者又は管理人の氏名
九　請求者が供託者又は被供託者の権利の承継人であるときは，その旨
十　代理人により請求する場合には，代理人の氏名及び住所，ただし，公務
　員がその職務上するときは，その官公職，氏名及び所属官公署の名称
十一　供託所の表示
十二　払渡請求の年月日

(1)　**払渡しを請求する供託金の額，供託有価証券の名称，総額面，券面額等（供
託規§22Ⅱ②）**

　　供託金の払渡請求においては供託金の額を，供託有価証券の払渡請求にお
いてはその名称，総額面，券面額（券面額のない有価証券についてはその旨），
回記号，番号および枚数を，供託振替国債の払渡請求においては供託振替国
債の銘柄および金額を記載する。

(2)　**隔地払い，預貯金振込みの各方法により供託金の払渡しを希望するときは，
その旨　（供託規§22Ⅱ⑤）**

　　隔地払いとは，供託金払渡請求権者の利便を考慮して，その住所地または
最寄りの銀行で支払いを受けることができる制度である。送金先が日本銀行
の指定した銀行その他の金融機関でなければ，隔地払いの取扱いは認められ
ない。

　　預貯金振込みとは，隔地払いと同様に供託金払渡請求権者の利便を考慮し
て設けられた制度であり，払渡請求権者またはその代理人の預貯金口座に振
り込む方法により供託金を支払う手続である。なお，委任による代理人に対
する預貯金振込みの方法による供託金の払渡しを求める場合には，委任状に，
供託金の受領に関する権限を委任する旨の記載が必要となる。

H27-10-ｱ
H16-9-ｱ
H12-9-4
H6-9-2

(3)　**国庫金振替の方法により供託金を請求するときは，その旨　（供託規§22Ⅱ
⑥）**

　　国庫金振替とは，供託金払渡請求権者が官庁等であって，払渡しを受ける
供託金を当該官庁等の歳出金・歳入金等として受け入れる場合に用いられる
制度である。国庫金振替は，日本銀行内で現金の移動を行わずに官庁等の歳
出金・歳入金に帳簿上で振替の手続を行うものであるから，官庁等でない供
託金払渡請求権者が利用できる制度ではない。

2　供託物払渡請求書の金額等の訂正の可否

H26-9-エ 　供託物払渡請求書のうち，供託金払渡請求書に記載した金額または供託振替国債払渡請求書に記載した金額は訂正することができるが，供託有価証券払渡請求書に記載した有価証券の枚数および総額面については訂正することができない（供託規§6Ⅵ参照）。

3　供託物払渡請求書の提出通数

H29-9-オ
H20-11-オ 　供託物払渡請求書は供託物により提出通数が異なる。金銭である場合には，供託物払渡請求書1通，有価証券および振替国債の場合には2通提出する。

第3節　還付請求手続

Topics　・還付請求の要件について学習する。
　　　　・留保付払渡請求の趣旨を理解する。

1　還付請求の要件

　供託物の還付請求については，次に掲げる実体上の要件がある。

(1)　被供託者が確定していること

(2)　被供託者の供託物に対する実体上の請求権が確定していること

(3)　被供託者の請求権の行使につき条件が成就していること

【還付請求に関する先例】

①　金銭による弁済供託の被供託者が死亡し，共同相続人中の1人からその相続分につき払渡請求があったときは，これに応じて差し支えない（先例昭37.12.11－3560参照）。

②　弁済供託が行われた後に，被供託者が死亡したため，被供託者の相続人全員から各相続分を明らかにせずに共同で還付請求があった場合，払渡しを認可して差し支えない（先例昭50決議）。

③　被供託者を2人とする弁済供託金について，被供託者の1人から払渡請求があった場合において，その持分が不明であるときは，平等の割合で払い渡して差し支えない（民§427参照。先例昭40.2.22－357）。

④　被供託者をAまたはBとする債権者不確知を理由とする弁済供託金を還付請求する場合，両者が共同してすることができる（先例昭37.3.31－906）。

⑤　供託物の取戻しおよび還付の手続が競合した場合に，適法な取戻請求書が提出される以前に供託所に対し供託受諾の意思表示があれば，債権者が優先して供託物の払渡しを受けることができる（先例昭36.11.9－2766）。

2　供託の受諾

　　弁済供託においては，被供託者は供託の受諾を払渡請求の事由として供託物の還付を受けることができる。供託物払渡請求における供託受諾とは，供託者によってされた弁済供託に対し，被供託者またはその承継人が，弁済供託がされたことによる弁済を承諾したうえで，供託物の還付を受けることにより供託手続を終了させることをいう。供託受諾は，供託物還付請求における払渡請求の事由として用いられる場合と，供託物還付請求は行わないが供託物取戻請求権を消滅させる意思表示の意味で用いられる場合の2つの場合がある，供託物還付請求は行わないが供託物取戻請求権を消滅させる意思表示の場合に関しては第8章第1節で解説する。

3　留保付払渡請求

(1)　留保付払渡請求の内容

　　判例によれば，債権者と債務者との間で債務の額に争いがある場合，債権者は債務者が全額として供託した金額を一部弁済に充当する旨の留保を付して供託を受諾し，還付請求をすることができ，この場合，一部弁済の効果が生ずる。

| H19-10-オ |

　　このように，債務者が全額として供託した金額につき債権者が債務の一部に充当する旨の留保を付して還付請求することを，留保付払渡請求という。

(2)　留保付払渡請求の要件

| H15-9-5 |
| H11-10-2 |
| H11-10-3 |

　　留保付払渡請求が認められるのは，被供託者が**債権額の一部として受諾**する旨の留保を付した還付請求に限られる。

　　これに対し，債権の性質を異にして供託を受諾する旨の請求をすることは認められない。例えば，家賃の弁済供託の事件においては，被供託者は損害金として受諾する旨の留保を付すことはできない。

　　【留保付払渡請求に関する判例】

| H31-9-オ |

　　債権全額に対する弁済として債務者のした供託金額が債権額に足りない場合においては，債権者が債務者に対して右供託金を債権の一部に充当する旨を通知し，かつ供託所に対して右留保の意思を明らかにして還付を受けたときは，右供託金は債権の一部の弁済に充当したものと解される（最判昭38.9.19）。

【留保付払渡請求に関する先例】

①　債権の一部弁済として受領する積極的留保の意思表示のある払渡請求　`R4-10-イ`
　　を認可することができる（先例昭35.3.30－775）。

②　債権額の一部に充当する旨の留保を付した供託金の払渡請求について
　　は，認可して差し支えない（先例昭42.1.12－175）。

③　家賃弁済供託金について，損害賠償金として供託を受諾し，還付を請
　　求することはできない（先例昭38.6.6－1669）。

④　受領拒否による地代および家賃の増額に関する供託における弁済供託
　　の供託金について，貸主が増額請求後の地代に相当する金額のみを受諾
　　して還付請求しても，払渡しを認可することはできない（先例昭37.3.14－
　　695）。

⑤　2月分の家賃として弁済供託があった場合において，還付請求書に「1
　　月分の家賃弁済として受諾する」旨の記載があるときは，払渡しを認可
　　すべきでない（先例昭39決議）。

第4節　還付手続における添付・提示書面

Topics・ここでは，還付手続における添付・提示書面について学習する。

・添付・提示の区別について正確に理解すること。

1　還付請求権を証する書面

> **供託法 第8条**　供託物ノ還付ヲ請求スル者ハ法務大臣ノ定ムル所ニ依リ其権利ヲ証明スルコトヲ要ス
>
> （還付請求の添付書類）
>
> **供託規則 第24条**　供託物の還付を受けようとする者は，供託物払渡請求書に次の各号に掲げる書類を添付しなければならない。
>
> 一　還付を受ける権利を有することを証する書面。ただし，副本ファイルの記録により，還付を受ける権利を有することが明らかである場合を除く。
>
> 二　反対給付をしなければならないときは，供託法第10条の規定による証明書類
>
> 2　前項の規定により供託物払渡請求書に利害関係人の承諾書を添付する場合には，同項に規定する者は，当該承諾書の作成前3月以内又はその作成後に作成された次に掲げる書面を併せて添付しなければならない。
>
> 一　当該承諾書に押された印鑑につき市区町村長（特別区の区長を含むものとし，地方自治法（昭和22年法律第67号）第25条の19第1項の指定都市にあつては，市長又は区長若しくは総合区長とする。第26条第1項において同じ。）又は登記所の作成した証明書
>
> 二　登記された法人が利害関係人となるときは，代表者の資格を証する登記事項証明書
>
> 三　前号の法人以外の法人が利害関係人となるときは，代表者の資格を証する書面
>
> 四　法人でない社団又は財団であつて代表者又は管理人の定めのあるものが利害関係人となるときは，代表者又は管理人の資格を証する書面

(1)　還付請求権を証する書面

H31-10-ウ
H24-9-ア
H15-11-3

供託物の還付を請求する者は，還付を受ける権利を有することを証する書面を添付しなければならない（供託§8Ⅰ，供託規§24Ⅰ①本文）。

ただし，副本ファイルの記録により，請求者が還付を受ける権利を有することが明らかな場合は還付請求権を証する書面の添付は不要である（同Ⅰ①

ただし書）。例えば，通常の家賃や地代の弁済供託事件の場合，請求者である被供託者が還付請求権を有することは明らかであるから，あらためてその証明書を添付する必要はない。

H14-9-エ
H12-9-2
H12-9-5

また，供託者の承諾書をもってこの書面とすることはできない（先例昭36.4.4-808）。

なお，副本ファイル上の被供託者の住所あるいは氏名の表示が供託物払渡請求書の請求者の記載と異なる場合には，その同一性を証明するために，住所あるいは氏名の変更を証する書面を添付しなければならない。

(2) 還付請求権が譲渡された場合

供託物の還付・取戻請求権は，一般の債権譲渡の方法（民§466以下）によって自由に譲渡することができる。この譲渡の効力を債務者である供託所およびその他の第三者に対抗するためには，譲渡人から供託所に対して譲渡通知書を送付することを要する（民§467Ⅰ）。供託物払渡請求権の譲渡通知書の様式についてはとくに定めはないが，譲渡の意思表示が明確に記載されていなければならない。

このように，供託物還付請求権が譲渡された場合には，供託所に譲渡通知書が送付されているので（民§467Ⅰ，供託規§5Ⅰ），譲渡の事実は供託所に明らかである。したがって，譲受人が還付請求をするときは，還付請求権を譲り受けたことを証する書面を添付する必要はない。

(3) 利害関係人の承諾書を添付する場合

還付請求権を証する書面として利害関係人の承諾書を添付する場合，その者はその承諾書の作成前3月以内またはその作成後に作成された以下の書面を併せて添付しなければならない（供託規§24Ⅰ①Ⅱ）。

H29-9-エ
H18-9-ウ
H17-10-エ

① 当該承諾書に押された印鑑につき市区町村長または登記所の作成した証明書

② 登記された法人が利害関係人となるときは，代表者の資格を証する登記事項証明書

登記された法人は供託申請および払渡請求の手続においてはその代表者の資格証明書は提示で足りる（供託規§14Ⅰ前段，27Ⅲ）が，供託規則24条2項はこれを認めていない。簡易確認手続も認められていない（供託規§14Ⅰ後段，27Ⅲ）。

③　登記された法人以外の法人が利害関係人となるときは，代表者の資格証明書

④　法人でない社団または財団であつて代表者または管理人の定めのあるものが利害関係人となるときは，代表者または管理人の資格証明書

＋アルファ

H29-9-ウ　供託官から供託通知書の送付を受けていた場合でも，当該供託通知書は，還付請求における添付書類ではない。

2　反対給付を履行したことを証する書面

> **供託法 第10条**　供託物ヲ受取ルヘキ者カ反対給付ヲ為スヘキ場合ニ於テハ供託者ノ書面又ハ裁判，公正証書其他ノ公正ノ書面ニ依リ其給付アリタルコトヲ証明スルニ非サレハ供託物ヲ受取ルコトヲ得ス

還付請求権行使の条件として反対給付の条件が付されている供託の場合，還付請求をするにはその反対給付を履行したことを証する書面を添付しなければならない（供託§10，供託規§24Ⅰ②）。この書面としては，例えば，被供託者が受領することに同意する旨の供託者の作成に係る供託者の印鑑証明書付の書面（先例昭37.1.24-132），確定判決，調停調書，和解調書，請求の認諾調書等がこれにあたる。

H31-10-エ
H26-9-ア
H15-11-5
また，所有権の移転の登記を反対給付の内容として土地の売買代金が供託されている場合には，反対給付を履行したことを証する書面として，その売買を原因とする所有権の移転の登記がされている当該土地の登記事項証明書を供託物払渡請求書に添付して，供託物の還付請求をすることができる。

【利害関係人の承諾書を添付する場合】
反対給付を履行したことを証する書面として利害関係人の承諾書を添付する場合，その者はその承諾書の作成前3月以内またはその作成後に作成された以下の書面を併せて添付しなければならない（供託規§24Ⅰ②Ⅱ）。

①　当該承諾書に押された印鑑につき市区町村長または登記所の作成した証明書

②　法人が利害関係人となるときは，代表者の資格を証する登記事項証明書

　　供託申請または払渡請求の際には，登記された法人についてはその代表者の資格証明書は提示で足りる（供託規§14Ⅰ前段，27Ⅲ）が，供託規則24条2項はこれを認めていない。また，簡易確認手続（供託規§14Ⅰ後段，27Ⅲ）も認められていない。

③　法人でない社団または財団であって代表者または管理人の定めがあるものが利害関係人となるときは，代表者または管理人の資格を証する書面

3　印鑑証明書

> （印鑑証明書の添付）
> **供託規則 第26条**　供託物の払渡しを請求する者は，供託物払渡請求書又は委任による代理人の権限を証する書面に押された印鑑につき市町村長又は登記所の作成した証明書を供託物払渡請求書に添付しなければならない。ただし，供託所が法務大臣が指定した法務局若しくは地方法務局若しくはこれらの支局又はこれらの出張所である場合を除き，その印鑑につき登記官の確認があるときは，この限りでない。
> 2　法定代理人，支配人その他登記のある代理人，法人若しくは法人でない社団若しくは財団の代表者若しくは管理人又は民事再生法（平成11年法律第225号），会社更生法（平成14年法律第154号）若しくは金融機関等の更生手続の特例等に関する法律（平成8年法律第95号）による管財人若しくは保全管理人若しくは外国倒産処理手続の承認援助に関する法律（平成12年法律第129号）による承認管財人若しくは保全管理人が，本人，法人，法人でない社団若しくは財団又は再生債務者，株式会社，金融機関等の更生手続の特例等に関する法律第2条第2項に規定する協同組織金融機関，相互会社若しくは債務者のために供託物の払渡しを請求する場合には，前項の規定は，その法定代理人，支配人その他登記のある代理人，代表者若しくは管理人又は管財人，承認管財人若しくは保全管理人について適用する。
> 3　前二項の規定は，次の場合には適用しない。
> 一　払渡しを請求する者が官庁又は公署であるとき。
> 二　払渡しを請求する者が個人である場合において，運転免許証（道路交通法（昭和35年法律第105号）第92条第1項に規定する運転免許証をいう。），個人番号カード（行政手続における特定の個人を識別するための番号の利用等に関する法律（平成25年法律第27号）第2条第7項に規定する個人番号カードをいう。），在留カード（出入国管理及び難民認定法（昭和26年政令第319号）第19条の3に規定する在留カードをいう。）その他の官庁又は

公署から交付を受けた書類その他これに類するもの（氏名，住所及び生年月日の記載があり，本人の写真が貼付されたものに限る。）であつて，その者が本人であることを確認することができるものを提示し，かつ，その写しを添付したとき。

三　供託物の取戻しを請求する場合において，第14条第4項前段の規定により供託官に提示した委任による代理人の権限を証する書面で請求者又は前項に掲げる者が供託物払渡請求書又は委任による代理人の権限を証する書面に押した印鑑と同一の印鑑を押したものを供託物払渡請求書に添付したとき。

四　法令の規定に基づき印鑑を登記所に提出することができる者以外の者が供託物の取戻しを請求する場合において，官庁又は公署から交付を受けた供託の原因が消滅したことを証する書面を供託物払渡請求書（当該請求書に委任による代理人の預金又は貯金に振り込む方法による旨の記載がある場合を除く。次号において同じ。）に添付したとき。

五　前号に規定する者が供託金の払渡しを請求する場合（その額が10万円未満である場合に限る。）において，第30条第1項に規定する証明書を供託物払渡請求書に添付したとき。

六　裁判所によつて選任された者がその職務として供託物の払渡しを請求する場合において，供託物払渡請求書又は委任による代理人の権限を証する書面に押された印鑑につき裁判所書記官が作成した証明書を供託物払渡請求書に添付したとき。

(1)　原則としての添付

H18-9-ア
H17-10-オ
H8-10-オ

供託物の払渡請求をする者は，供託物払渡請求書またはこれに添付された委任状に押された印鑑につき市区町村長または登記所の作成した印鑑証明書を添付しなければならない（供託規§26Ⅰ本文）。なお，簡易確認手続も認められている（同Ⅰただし書）。

H27-10-エ
H15-11-4

法定代理人，支配人その他の登記のある代理人，法人の代表者または会社更生法等による管財人もしくは保全管理人が本人または法人のために供託物払渡請求をするときは，本人のものではなく，法定代理人等の印鑑証明書の添付を要する（同Ⅱ）。

委任による代理人によって払渡請求するときは，委任状に押された請求者本人または法定代理人等の印鑑についての証明書を添付する。委任による代理人の印鑑証明書を添付するのではない。

【簡易確認手続】

　　登記所が作成する印鑑証明書については，供託所と証明をすべき登記所が同一である場合（法務大臣が指定したものは除く）において，その印鑑につき登記官の確認があるときは，簡易確認手続を取ることにより，印鑑証明書の添付を省略することができる（供託規§26Ⅰただし書）。

【印鑑証明書と供託書の住所が相違する場合】

　　印鑑証明書の住所と供託書の住所が異なる場合は，住民票の謄抄本により住所変更の事実を立証させる必要がある（先例昭35.3.4－555）。

【印鑑証明書の有効期限】

　　供託物払渡請求書に添付する請求者の印鑑証明書は，作成後3か月以内のものでなければならない（供託規§9）。

【法人でない社団または財団の場合】

　　法人でない社団または財団が払渡請求をするときは，その代表者個人の印鑑証明書（市区町村長発行のもの）を添付する（先例昭35決議）。

(2)　添付を省略できる場合（供託規§26Ⅲ）

　①　払渡しを請求する者が官公署であるとき（供託規§26Ⅲ①）

　②　払渡しを請求する者が個人である場合において，その者が提示した運転免許証等の官公署から交付を受けた書類等（氏名，住所および生年月日の記載があり，本人の写真が貼付されたものに限る。）により，その者が本人であることを確認することができるとき（供託規§26Ⅲ②） `H26-9-オ` `H24-9-エ`

　　　【旅券（パスポート）は該当しない】 `H20-11-エ`

　　　　旅券には，住所の記載がないので，旅券を提示しても，印鑑証明書の添付を省略することはできない。

　③　法令の規定に基づき印鑑を登記所に提出することができる者以外の者が10万円未満の供託金の払渡しを請求する場合において，配当等の手続において添付すべき支払証明書（供託規§30Ⅰ）を添付したとき（供託規§26Ⅲ⑤） `H31-10-ア` `H25-10-ア`

　　※　ただし，③の場合でも，委任による代理人に対する預貯金振込みの方法により供託金の払渡請求を行う場合には，払渡請求をする者の意思確

認のため，供託金払渡請求書に，委任による代理人の権限を証する書面すなわち委任状に押印された還付請求をする者の印鑑について市区町村長の作成した印鑑の証明書を添付しなければならず，印鑑証明書の添付を省略することはできない（供託規§26Ⅲ④⑤）。

④　裁判所によって選任された者がその職務として供託物の払渡しを請求する場合で，供託物払渡請求書または委任による代理権限証明書に押された印鑑につき裁判所書記官が作成した証明書を供託物払渡請求書に添付したとき（供託規§26Ⅲ⑥）

4　資格証明書

> （代理権限を証する書面の添付等）
> **供託規則 第27条**　代理人によつて供託物の払渡しを請求する場合には，代理人の権限を証する書面を供託物払渡請求書に添付しなければならない。ただし，支配人その他登記のある代理人については，代理人であることを証する登記事項証明書を提示すれば足りる。
> **2**　第14条第1項後段の規定は，前項ただし書の場合に準用する。
> **3**　第14条第1項から第3項まで及び第15条の規定は，供託物の払渡請求に準用する。

法人等が供託物の還付を請求する場合，その代表者の資格証明書を以下のとおり添付または提示しなければならない（供託規§27Ⅲ）。

H31-10-イ
H4-14-5

(1)　登記された法人の代表者の資格を証する書面については提示で足りる（供託規§27Ⅲ，供託規§14Ⅰ前段）。

(2)　登記された法人以外の法人の代表者の資格を証する書面を添付しなければならない（供託規§27Ⅲ，供託規§14Ⅱ）。

(3)　法人でない社団または財団であって代表者または管理人の定めがあるものについては，当該社団または財団の定款または寄付行為および代表者または管理人の資格を証する書面を添付しなければならない（供託規§27Ⅲ，供託規§14Ⅲ）。

【資格証明書の有効期限】

　　供託物払渡請求書に添付する資格証明書は，作成後3か月以内のものでなければならない（供託規§9）。

5　代理権限証書

　　代理人によって供託物の還付を請求する場合，代理権限証書を添付しなければ　`H29-9-イ`
ならない（供託規§27Ⅰ本文）。供託申請の際は代理権限証書は提示書類と　`H24-9-オ`
されているのに対し（供託規§14Ⅳ），供託物払渡請求に際しては添付書類とされていることに注意したい。

　　ただし，支配人その他登記のある代理人については，代理人であることを証　`H27-10-オ`
する登記事項証明書の提示で足りる（供託規§27Ⅰただし書）。

【代理権限証書の有効期限】

　　供託物払渡請求書に添付する代理権限証書のうち，官公署の作成に係る代理権限証書は，作成後3か月以内のものでなければならない（供託規§9）。

6　還付手続における添付書類に関する先例

①　被供託者が死亡し，その相続人が還付請求をする場合には，還付を受け　`H5-9-ア`
　る権利を有することを証する書面として，戸籍謄本等を添付しなければならない（先例昭37.6.19 - 1622）。

②　債権者が債権保全のため，その債務者の有する供託物還付請求権を代位　`H5-9-ウ`
　行使して自ら供託物を受領するには，還付請求権者たる債務者に対して債権を有する事実を証する書面として債務名義または債務者の承諾書を，債権保全の必要性を証する書面として債務者が無資力であることの証明書を，それぞれ添付しなければならない（先例昭38.5.25 - 1570）。

③　供託金について裁判所の支払委託により払渡しを受ける際の支払証明書に代理人の表示がある場合は，代理人の資格を証する委任状の提出を要せずに払渡しを行って差し支えない（先例昭30.9.28 - 2087）。

7　添付書類の原本還付

（添付書類の原本還付）

供託規則 第9条の2　供託書，代供託請求書，附属供託請求書，供託物保管替請求書，供託物払渡請求書，供託金利息請求書又は供託有価証券利札請求書に添付した書類については，供託又は請求に際し，還付を請求することができる。ただし，第30条第1項の証明書及び代理人の権限を証する書面（官庁又は公署の作成に係るものを除く。）については，この限りでない。

2　書類の還付を請求するには，供託書又は請求書に原本と相違がない旨を記載した当該書類の謄本をも添付しなければならない。

3　供託官は，書類を還付したときは，その謄本に原本還付の旨を記載して押印しなければならない。

4　委任による代理人によつて供託書，代供託請求書又は附属供託請求書に添付した書類の還付を請求する場合には，代理人の権限を証する書面を提示しなければならない。

5　委任による代理人によつて供託物保管替請求書，供託物払渡請求書，供託金利息請求書又は供託有価証券利札請求書に添付した書類の還付を請求する場合には，請求書に代理人の権限を証する書面を添付しなければならない。この場合には，第15条の規定を準用する。

(1)　原本還付の手続

　　原本還付とは，供託の申請等において添付書面として定められている書面について，その原本を供託所から提出者に還付する手続である。書類の還付を請求するには，供託書等に原本と相違がない旨を記載した当該書面の謄本を添付しなければならない（供託規§9の2Ⅱ）。そして，供託官は，書類を還付したときは，その謄本に原本還付の旨を記載して押印しなければならない（同Ⅲ）。

　　なお，供託物払渡請求に際し，原本還付の請求ができるのは，供託物払渡請求書，供託金利息請求書または供託有価証券利札請求書に添付した書面のうち次の(2)に記載する書面を除いた書面である（同Ⅰ本文）。

(2)　原本還付の認められない書類

　　原本還付の認められない書類は次の2つである（供託規§9の2Ⅰただし書）。

① 配当その他官庁または公署の決定によって供託物の払渡をする場合における官庁または公署から交付を受けた支払証明書（供託規則30条1項の証明書）

② 官庁または公署の作成に係るものを除く代理人の権限を証する書面

(3) 原本還付における代理権限証書

委任による代理人によって原本還付の請求をする場合，供託物払渡請求書，供託金利息請求書または供託有価証券利札請求書に添付した書面の原本還付については代理人の権限を証する書面を添付しなければならない（供託規§9の2Ⅴ）。

第5節　取戻請求手続

Topics ・ここでは，取戻請求について学習する。

・還付手続との違いに注意すること。

1　取戻請求の要件

以下の(1)ないし(3)のいずれかに該当する場合，供託者またはその承継人は供託物の取戻しの請求をすることができる（供託§8Ⅱ）。

(1)　民法496条の規定による場合

H14-8-3　(2)　供託が錯誤に基づいたものであること

(3)　供託原因が消滅したこと

2　取戻請求に関する先例

(1)　弁済供託の還付請求権に対し債権差押・転付命令の送達があった後でも，供託者から錯誤を理由として，取戻しの請求をすることができる（先例昭31.5.7 - 973）。

(2)　弁済供託金につき還付請求書と取戻請求書とが同時に提出された場合，還付請求を払渡認可し，取戻請求を却下する（先例昭46決議）。

H14-10-2　(3)　錯誤により債権額を超える額の供託がされた場合，債務の同一性が認められる限り，超過額につき錯誤の事実を証する書面を添付して取り戻すことができる（先例昭36.4.8 - 816）。

3　弁済供託における取戻し

（供託物の取戻し）

民法 第496条　債権者が供託を受諾せず，又は供託を有効と宣告した判決が確定しない間は，弁済者は，供託物を取り戻すことができる。この場合においては，供託をしなかったものとみなす。

2　前項の規定は，供託によって質権又は抵当権が消滅した場合には，適用しない。

(1)　取戻しの自由及びその制限

　弁済供託においては，供託者は一定の要件のもとに供託物の取戻しをする　`H13-10-ウ`
ことができるが（民§496Ⅰ前段），この供託物の取戻しは供託関係の取消し
または撤回を意味するものであるから，被供託者の意思または不利益を全く
無視して認めるべきではない。

(2)　取戻しが認められない場合

　①　債権者（被供託者）が供託を受諾したとき（民§496Ⅰ前段）　　`H11-9-4`
　②　供託を有効と宣告する判決が確定したとき（同Ⅰ前段）　　`H10-10-2`
　　　　　　　　　　　　　　　　　　　　　　　　　　　　　　`H7-9-1`
　③　供託により質権または抵当権が消滅したとき（同Ⅱ）　　　`H7-9-5`
　　　　　　　　　　　　　　　　　　　　　　　　　　　　　　`H元-12-5`

(3)　取戻請求権の消滅

　(2)の③の質権または抵当権の消滅については，供託所は供託書の記載（供　`H2-13-2`
託規§13Ⅱ⑦）からその存在を判断することができるが，①および②につい
ては供託者は当然には知りえない。そこで被供託者は，供託者の取戻請求権
を消滅させるために，供託を受諾する旨を記載した書面（供託受諾書）また
は供託を有効と宣告した確定判決の謄本を供託所に対し提出することができ
る（供託規§47）。

(4)　取戻しの効果

　民法496条の規定によって，供託者が供託物を取り戻すと，供託をしなか
ったものとみなされる（民§496Ⅰ後段）。

第6節　取戻手続における添付・提示書面

Topics　・取戻手続における添付・提示書面について学習する。
　　　　　・申請手続との違いを明確に理解しておくこと。

1　取戻請求権を証する書面

> **供託法 第8条**
> 2　供託者ハ民法第496条ノ規定ニ依レルコト，供託カ錯誤ニ出テシコト又ハ其
> 　原因カ消滅シタルコトヲ証明スルニ非サレハ供託物ヲ取戻スコトヲ得ス
>
> （取戻請求の添付書類）
> **供託規則 第25条**　供託物の取戻しをしようとする者は，供託物払渡請求書に取
> 　戻しをする権利を有することを証する書面を添付しなければならない。ただ
> 　し，副本ファイルの記録により，取戻しをする権利を有することが明らかで
> 　ある場合は，この限りでない。
> 2　前条第2項の規定は，前項本文の場合について準用する。

　供託物の取戻しを請求しようとする者は，供託物払渡請求書に取戻しをする
権利を有することを証する書面を添付しなければならない（供託§8Ⅱ，供託
規§25Ⅰ本文）。ただし，副本ファイルの記録により，請求者が取戻しをする
権利を有することが明らかな場合は取戻請求権を証する書面の添付は不要であ
る（同Ⅰただし書）。
　なお，副本ファイル上の供託者の住所あるいは氏名の表示が，供託物払渡請
求書の請求者の記載と異なる場合には，その同一性を証明するために，住所あ
るいは氏名の変更を証する書面を添付しなければならない。
　取戻請求権を証する書面を取戻事由ごとに分類してその主要例を挙げると，
以下のとおりである。

(1)　錯誤無効による取戻しの場合

H18-9-イ
　　①　弁済供託における被供託者の証明書
　　②　裁判上の保証供託における裁判所の証明書

(2) 供託原因消滅の場合

① 営業保証供託における営業を廃止したことを証する担保官庁の証明書

② 裁判上の保証供託における担保取消決定の正本およびその確定証明書ま　`H19-11-オ`
たは供託原因の消滅を証する裁判所の証明書

(3) 供託不受諾の場合

供託不受諾の場合は，何らの証明書を要しない。被供託者から供託所に対　`H27-10-ウ`
し，供託受諾書が提出されていないことが，取戻しの要件となる（民§496　`H18-9-エ`
Ⅰ前段，供託規§47）。供託受諾書が提出されていないことは，副本ファイ　`H15-11-2`
ルの記録により明らかである。

(4) 利害関係人の承諾書を添付する場合

取戻請求権を証する書面として利害関係人の承諾書を添付する場合，還付　`H18-9-ウ`
請求の場合と同様，その利害関係人は，その承諾書の作成前3月以内または　`H17-10-エ`
その作成後に作成された印鑑証明書等の書面を添付しなければならない（供
託規§25Ⅱ，24Ⅱ）。

2　印鑑証明書（供託規則第26条は，還付手続のP60参照）

(1) 原則としての添付

還付請求の場合と同様である。

(2) 添付を省略できる場合（供託規§26Ⅲ）

① 払渡しを請求する者が官公署であるとき（供託規§26Ⅲ①）

② 払渡しを請求する者が個人である場合において，その者が提示した運転　`H24-9-エ`
免許証等の官公署から交付を受けた書類等（氏名，住所および生年月日の
記載があり，本人の写真が貼付されたものに限る。）によりその者が本人
であることを確認することができるとき（供託規§26Ⅲ②）

【旅券（パスポート）は該当しない】
旅券には，住所の記載がないので，旅券を提示しても，印鑑証明書の
添付を省略することはできない。

③　供託申請時に提示した委任状の押印と供託物払渡請求書またはその委任
状の押印とが同一である場合に，供託申請時に提示した委任状を，供託物
払渡請求書に添付したとき（供託規§26Ⅲ③，供託準§32の2）
※　取戻請求のみに適用される規定である。

H24-9-イ

④　法令の規定に基づき印鑑を登記所に提出することができる者以外の者
が，官公署から交付を受けた供託原因消滅証明書を供託物払渡請求書に添
付したとき（供託規§26Ⅲ④）
※　取戻請求のみに適用される規定である。

H29-9-ア
H20-10-エ
H18-9-オ

⑤　法令の規定に基づき印鑑を登記所に提出することができる者以外の者が
10万円未満の供託金の取戻しを請求する場合において，配当等の手続にお
いて添付すべき支払証明書（供託規§30Ⅰ）を供託物払渡請求書に添付し
たとき（供託規§26Ⅲ⑤）
※　ただし，④あるいは⑤の場合でも，委任による代理人に対する預貯金
振込みの方法により供託金の払渡請求を行う場合には，取戻請求をする
者の意思確認のため，供託金払渡請求書に，委任による代理人の権限を
証する書面すなわち委任状に押印された取戻請求をする者の印鑑につい
て市区町村長の作成した印鑑の証明書を添付しなければならず，印鑑証
明書の添付を省略することはできない（同Ⅲ④⑤）。

3　資格証明書および代理権限証書

これらについては還付請求の場合と同様である（供託規§27，14ⅠⅡⅢ）。

4　取戻手続における添付書類に関する先例

民事訴訟法55条の規定により弁済を受領することができる訴訟代理人につい
ては，供託物の取戻受領の権限を当然には有するものでないので，別に委任状
を徴する取扱いとする（先例大14.8.21回答）。

第7節　供託物の交付

Topics ・払渡手続における供託物の交付の方法について学習する。

・目的物による交付の方法の違いに注意すること。

1　供託物払渡請求書の提出

供託金の払渡しを受けようとする者は供託物払渡請求書1通を，有価証券ま　`H24-9-ウ`
たは振替国債の払渡しを受けようとする者は供託物払渡請求書2通を作成し，
供託所に提出しなければならない（供託規§22Ⅰ）。

2　供託物の交付

(1)　供託物払渡請求に対する審査

供託官は，払渡請求があったときは，払渡請求書の様式の適否や添付書面
等の有無等，払渡請求が手続的に適法であるかどうかを審査するとともに，
供託所保管の副本ファイル等を資料として，請求者が実体法上も払渡しを受
ける権利を有するかどうかを審査しなければならない。審査の結果，払渡請
求を適法と認めたときは，払渡しを認可しなければならない。

(2)　供託物が金銭の場合の小切手による交付

（払渡しの手続）

供託規則　第28条　供託官は，供託金の払渡しの請求を理由があると認めるとき
は，供託物払渡請求書に払渡しを認可する旨を記載して押印しなければなら
ない。この場合には，供託官は，請求者をして当該請求書に受領を証させ，
財務大臣の定める保管金の払戻しに関する規定に従い小切手を振り出して，
請求者に交付しなければならない。

2　供託物払渡請求書に第22条第2項第5号の記載があるときは，供託官は，
前項後段の手続に代えて，財務大臣の定める保管金の払戻しに関する規定に
従い，日本銀行に供託金の払渡しをさせるための手続をし，請求者又はその
代理人に当該手続をした旨を通知しなければならない。

3　供託物払渡請求書に第22条第2項第6号の記載があるときは，供託官は，
第1項後段の手続に代えて，財務大臣の定める国庫内の移換のための払渡し
に関する規定に従い，国庫金振替の手続をしなければならない。

供託官は，供託金の払渡しの請求を理由があると認めるときは，供託物払　`H17-10-ウ`
渡請求書に払渡しを認可する旨を記載して押印し，請求者をしてその請求書

に受領を証させ，日本銀行宛ての記名式持参人払式小切手を振り出して請求者に交付する（供託規§28 I，供託準§58）。これを当地払いという。

この小切手には，「上記の金額をこの小切手と引替えにA殿またはその持参人にお支払い下さい」のような支払委託文句が記載されているので，請求者Aは，この小切手を日本銀行に持参して現金化することも，あるいは自己の取引銀行を通じて取立てをすることもできる。

(3) 供託物が金銭の場合のその他の交付

H14-10-3

払渡請求書に，隔地払いまたは預貯金振込みの方法により払渡しを求める旨の記載があるときは，小切手による支払いに代えて，日本銀行に供託金の支払いをさせるための手続をし，請求者にその手続をした旨を通知しなければならない（供託規§28 II）。また，代理人に対し預貯金振込みの方法により供託金を払い渡す場合には，手続を行った旨の通知は代理人に対して行われる（同 II）。

(4) 供託物が有価証券の場合の交付

> **供託規則 第29条**　供託官は，供託有価証券の払渡しの請求を理由があると認めるときは，供託物払渡請求書に払渡しを認可する旨を記載し，その1通に記名押印してこれを請求者に交付し，他の1通に押印し，かつ，請求者をして払渡しの認可の記載のある供託物払渡請求書の受領を証させなければならない。
>
> 2　供託官は，供託振替国債の払渡しの請求を理由があると認めるときは，供託物払渡請求書に払渡しを認可する旨を記載し，その1通に記名押印してこれを請求者に交付しなければならない。

供託官は，供託有価証券の払渡請求を認可した場合，供託物払渡請求書にその旨を記載し，その1通に記名押印してこれを請求者に交付し，他の1通には押印し，かつ，請求者をして払渡しの認可の記載のある供託物払渡請求書の受領を証させなければならない（供託規§29 I）。請求者は，交付を受けた払渡請求書を日本銀行に持参して有価証券を受領する（供託準§60 I）。

(5) 供託物が振替国債の場合の交付

供託官は，供託振替国債の払渡請求を認可した場合，供託物払渡請求書にその旨を記載し，その1通に記名押印してこれを請求者に交付しなければならない（供託規§29 II）。そして，供託所は，財務大臣の定める供託振替国

債の払渡しに関する規定に基づいて，払渡請求に係る銘柄毎に振替等の申請を行わなければならない（供託準§61）。すなわち，供託振替国債を請求者に払い渡すための振替の手続は供託所が行う。

　なお，供託振替国債について，その償還期限の３日前を経過しているときは，その払渡しを請求することができない（供託規§23の２Ⅰ）。

（供託振替国債の払渡請求の特則）

供託規則 第23条の２　供託振替国債について，その償還期限の３日前を経過しているときは，その払渡しを請求することができない。

2　供託振替国債を取り扱う社債，株式等の振替に関する法律第２条第２項に規定する振替機関（同法第48条の規定により振替機関とみなされる日本銀行を含む。）の振替業の休日及び行政機関の休日に関する法律（昭和63年法律第91号）第１条第１項各号に掲げる日は，前項の期間に算入しない。

3　配当等により払渡しをする場合

（配当等の場合の特則）

供託規則 第30条　配当その他官庁又は公署の決定によつて供託物の払渡しをすべき場合には，当該官庁又は公署は，供託物の種類に従い，供託所に第27号から第28号の２までの書式の支払委託書を送付し，払渡しを受けるべき者に第29号書式の証明書を交付しなければならない。

2　前項に規定する場合において，同項の支払委託書の記載から供託物の払渡しを受けるべき者であることが明らかとならないときは，供託物の払渡しを受けるべき者は，供託物払渡請求書に同項の証明書を添付しなければならない。

　配当その他官公署の決定によって供託物の払渡しをすべき場合，官公署は供託物の種類に従い，供託所に一定の書式の支払委託書を送付するとともに，払渡しを受けるべき者に支払証明書を交付しなければならない（供託規§30Ⅰ）。例えば，金銭債権が差し押さえられ第三債務者が供託した場合において，執行裁判所の配当手続として供託金の払渡しがされる場合がこれである（民執§156ⅠⅡ，166Ⅰ①）。

　この場合において，支払委託書の記載から供託物の払渡しを受けるべき者であることが明らかとならないときは，供託物の払渡しを受けるべき者は，供託物払渡請求書に官庁または公署の交付する証明書を添付しなければならない（供託規§30Ⅱ）。

H20-11-ア
H15-10-オ
H5-9-オ

第8節　利息・利札

Topics　・ここでは，利息および利札の払渡しについて学習する。
　　　　　・担保（保証）供託の利息の払渡しに注意すること。

1　供託金利息の払渡し

> （供託金利息）
> **供託規則 第33条**　供託金利息は，１年について0.012パーセントとする。
> 2　供託金利息は，供託金受入れの月及び払渡しの月については付さない。供
> 　託金の全額が１万円未満であるとき，又は供託金に１万円未満の端数がある
> 　ときは，その全額又はその端数金額に対しても同様とする。

⑴　供託金に利息が付される場合

R3-11-ア
R3-11-エ
H4-13-イ
H4-13-オ

　　供託金には，供託の継続した期間に応じて供託規則で定める利息を付すこ
とになっている（供託§3，供託規§33Ⅰ）。ただし，供託金受入れの月お
よび払渡しの月には利息を付さず，また供託金の金額が１万円未満のときは
その全額，供託金に１万円未満の端数があるときはその端数には利息を付さ
ない（同Ⅱ）。

⑵　供託金利息払渡請求権者

R3-11-エ

　　供託金利息の払渡請求権者は，原則として供託金の払渡請求権者である。
すなわち，取戻しの場合は供託者であり，還付の場合は被供託者である。し
かし，供託中に供託物払渡請求権につき譲渡または差押え等がありその効力
が発生した場合，その権利移転の日（供託所に譲渡通知書または転付命令等
が送達された日）を基準として，利息を日割計算により新旧権利者に分けて
払い渡すことになる（民§89Ⅱ，先例昭33.3.18－592）。
　　なお，供託金払渡請求権に対して仮差押えがされ，その仮差押えの本執行
としての差押えに基づいて当該供託金について払渡請求がされた場合の差押
債権者である払渡請求者に支払う供託金利息の起算日は，仮差押えの本執行
としての差押えにおいて，供託金払渡請求権のほか仮差押えの時からの供託
金利息をも差し押さえている場合は，仮差押命令が供託官に送達された日，
供託金払渡請求権のみを差し押さえている場合は，差押命令が供託官に送達
された日である（先例平7.8.30－3688）。

⑶　一般の場合の供託金利息の払渡し

（供託金利息の払渡し）

供託規則 第34条　供託金利息は，元金と同時に払い渡すものとする。ただし，元金の受取人と供託金利息の受取人とが異なる等元金と同時に払い渡すことができないときは，元金を払い渡した後に払い渡すものとする。

2　保証として金銭を供託した場合には，前項の規定にかかわらず，毎年，供託した月に応当する月の末日後に，同日までの供託金利息を払い渡すことができる。

供託規則 第35条　前条第1項ただし書又は第2項の規定により供託金利息のみの払渡しを受けようとする者は，第30号書式による供託金利息請求書を供託所に提出しなければならない。

2　前項の請求書には次の事項を記載し，請求者又はその代表者若しくは管理人若しくは代理人が記名押印しなければならない。

一　第22条第2項第1号，第5号，第6号，第8号から第12号までに掲げる事項

二　供託金額

3　第1項の請求書には払渡しを受ける権利を有することを証する書面を添付しなければならない。ただし，副本ファイルの記録により，払渡しを受ける権利を有することが明らかである場合は，この限りでない。

4　第23条，第24条第2項及び第26条から第28条までの規定は，供託金利息のみの払渡しについて準用する。

供託金の利息は，原則として元金と同時に払い渡すものとする（供託規§34Ⅰ本文）。ただし，元金の受取人と利息の受取人とが異なるとき（上述のように供託物払渡請求権の譲渡等があった場合）は，先に元金を払い渡し，その後に利息を払い渡すものとする（同Ⅰただし書）。　`H30-11-エ` `H4-13-ア`

`参考先例`

①　執行供託における供託金は本来執行債務者の財産であり，これに対して付される利息も，執行債務者の財産として配当実施がされる。したがって，配当実施の時点で既に生じている利息については，配当として支払委託の手続によって支払われることになる（先例大14.4.21－2802）。　`H14-13-ウ`

②　執行供託による供託金につき配当実施後に生じた利息は，別に支払委託を要せず，配当金の割合に応じて支払うことになる（先例昭55.6.9－3273）。　`R3-11-ウ`

(4) 担保（保証）供託の場合の供託金利息の払渡しの特例

R2-11-ア
H30-11-エ
H26-9-ウ
H25-10-オ
H22-10-エ
H20-10-ア
H15-10-ウ
H14-10-1
H4-13-イ
H4-13-エ

担保（保証）供託として金銭が供託されている場合，毎年，供託した月に応当する月の末日後に，その日までの利息を供託者の請求に応じて払い渡すことができる（供託規§34Ⅱ）。

担保（保証）供託においては，担保の目的は供託物そのものであって，供託物の果実すなわち利息および利札には担保の効力が及ばない（先例昭37.6.7-1483）。たとえば，営業保証供託において，保証金を供託した事業者との取引において損害を受けた者は，供託所に対して供託金の還付請求をすることができるが，この場合に払渡しを受けることができるのは供託金のみであって，その利息または利札についての払渡しを請求することができない（先例昭29.12.6-2573）。

(5) 供託金利息の払渡しの手続

① 元金と同時に払渡しを受ける場合

供託金払渡請求書を提出すれば足り，供託金利息請求書を提出する必要はない。また，供託金払渡請求書に利息の払渡しを請求する旨の記載も不要である。

② 元金とは別に払渡しを受ける場合

利息のみの払渡しを受ける場合，供託金利息請求書を提出しなければならない（供託規§35Ⅰ）。なお，供託金利息請求書に記載した金額については訂正が認められる（供託規§6Ⅵ）。

2 供託有価証券利札の払渡し

（利札の払渡し）

供託規則 第36条 保証のため有価証券を供託した者が渡期の到来した利札の払渡しを受けようとするときは，第31号書式による供託有価証券利札請求書2通を供託所に提出しなければならない。

2 前項の請求書には次の事項を記載し，請求者又はその代表者若しくは管理人若しくは代理人が記名押印しなければならない。

一 第22条第2項第1号，第8号から第12号までに掲げる事項

二 供託有価証券の名称，総額面，券面額（券面額のない有価証券についてはその旨），回記号，番号，枚数並びに請求利札の渡期及び枚数

3 第23条，第24条第2項，第26条，第27条，第29条及び第35条第3項の規定は，利札の払渡しについて準用する。

保証として有価証券を供託している場合，保証の目的物は有価証券自体であ
り，その果実（利息，利札）には保証の効力は及んでいない。そこで，その有
価証券の利札について渡期が到来したときは，供託者はその払渡しを請求する
ことができる（供託§4ただし書）。この利札払渡請求権は，利札の渡期が到
来した時点から生じると解されるので，渡期が到来した利札についてはいつで
も払渡請求をすることができるが，渡期到来前にされた払渡請求は認可するこ
とができない（先例昭5.7.15回答）。利札請求権を行使する場合には，供託有価
証券利札請求書2通を供託所に提出してする（供託規§36Ⅰ）。なお，供託有
価証券利札請求書に記載した請求利札の枚数については訂正が認められない
（供託規§6Ⅵ）。

【利札とは】

利札とは，有価証券における利息債権を表章する無記名債権のことをいい，
その支払期に利息の支払を約束する有価証券であり，元本債権を表章する証
券と一体で発行されるが，元本債権から分離した場合は独立して利息等請求
権を利札のみで行使することができる。利札は，一定率の利息を毎年一定の
時期に支払うために利息の支払期限と金額が記載され，所持人が期限到来分
を切り取り，支払場所でこれと引換えに利息の支払を受けるものである。

第４章
電子情報処理組織による供託

Topics ・電子情報処理組織による供託の手続について学習する。
　　　　・供託申請の場合の手続を理解する。
　　　　・供託物払渡請求における手続を理解する。

1　電子情報処理組織による供託

（電子情報処理組織による供託等）

供託規則 第38条　次に掲げる供託又は請求（以下「供託等」という。）は，行政手続等における情報通信の技術の利用に関する法律（平成14年法律第151号。以下「情報通信技術利用法」という。）第６条第１項の規定により，同項に規定する電子情報処理組織を使用してすることができる。ただし，当該供託等は，法務大臣が定める条件に適合するものでなければならない。

　　一　金銭又は振替国債の供託（これと同時にする第42条第１項の書面の交付又は送付の請求を含む。）

　　二　供託金，供託金利息又は供託振替国債の払渡しの請求

2　（以下略）

R2-9-ア
H28-10-ア
H26-9-イ
H23-9-ア
　行政手続等における情報通信の技術の利用に関する法律にもとづき電子情報処理組織を使用した供託手続が認められている（供託規§38Ⅰ，以下オンラインによる供託という。）。オンラインによる供託が認められるのは次に掲げる手続のみである。

(1)　金銭または振替国債の供託（供託規§38①）

(2)　みなし供託書正本（供託規§42Ⅰ）の交付または送付請求（供託規§38Ⅰ①かっこ書）

(3)　供託金，供託金利息または供託振替国債の払渡しの請求（同Ⅰ②）

2　オンラインによる供託の方法

（電子情報処理組織による供託等の方法）

供託規則 第39条　前条の規定により供託等をするには，供託等をしようとする者又はその代表者若しくは管理人若しくは代理人（以下「申請人等」という。）

は，法務大臣の定めるところに従い，法令の規定により供託書又は請求書に記載すべき事項（供託申請又は請求の年月日を除く。）に係る情報（以下「申請書情報」という。）（前条第1項第2号の規定による払渡しの請求にあつては，当該申請書情報に電子署名（電子署名及び認証業務に関する法律（平成12年法律第102号）第2条第1項に規定する電子署名をいう。以下同じ。）を行つたもの）を送信しなければならない。

2　申請人等は，法令の規定により供託書若しくは請求書に添付し，又は提示すべき書面があるときは，法務大臣の定めるところに従い，当該書面に代わるべき情報にその作成者が電子署名を行つたもの（以下「添付書面情報」という。）を送信しなければならない。ただし，添付書面情報の送信に代えて，供託所に当該書面を提出し，又は提示することを妨げない。

3　申請人等は，前二項の情報（第1項の情報にあつては，前条第1項第2号の規定による払渡しの請求に係るものに限る。）を送信するときは，当該情報の作成者が電子署名を行つたものであることを確認するために必要な事項を証する情報であつて次のいずれかに該当するものを併せて送信しなければならない。

一　商業登記規則（昭和39年法務省令第23号）第33条の8第2項（他の省令において準用する場合を含む。）に規定する電子証明書

二　電子署名等に係る地方公共団体情報システム機構の認証業務に関する法律（平成14年法律第153号）第3条第1項の規定により作成された署名用電子証明書

三　電子署名を行つた者を確認することができる電子証明書であつて，前二号に掲げるものに準ずるものとして法務大臣の定めるもの

4　前条第1項第2号の規定による払渡しの請求について，第1項又は第2項の電子署名を行つた者が法令の規定に基づき印鑑を登記所に提出した者であるときは，送信すべき電子証明書は，前項第1号に掲げる電子証明書に限るものとする。ただし，商業登記規則第33条の3各号に掲げる事項がある場合は，この限りでない。

5　登記された法人が前条の規定による供託等をする場合において，当該法人の代表者に係る第3項第1号に掲げる電子証明書が申請書情報（前条第1項第2号の規定による払渡しの請求に係るものに限る。）又は代理人の権限を証する書面に代わるべき情報と併せて送信されたときは，当該供託等については，第14条第1項（第27条第3項（第35条第4項及び第42条第3項において準用する場合を含む。）において準用する場合を含む。）の規定は，適用しない。

6　支配人その他登記のある代理人によつて前条第2号の規定による払渡しの請求をする場合において，その者に係る第3項第1号に掲げる電子証明書が

申請書情報と併せて送信されたときは，当該請求については，第27条第1項（第
35条第4項において準用する場合を含む。）の規定は，適用しない。

7　前条第1項第1号の規定による金銭の供託をする場合において，第16条第
1項の規定による供託通知書の発送の請求をするときは，申請書情報に当該
請求をする旨の記録をしなければならない。

(1) 申請書情報

　　オンラインによる供託の申請人等は，供託書や払渡請求書に記載すべき事
項を法務省オンライン申請システムから取得した申請書様式に入力した上で
申請書情報として送信しなければならない（供託規§39Ⅰ）。

　　【申請人等とは】
　　　オンラインによる供託等をしようとする者またはその代表者もしくは管
理人もしくは代理人である。

　　【申請書情報とは】
　　　法務大臣の定めるところに従い，法令の規定により供託書または払渡請
求書に記載すべき事項（供託申請または払渡請求の年月日を除く。）に係
る情報のことである。

(2) 電子署名の要否

　　オンラインによる供託の申請においては，書面申請の場合にも押印等によ
る本人確認が必要とされておらず，申請書情報に電子署名を行うことを要し
ない。

　　一方，払渡請求においては，払渡請求者と現実に払渡請求をしている者が
同一人であることを確認する必要があり，書面申請の際にも押印等による本
人確認を求めているので，申請書情報に電子署名を行わなければならない（供
託規§39Ⅰかっこ書）。

(3) 添付書面情報

　　申請人等は，法令の規定により供託書もしくは請求書に添付し，または提
示すべき書面があるときは，法務大臣の定めるところに従い，当該書面に代
わるべき情報にその作成者が電子署名を行ったもの（添付書面情報）を送信
しなければならない（供託規§39Ⅱ本文）。

H28-10-イ

　　ただし，添付書面情報の送信に代えて，供託所に当該書面を提出し，また
は提示することも可能である（同Ⅱただし書）。これは，オンラインによる

供託の手続に必要な書面のすべてについて，電磁的記録が作成されていると
はいえないので，このような状況においてもオンラインによる供託手続が可
能となることが望ましいからである。

(4) 電子証明書

申請人等が，払渡請求において申請書情報に電子署名を行ったものまたは
添付書面情報に電子署名を行ったものを送信するときは，当該情報の作成者
が電子署名を行ったものであることを確認するために必要な事項を証する情
報であって下記①～③のいずれかに該当するものを併せて送信しなければな
らない（供託規§39Ⅲ）。

① 商業登記規則33条の8第2項に規定する電子証明書
  ➡ この電子証明書を「電子認証登記所電子証明書」という（先例平17.3.1
    -544）。

② 電子署名に係る地方公共団体の認証業務に関する法律の規定により作成
  された電子証明書

③ 電子署名を行った者を確認することができる電子証明書であって，上記
  ①および②に掲げるものに準ずるものとして法務大臣の定めるもの

【登記された法人がオンラインによる払渡請求をする場合】
  登記された法人がオンラインによる払渡請求をするときは，電子認証登
  記所電子証明書を送信しなければならない（供託規§39Ⅳ）。

(5) 登記された法人等が供託等をする場合における資格証明書の提示を要しな い場合

① 登記された法人がオンラインによる払渡請求をする場合において，当該
  法人の代表者に係る電子認証登記所電子証明書が申請書情報が送信された
  ときは，当該代表者の資格を証する書面を提示することを要しない（供託
  規§39Ⅴ）。

② 登記された法人がオンラインによる供託等をする場合，代理人の権限を
  証する書面に代わるべき情報と併せて当該法人の代表者に係る電子認証登
  記所電子証明書が送信されたときは，当該代表者の資格を証する書面を提
  示することを要しない（同Ⅴ）。

③　登記された法人がオンラインによる供託をする場合において，その申請書情報に当該法人の代表者が電子署名を行い，かつ，当該代表者に係る電子認証登記所電子証明書を当該申請書情報と併せて送信したときは，当該代表者の資格を証する登記事項証明書を提示することを要しない（供託規§39の2Ⅰ，14Ⅰ）。

④　支配人その他登記のある代理人によってオンラインによる供託をする場合において，その申請書情報にその者が電子署名を行い，かつ，その者に係る電子認証登記所電子証明書を当該申請書情報と併せて送信したときは，代理人の権限を証する登記事項証明書を提示することを要しない（供託規§39の2Ⅱ，14Ⅳ）。

（供託をする場合の資格証明書等の提示に関する特則）

供託規則 第39条の2　登記された法人が第38条第1項第1号の規定による供託をする場合において，その申請書情報に当該法人の代表者が電子署名を行い，かつ，当該代表者に係る前条第3項第1号に掲げる電子証明書を当該申請書情報と併せて送信したときは，第14条第1項の規定にかかわらず，当該代表者の資格を証する登記事項証明書を提示することを要しない。

2　支配人その他登記のある代理人によつて第38条第1項第1号の規定による供託をする場合において，その申請書情報にその者が電子署名を行い，かつ，その者に係る前条第3項第1号に掲げる電子証明書を当該申請書情報と併せて送信したときは，第14条第4項の規定にかかわらず，代理人の権限を証する登記事項証明書を提示することを要しない。

---

(6)　供託通知書の発送請求

オンラインにより金銭の供託をする場合において，当該供託が弁済供託またはこれに準じた供託であるときに，供託通知書の発送の請求をするときは，申請書情報に当該請求をする旨の記録をしなければならない（供託規§39Ⅶ，38Ⅰ①）。

(7)　オンラインによる供託等の補正

オンラインによる供託等に係る申請書情報に不備があるときは，供託官は補正が必要な事項および補正期限を指示し，申請人等はオンラインにより補正をすることができる（先例平23.12.28-3186）。供託官は，申請人等が補正指示に応ずることなく補正期限を徒過したときは，当該供託等を却下する（先例平17.3.1-544）。

(8) **オンラインによる供託等の取下げ**

　　オンラインによる供託等を取り下げる場合には，オンラインによって行う方法または書面によって行う方法のいずれによっても差し支えないが，供託受理決定後または払渡認可後の取下げは認められない（先例平23.12.28－3186）。

3　オンラインによる金銭の供託の申請

（金銭供託の受理手続の特則）

供託規則 第40条　第39条第１項の規定により金銭の供託に係る申請書情報が送信されたときは，第13条第１項の規定により供託書が供託所に提出されたものとみなして，第13条の２及び第16条第４項の規定を適用する。この場合においては，当該供託について，第20条の３第１項の申出（金銭の供託をしようとする者が国である場合には，当該者の選択により，同項の申出又は第20条の４第１項の申出）があつたものとする。

２　前項の場合において，供託者が第20条の３第２項の納付期日までに同条第１項の納付情報により供託金を納付し，又は第20条の４第２項の払込期日までに同条第１項の手続により供託金を払い込み，かつ，法務大臣の定めるところに従い，供託書正本に係る電磁的記録の提供を求めるときは，供託官は，情報通信技術活用法第７条第１項の規定により，情報通信技術活用法第６条第１項に規定する電子情報処理組織を使用して当該電磁的記録を提供しなければならない。

３　供託官は，前項の規定により供託書正本に係る電磁的記録を提供しようとする場合において，供託官の使用に係る電子計算機に備えられたファイルに当該電磁的記録に係る情報が記録され，電子情報処理組織を使用して送信することが可能となつた時から30日以内に当該電磁的記録の提供を受けるべき者がその使用に係る電子計算機に備えられたファイルに当該情報を記録しないときは，同項の規定にかかわらず，当該電磁的記録を提供することを要しない。

---

(1) **金銭の供託の申請書情報が送信された場合の処理**

　　金銭の供託の申請に係る申請書情報が送信されたときは，供託書正本の調製および副本ファイルへの記載がされ（供託規§13の２），供託通知書の発送請求があるときは，供託通知書を調製しなければならない（供託規§40Ⅰ，13の２，16Ⅳ）。また，この場合の供託金の提出方法は，供託者が国でない限り電子納付の方法に限られる（供託規§40Ⅰ，20の３Ⅰ）。なお，金銭の

R2-9-エ
H28-10-エ

供託をしようとする者が国である場合には，国の選択により，供託官の告知した納付情報による供託金の納付（電子納付，供託規§20の3Ⅰ）の申出のほか，国庫内の移換による供託金の払込み（供託規§20の4Ⅰ）の申出をすることができる。

⑵　電磁的記録による供託書正本の提供

供託者が供託金を電子納付の方法により納付し，かつ，法務大臣の定めるところに従い，供託者が供託書正本に係る電磁的記録の提供を求めるときは，供託官は，供託者に対し，供託書正本に係る電磁的記録を提供しなければならない（供託規§40Ⅱ）。これに対して，供託者が供託書正本に係る電磁的記録の提供を求めないときは，供託者に対し書面による供託書正本を交付しなければならない（先例平23.12.28−3186，供託規§20の3Ⅳ）。

⑶　電磁的記録による供託書正本の保存期間

供託者が供託書正本に係る電磁的記録を受領しないまま，30日を経過した場合には，供託官は当該供託書正本に係る電磁的記録を提供することを要しない（供託規§40Ⅲ）。

⑷　みなし供託書正本の交付

（みなし供託書正本の交付）

供託規則 第42条　供託者は，第40条第2項（前条において準用する場合を含む。）の規定により供託書正本に係る電磁的記録の提供を求めたときは，供託官に対し，当該電磁的記録に記録された事項を記載して供託官が記名押印した書面の交付を請求することができる。ただし，供託者が既に当該書面の交付を受けているときは，この限りでない。

2　前項の書面の交付を請求しようとする者は，第32号書式による請求書を提出しなければならない。

3　第9条の2第1項から第3項まで及び第5項の規定は請求書に添付した書類の還付について，第26条及び第27条の規定は第1項の書面の交付の請求について準用する。

4　第1項の書面は，第21条の3から第21条の5まで（第21条の6第1項において準用する場合を含む。）及び他の法令の規定の適用については，供託書正本とみなす。

供託者が供託書正本に係る電磁的記録の提供を求めたときは，供託者は，供託官に対し当該電磁的記録に記録された事項を記載して供託官が記名押印した書面の交付を受けることができる（供託規§42Ⅰ本文）。この書面をみなし供託書正本という。みなし供託書正本の交付を請求する場合には，供託規則に定められた請求書を提出しなければならないが（同Ⅱ），オンラインによって行うことも可能である（供託規§38Ⅰ①かっこ書）。

なお，供託者がすでにみなし供託書正本の交付を受けているときは，重ねてみなし供託書正本の交付請求はできない（供託規§42Ⅰただし書）。

また，みなし供託書正本は，供託規則および他の法令の適用については供託書正本とみなされる（同Ⅳ）。

【みなし供託書正本を書面により請求する場合の添付書類】

みなし供託書正本の交付の請求を，供託規則に定められた申請書を提出して行う場合には，印鑑証明書の添付を要し，資格証明書および代理権限証書の添付または提示については供託物払渡請求の手続の場合と同様であり，添付書類の原本還付の規定も適用される（同Ⅲ，26，27，9の2Ⅰ～Ⅲ）。

4　オンラインによる振替国債の供託の申請

(1)　振替国債の供託の申請書情報が送信された場合の処理

金銭の供託の申請に係る申請書情報が送信されたときは，供託書正本の調製および副本ファイルへの記載がされる（供託規§13の2）。供託者が振替国債を供託しようとするときは，その振替国債の銘柄，利息の支払期および償還期限を確認するために必要な資料を提供しなければならないが，オンラインによる振替国債の供託の場合には，供託官は，ファックスによる資料の送付，電話による資料の読み上げ等の措置により銘柄等の確認をうけることとされている（先例平23.12.28－3186）。そして，供託者は，納入期日までに供託所の口座に振替国債を振り替える手続きを行う。

(2)　電磁的記録による供託書正本の提供

納入期日までに供託所の口座について振替国債に係る増額の記載または記録がされ，かつ，法務大臣の定めるところに従い，供託者が供託書正本に係る電磁的記録の提供を求めるときは，供託官は，供託者に対し，供託書正本に係る電磁的記録を提供しなければならない（供託規§41，40Ⅱ）。これに対して，供託者が供託書正本に係る電磁的記録の提供を求めないときは，供託者に対し書面による供託書正本を交付しなければならない（供託規§20の3Ⅳ）。

⑶　**電磁的記録による供託書正本の保存期間**

　　供託者が供託書正本に係る電磁的記録を受領しないまま，30日を経過した場合には，供託官は当該供託書正本に係る電磁的記録を提供することを要しない（供託規§41，40Ⅲ）。

⑷　**みなし供託書正本の交付**

　　オンラインによる金銭の供託の場合と同様である。

5　オンラインによる供託の払渡し

（供託金又は供託金利息の払渡手続の特則）

供託規則 第43条　第38条第1項第2号の規定により供託金又は供託金利息の払渡しの請求をするときは，預貯金振込みの方法又は国庫金振替の方法によらなければならない。

2　供託官は，第39条第1項の規定により前項の請求に係る申請書情報が送信された場合において，当該請求を理由があると認めるときは，第28条第1項前段（第35条第4項において準用する場合を含む。）の規定にかかわらず，当該申請書情報の内容を用紙に出力したものに払渡しを認可する旨を記載して押印しなければならない。

⑴　**供託金または供託金利息の払渡方法**

H31-10-オ
H26-9-イ

　　供託金または供託金利息の払渡方法としては，小切手の振出し，隔地払い，預貯金振込みまたは国庫金振替があるが（供託規§28），オンラインによる払渡請求の場合，預貯金振込みまたは国庫金振替の方法に限られる（供託規§43Ⅰ）。すなわち，オンラインによる供託金または供託金利息の払渡しにおいては，小切手の交付を受ける方法によることはできない（先例平23.12.28−3186）。

　　この場合には，供託官は，当該請求を理由があると認めるときは，当該申請書情報の内容を用紙に出力したものに払渡しを認可する旨を記載し押印しなければならない（供託規§43Ⅱ）。そして，預貯金振込みの方法による場合には，供託官は，財務大臣の定める保管金の払戻しに関する規定に従い，日本銀行に供託金の払渡しをさせるための手続をし，請求者に当該手続をした旨を通知しなければならない（供託規§28Ⅱ）。また，国庫金振替の方法による場合は，供託官は，財務大臣の定める国庫内の移換のための払渡しに関する規定に従い，国庫金振替の手続をしなければならない（同Ⅲ）。

(2) 振替国債の払渡しの手続

> （供託振替国債の払渡手続の特則）
>
> **供託規則 第44条** 第39条第1項の規定により供託振替国債の払渡しの請求に係る申請書情報が送信されたときは，第22条第1項の規定にかかわらず，供託物払渡請求書2通が供託所に提出されたものとみなす。
>
> **2** 供託官は，前項に規定する場合において，当該請求を理由があると認めるときは，第29条第2項の規定にかかわらず，当該申請書情報の内容を用紙に出力したものに払渡しを認可する旨を記載し，請求者にその旨を通知しなければならない。

　供託振替国債の払渡しに係る申請書情報が送信されたときは，供託物払渡請求書2通が供託所に提出されたものとみなされる（供託規§44Ⅰ）。

　この場合には，供託官は，当該請求を理由があると認めるときは，当該申請書情報の内容を用紙に出力したものに払渡しを認可する旨を記載し，請求者にその旨を通知しなければならない（同Ⅱ）。そして，供託所は，財務大臣の定める供託振替国債の払渡しに関する規定に基づいて，払渡請求に係る銘柄毎に振替等の申請を行わなければならない（供託準§61）。

第5章
弁済供託

第1節　弁済供託総論

Topics・弁済供託の内容について学習する。
・民法に基づく供託であることを理解すること。
・弁済供託の要件を理解すること。

1　意　義

（供託）

民法 第494条　弁済者は，次に掲げる場合には，債権者のために弁済の目的物を供託することができる。この場合においては，弁済者が供託をした時に，その債権は，消滅する。
一　弁済の提供をした場合において，債権者がその受領を拒んだとき。
二　債権者が弁済を受領することができないとき。
2　弁済者が債権者を確知することができないときも，前項と同様とする。ただし，弁済者に過失があるときは，この限りでない。

　債務者は債務を履行する義務を負うが，履行したくても履行することができない場合がある。すなわち，債権者が何らかの理由でその受領を拒否した場合や，債権者の住所不明等の債権者側の事情によって履行ができない場合，あるいは債権者が誰であるかを知ることができない場合，債務者は債務を履行することができない。

　このような場合，債務者は絶えず履行の準備をしておかなければならず，また遅延損害金の発生を免れることもできないとなると，債務者の不利益は甚だしい。そこで，以上のような債務を履行することができない一定の事由がある場合，債務者は債務の目的物を供託することによって，弁済者が供託をした時に，その債権は消滅する（民§494Ⅰ柱書）。このような場合の供託を「弁済供託」という。

　弁済供託は，第三者（被供託者）のためにする民法上の寄託契約である（最判昭45.7.15）。

2　弁済供託の要件

(1)　弁済供託の要件

弁済供託の要件は次のとおりである。

① 債務の目的物が供託可能なものであること

② 債務が現存し，確定していること

③ 供託原因が存在すること

(2)　債務の現存及び確定に関する論点

① 賃料の支払いの時期

⑦ 賃料の定めが「毎月末日に支払う」となっている場合

これは，確定的に毎月末日をもってその賃料の支払期日とする定めである。この場合，末日にならなければ支払期日は到来せず，仮に賃借人がその月の賃料を末日より前に提供したとしても，それは債務の本旨に従った弁済の提供とはならず，したがって末日が到来する前に供託をすることはできない。

④ 賃料の定めが「毎月末日までに支払う」となっている場合

この場合，賃料の支払時期が期間をもって定められており，その月の賃料はその月の1日になれば支払期日が到来している。したがって，この場合にはその月の1日から末日までの間はいつでも弁済の提供をすることができ，受領拒否があれば末日の到来前でも供託することができる。

⑨ 参考先例

『賃料の支払いは毎年12月末日迄』とある場合は，当該年度中であれ　`H21-9-エ` ばいつでも弁済の提供をすることができるが，『賃料の支払いは12月末日』とある場合には，12月31日に提供すべきである（先例昭42.1.9 - 16）。

② 不法行為による損害賠償請求権における損害賠償額

⑦ 損害賠償額

不法行為に基づく損害賠償債務について，賠償額に争いがある場合で　`H11-10-4` も，債務者が相当と認めた額を供託することができる（先例昭32.4.15 -　`H5-10-4` 710）。　`H2-13-5`

この場合，不法行為に基づく損害賠償債務については不法行為の時か　`R4-10-ウ` ら直ちに遅滞に陥るから，その時から提供日までの遅延損害金をも合わ　`H28-11-イ` せて供託しなければならない（先例昭55.6.9 - 3273）。　`H19-9-イ`
`H17-11-ア`

    ㋑　参考先例

     ⓐ　不法行為に基づく損害賠償債務や不当利得返還債務等についても供託することができる（先例昭27.6.27－876）。

H21-9-ウ
H19-9-イ

     ⓑ　自動車事故の加害者が，損害賠償債務として自己の相当と認める額を被害者に提供し受領を拒否されたときは，弁済供託をすることができる（先例昭38.12.27－3373）。

     ⓒ　不法行為による損害賠償として，未確定の判決主文に示された金額を損害相当額として提供したが，その受領を拒否された場合には，その額について弁済供託をすることができる（先例昭43.12.20－3635）。

   ③　利息制限法に違反する金銭消費貸借の場合

H17-11-オ

    利息制限法による制限を超過した利息の部分を含めた弁済供託をすることはできない（先例昭38.1.21－45）。そして，利息制限法による制限を超過している場合に，利息制限法の所定の限度に引き下げた利息を付した供託は受理することができる（先例昭39.3.27－769）。また，利息制限法に違反する金銭消費貸借において，既に支払済みの超過利息額を残存元本に充当した後の残額の弁済供託については受理して差し支えないものとされている（先例昭39.12.21－4001）。

3　弁済供託の効果
⑴　債権の消滅

H15-9-4

  弁済者（債務者，第三者）の弁済供託により，弁済者が供託をした時に，その債権は，消滅する（民§494Ⅰ柱書）。すなわち供託によってその債務は消滅し，それに伴い，その債務に付いていた担保（人的・物的担保）も消滅する。反面，供託が要件を欠き無効である場合，供託の原因となった債務は消滅しない。

⑵　供託物の取戻しがあった場合の効果

  供託者が供託物を取り戻したときは供託しなかったものとみなされる（民§496Ⅰ後段）。その結果，弁済供託による債務消滅の効果は遡及的に消滅する。したがって，いったん消滅した担保（質権および抵当権を除く）は当然に復活する。また，供託後の利息や損害金なども支払わなければならない。

第2節　受領拒否・不受領意思明確

Topics　・受領拒否の前提となる弁済の提供について理解すること。
　　　　　・不受領意思明確の内容について理解すること。

1　弁済の提供

> （弁済の提供の効果）
> **民法 第492条**　債務者は，弁済の提供の時から，債務を履行しないことによっ
> 　て生ずべき責任を免れる。

(1)　意　義

　弁済の提供とは，債務者が給付の実現に必要な準備をして債権者の協力を　**H14-8-1**
求めることであり，この弁済の提供により債務者は債務不履行責任を免れる
（民§492）。すなわち，債務不履行を理由とする損害賠償責任（ex 遅延損害
金の支払い）を免れ，あるいは担保権を実行される理由がなくなる。また，
債務が双務契約により生じたものである場合，相手方は同時履行の抗弁権（民
§533）を喪失する。

(2)　債務の本旨に従った弁済の提供

　弁済の提供は，債務の本旨に従ってされることを要する（民§493本文）。　**H25-9-ウ**
「債務の本旨」に従うとは，債務の内容に値するものであること，すなわち
提供の内容や方法等が債務成立の事情に適合していることを意味する。例え
ば，金銭債務にあっては，一部弁済の提供は原則として本旨弁済の提供とは
ならない。あるいは，弁済期日を徒過して弁済する場合，元本に期限後の遅
延損害金を合わせて提供しなければ，債務の本旨に従った弁済の提供とはな
らない（大判大8.11.27）。

(3)　現実の提供

　弁済の提供のうち，弁済者が給付について準備すべきことをすべて準備し　**H17-11-ウ**
て，債権者が受領できる状態に置くことを現実の提供という。要するに，債
権者が受領しさえすれば弁済が完了する程度に債務者において準備すること
である。
　例えば，利息付金銭消費貸借の返還債務が持参債務である場合，弁済の目
的物である元金および利息（返済期限を徒過した後に提供するときはこれに
遅延損害金を添えて）を，債権者の現住所に持参して，債権者に差し出すの

がその一例である。なお，買主が売主に手付を交付したときに，売主が手付の倍額を償還して契約を解除するためには，買主に対し，単に口頭により手付の倍額を償還する旨を告げその受領を催告するのみでは足りず，倍額につき現実の提供を行うことを要する（最判平6.3.22）。

(4) 口頭の提供

弁済の提供のうち，弁済者が弁済の準備をしたことを債権者に通知してその受領を催告することを，**口頭の提供**という（簡易の提供とも呼ばれる）。この口頭の提供で足りるのは，次の2つの場合に限られる（民§493ただし書）。

① 債権者が予め受領を拒絶した場合

例えば，賃貸人が賃料を増額し，増額賃料でなければ以後受領しないと主張している場合がこれである。受領の拒絶は黙示でもよい。債権者が予め受領を拒絶した場合に口頭の提供で足りるのは，この場合にまで現実の提供を求めるのは公平に反するからである。

② 債務の履行につき債権者の行為を要する場合

これは，債権者の協力がなければ弁済の主要な部分を完了させることができない場合をいう。この場合に口頭の提供で足りるのは，債務者だけでは弁済を完成できない以上，口頭の提供しかできないからである。その例として，一般に，債権者が債務者の住所に出向いて弁済を受領すべき債務（取立債務）が挙げられる。

2　受領拒否
(1) 意　義

債務の本旨に従った弁済の提供をしたにもかかわらず，**債権者が弁済の受領を拒んだ場合**，債務者は弁済の目的物を供託して債務を免れることができる（民§494Ⅰ①）。条文上は，単に「受領を拒み」と規定されているだけであるが，債務の本旨に従った弁済の提供をしていない場合，受領拒否があったとはいえず，受領拒否を原因とする供託は，たとえ誤って受理されたとしても無効である。

参考判例

供託により債権者の取得する還付請求権と債務者に対する原因債権とは，同一内容のものでなければならない。この意味で，一部供託は，原則として無効であるから，供託した部分に相当する債務を免れることはない（大判昭12.8.10）。

(2)　受領拒否を原因とする供託を肯定する先例

① 借家契約の貸主から家賃値上げを要求され，協議が調わない場合には，借主は自己が相当と認める額を提供し，受領を拒否されたときは，供託することができる（先例昭41.7.12 - 1860）。

`R2-10-ウ`
`H25-9-エ`
`H24-10-イ`
`H5-10-5`
`H2-13-3`

② 賃料の値上げを不当として，従前の賃料を現実に提供したが受領を拒否された場合は，供託することができる（先例昭38.12.27 - 3344）。

③ 公営住宅の家賃が値上げされた場合において，賃借人が家賃の値上げを不当なものとして，従前の家賃を提供しその受領を拒否されたときは，受領拒否を原因として供託をすることができる（先例昭51.8.2 - 4344）。

`H3-12-4`

④ 共同住宅の借家人が，家賃に電気料金を含めて支払う特約がある場合に，これを含めた額を提供してその受領を拒否された場合には，家賃と電気料金の合計額を供託することができ，この場合には，備考欄に家賃と電気料金の区分を明確にする必要がある（先例昭37.6.19 - 1622）。

`R3-10-ア`
`H2-13-4`

⑤ 10か月分の家賃を滞納している場合に，1か月分の家賃とその遅延損害金を貸主に提供したが，その受領を拒否されたときは，提供した家賃と損害金のみを供託することができる（先例昭38.5.18 - 1505）。

⑥ 土地の一部について貸主から明渡しの要求があり，当該部分の地代の受領を拒否された借主は，地代の全額について供託することができる（先例昭40.12.6 - 3406）。

⑦ 支払場所を供託者（借主）の住所と定めた家賃につき，催告をしたにもかかわらず支払日を経過しても貸主が受け取りに来ない場合は，受領拒否を原因として，弁済供託をすることができる（先例昭45.8.29 - 3857）。

⑧ 賃借人が賃料を提供したが，賃貸人が受取証書を交付しない場合は，受領拒否を原因とする供託をすることができる（先例昭39.3.28 - 773）。

`R4-10-ア`
`H28-11-ウ`
`H21-9-ア`
`H6-10-1`

⑨ 賃貸人の同意を得て転借されている家屋について，賃貸人および賃借人の間の基本契約が期間満了により消滅し，賃貸人および賃借人の双方が転借人の提供する賃料の受領を拒否している場合には，転借人は，転貸人である賃借人に対して供託することができる（先例昭38.5.18 - 1505）。

⑩　土地の賃貸借契約が，賃貸人と賃借人の間で合意解除されても，適法な転借人に対抗できないため，合意解除後，転借人が提供する地代につき，賃貸人および賃借人のいずれもが受領を拒むときは，賃貸人を被供託者として供託できる（先例昭41.12.6 - 3350）。

⑪　建物の賃借人は，賃貸人の抵当権者に対して，弁済期日に賃貸人に代わって弁済のため提供したが，受領を拒否された場合は，供託することができる（先例昭39.9.3 - 2912）。

⑫　賃貸人が，契約期間満了により，継続使用の前賃借人に，敷金を返還しようと提供したが，受領を拒否されたときは，供託することができる（先例昭40決議）。

H24-10-ウ

⑬　建物の賃借人は，家屋の一部が風雨で破損し，その修理を賃貸人に要求したが賃貸人に拒否された場合に，自己の費用でこれを修理し，修理代金と賃料を相殺した上でその残額を提供し，賃貸人から拒否された場合には，相殺後の残額を供託することができる（先例昭40.3.25 - 636）。

⑭　賃借家屋について家主が修繕しないため，借家人が修繕し，当該修繕費用を家賃から差し引いた残額について弁済供託があれば受理して差し支えない（先例昭41.11.28 - 3264）。

⑮　支払期日に債務の履行をなさず，1 か月経過後に元本および遅延損害金を債権者に提供して受領を拒絶されたものであれば供託することができる（先例昭36.4.4 - 808）。

R2-10-オ
H19-9-ウ

⑯　賃借人が賃貸人に対して各月の家賃を毎月各支払日に債務の本旨に従って弁済の提供をしたにもかかわらず，賃貸人が受領を拒否している場合には，供託書中の供託の原因たる事実欄に「各月分の家賃をいずれも支払日に提供したが受領を拒否された」旨を記載して，過去の数か月分の家賃をまとめて一括供託することができる（先例昭39.8.22 - 2871）。

⑰　地代・家賃の先払特約がある場合には，将来発生する地代・家賃につき受領拒否を原因とする供託をすることができる（先例昭24.10.20 - 2449）。

⑱　賃貸人の受領拒否により支払ができないまま数年経過した場合でも，この間に継続して弁済の提供をした事実があれば，賃借人は供託して債務を免れることができる（先例昭28.11.28 - 2277）。

⑲　金銭消費貸借の借主が，期限の利益を放棄して弁済をする場合において，借用金額および弁済期までの利息を提供して拒否されたときには，当該金額を供託することができる（先例昭39.2.3 - 43）。

| H30-10-オ |
| H24-10-エ |
| H11-10-5 |
| H6-10-5 |
| H5-10-3 |

⑳　無利息金銭消費貸借の借主は，期限の利益を放棄し，供託することができる（先例昭41.12.15認可）。

㉑　債権者が反対給付を履行しないため弁済を受領させることができない場合，受領拒否を原因として供託することができる（先例昭39.2.26 - 398）。

㉒　新聞購読者が購読料の値上げを不当として，従前の料金を現実に提供したが受領を拒否されたことを原因とする弁済供託の申請については，受理して差し支えない（先例昭34.12.17 - 2914）。

(3) 受領拒否を原因とする供託を否定する先例

①　将来発生する地代・家賃は，先払特約契約のない場合には，受領拒否を理由に予め供託することはできない（先例昭24.10.20 - 2449）。

| H25-9-ウ |
| H20-9-エ |

②　毎月支払うべき地代につき，賃貸人が受領を拒否する場合においては，過去の数か月分の地代をまとめて供託することはできるが，将来の分までまとめて供託することはできない（先例昭28.11.28 - 2277）。

| H14-8-5 |
| H11-10-1 |

③　建物の賃借人が借賃の減額請求権を行使し，減額請求後の額の借賃を貸主に提供してその受領を拒否されたとしても，供託することはできない（先例昭46決議）。

| H19-9-ア |

④　取立債務につき債権者が弁済期に取立てに来ない場合でも，債務者は言語上の提供（口頭の提供）をしない限り，供託することはできない（先例昭36.11.9 - 2766）。

⑤　遅延損害金は軽微であるから加算しないとの記載のされた供託申請は，受理されない（先例昭40決議）。

⑥　電気料金の値上げについて不服のある者が，旧料金を提供し，その受領を拒否されても，供託することはできない（先例昭26.10.23－2055）。

⑦　賃貸借契約につき，貸主の死亡により数人の相続人がその地位を承継している場合に，借主が賃料を相続人の1人に提供して受領を拒否されても，賃料全額の供託をすることはできない（先例昭35決議）。

参考判例

　　賃貸人の有していた賃料債権は，金銭債権であり分割可能であることから，賃貸人の死亡により法律上当然に分割されるため，各共同相続人は，相続持分に応じた賃料債権を承継することとなる（大判大9.12.22）。

⑧　家賃の弁済期経過後，借主は遅延損害金を付さず家賃のみを提供して受領を拒否されたとしても，供託をすることはできない（先例昭38.5.27－1569）。

⑨　元本のほかに利息，損害金または費用等があるときは，それらをも併せて提供しなければ，債務の本旨に従った弁済の提供とはならないので，その受領拒否を理由とする供託をすることはできない（先例昭36.4.4－808）。

⑩　持参債務の賃料につき，数か月履行遅滞のため，債権者から期日を定めて催告があり，その期日に提供したが受領を拒否された場合においては，遅延損害金とともに提供したのでなければ，供託をすることはできない（先例昭38.5.18－1505）。

⑪　取立債務につき，債権者が弁済期日に取立てに来ないため，民法493条ただし書後段の催告をしたがなお取立てがないため弁済供託する場合，弁済期日から催告日までの遅延損害金を付して供託することを要する（先例昭43.4.8－808）。

⑫　市立保育園の値上げを不当として前年度の保育料に相当額を加えた額を提供したが，その受領を拒否されたとして弁済供託の申請があっても，受理しないのが相当である（先例昭47.7.7回答）。

⑬　改訂前の下水道料金について，改訂前の旧料金の受領を拒否された納入者から弁済供託の申請があった場合，受理しないのが相当である（先例昭42.6.29－514）。

⑭　事業に失敗し，債権者が多数のためその債権額を完全に弁済することが
できないので，各債権者の債権額に応じて，分割弁済として提供したが受
領拒絶された場合，分割払いの特約がない限り，供託することはできない
（先例昭37.12.11 − 3560）。

3　不受領意思明確

(1)　意　義

　　債権者の受領拒否の程度がきわめて強く，債務者がたとえ口頭の提供をし
たとしても受領しないことが明らかな場合を不受領意思明確という。例えば，
建物の賃貸人が賃貸借契約を解除したとして建物明渡請求訴訟を提起し，目
下その訴訟が係属中であるような場合がこれである。

　　不受領意思明確の場合，債務者は口頭の提供をしなくても債務不履行責任
は負わない（最判昭32.6.5）。このような場合にまで口頭の提供を要求するの
は，全く意味がないからである。

　　そして，不受領意思明確の場合，口頭の提供をしないで直ちに供託するこ
とができ，またこの場合は弁済期経過後においても，遅延損害金を付す必要
もない。

(2)　不受領意思明確を原因とする供託に関する先例

①　債権者が，契約の存在を否定する等予め弁済の受領を拒んでおり，たと　`H30-10-エ`
え債務者が口頭の提供をしてもこれを受領しない意思が明確に認められる
場合においては，債務者は，口頭の提供をしなくても債務不履行責任を免
れ，直ちに供託をすることができる（先例昭28.11.28 − 2277）。

②　債権者が弁済を受領しないことが明確であること（不受領意思明確）を　`H17-11-イ`
供託原因とする供託については，遅延損害金を併せて供託する必要はない　`H5-10-1`
（先例昭37.5.25 − 1444）。

③　単に明渡し等の理由により予め賃料の受領を拒否されただけでは，受領
しない意思が明白であるとはいえず，この場合には受領の催告をしてから
供託すべきである（先例昭38.2.4 − 351）。

④　家屋明渡請求を受けていることのみをもって，債権者は予め受領しない　`R3-10-イ`
ことが明らかであるとして供託することはできないが，目下係争中であれ　`H24-10-ア`
ば，不受領意思明確として供託することができる（先例昭37.5.31 − 1485）。　`H19-9-オ`

⑤　賃貸人が賃料の値上げを請求し，賃借人は従前の賃料を提供したが，要求額でなければ今後の賃料も絶対に受領しないとして拒否された場合には，その後の賃料も受領しないことが明らかであるとして，供託をすることができる（先例昭38.12.27 - 3344）。

⑥　受領しない理由が賃借権自体を否認していることである場合には，それのみをもって受領しない意思が明白であるといえる（先例昭38.2.4 - 351）。

第3節　受領不能

Topics・受領不能の内容について理解すること。
　　　　・受領不能に関する先例の内容を理解すること。

1　受領不能

⑴　意　義

　　受領不能とは，債権者が弁済を受領することができないことである（民§
494Ⅰ②）。これには，制限行為能力者である債権者に法定代理人や保佐人が
いない場合のような法律上の受領不能（民§5Ⅰ，13Ⅰ①参照）と，交通途
絶等により債権者が履行場所に現れない場合，あるいは持参債務につき債権
者が不在または行方不明の場合のような事実上の受領不能とがある。

R3-10-ウ
H20-9-イ

　　債権者の不在については，債務者が弁済のために電話で債権者の在宅の有
無を問い合わせたところ，家人から不在で受領できない旨の返事があった場
合のような一時的な不在であっても受領不能に該当する（大判昭9.7.17）。

R2-10-ア
H28-11-ア
H22-9-ウ
H3-12-1

⑵　受領不能と口頭の提供の関係

　　受領不能は，受領拒否とともに受領遅滞（民§413）の一場合であるが，
受領不能による弁済供託をする場合，受領拒否の場合と同様に債権者が受領
遅滞にあることを要するかという問題がある。この点，まず持参債務の場合，
債務者が本旨弁済の提供をしようにも，債権者の事情でこれが不可能である
から，債権者が受領遅滞にあることを要しない。

　　これに対し取立債務の場合，受領拒否の場合と同様，債権者に対し原則と
して口頭の提供をして受領遅滞に陥れた上でなければ供託をすることはでき
ないものと解されている。

⑶　受領不能を原因とする供託に関する先例

　①　取立債務の場合，支払日を経過しても，受領の催告をしなければ弁済供
　　託をすることはできない（先例昭41.12.8 - 3325）。

　②　取立てに行けばいつでも弁済を受けられる取立債務（給与債権，預金債
　　権等）の場合，民法第493条ただし書の催告は不要であり，債務者は支払
　　いの準備をしておくだけで遅滞の責を免れる（東京地判昭30.6.13参照）。
　　このような債務につき受領不能を理由に弁済供託をする場合，遅延損害金
　　を付す必要はない（先例昭57.10.28 - 6478）。

H6-10-4

③　1件の地代家賃債務について，甲乙2名を被供託者として，甲については受領不能，乙については受領拒否を原因とする弁済供託は受理できる（先例昭42.3.3 – 267）。

④　債権者が精神障害者として強制入院させられ，町長が保護者となっている場合に，受領不能を理由に供託することができる（先例昭40決議）。

⑤　債権者が精神病院に入退院を繰り返している事実のみでは，受領不能を原因とする弁済供託はできない（先例昭42.1.12 – 175）。

⑥　債権に対する差押えまたは仮差押えの執行を受けた第三債務者は，受領不能を原因として弁済供託をすることはできない（先例昭27.7.9 – 988）。

⑦　所有権移転登記後に不動産の売買代金を支払うこととされていた場合に，買主の過失により，期日までに所有権移転登記ができなかったため，代金の支払いができなかったことから，受領不能を原因として弁済供託の申請があった事案については，債務者の責に帰すべき事由により代金の支払いができないのであるから，事実上または法律上の受領不能に該当せず，本件供託は受理すべきでない（先例昭30.6.14 – 1227）。

第4節　債権者不確知

Topics・債権者不確知の要件を理解する。
　　　　・債権者不確知を原因とする代表的な事案を理解すること。

1　意　義

　債権者不確知とは，債権者が誰であるかを弁済者が確知することができず，　`H21-9-オ`
かつ確知することができないことにつき弁済者に過失がない場合をいう。この
場合，弁済者は債権者不確知を供託原因として弁済供託をすることができる（民
§494Ⅱ）。

　この供託原因により供託をすることができるのは，債権者は客観的には存在
するものの，弁済者の立場でこれを確知することができない場合である。した
がって，債務の存在自体に疑いのある場合や，債権者の存在しないことが明ら
かである場合は，この供託をすることはできない。

➕ **アルファ**

　債権者不確知による弁済供託においては，債務者が過失なくして債権者が　`H27-9-ウ`
誰であるか確知できない場合に行う供託であるから，供託を行う時点で被供　`H14-9-ウ`
託者たる債権者が具体的に確定していないのは当然であり，この場合でも供　`H13-8-3`
託を行うことができる。そして，被供託者を「A又はB」とした債権者不確
知による弁済供託では，真の債権者ではないAあるいはBについては，供託
物を受け取る権利を有しない者となるが，この場合には，供託者が供託物を
受け取る権利を有しない者を指定した場合（供託§9）には該当せず，当該
供託は無効とはならない。

参考判例

　債権者不確知を理由とする弁済供託は，被供託者の中に還付請求権を有す
る者が含まれている以上，その中に権利義務の帰属主体となる実体を備えて
いないものが含まれていたとしても，無効とならない。供託者が供託物を受
け取る権利を有しない者を指定した場合である供託法第9条の規定により供
託が無効となるのは，被供託者の中に還付請求権を有する者が誰も含まれて
いない場合に限られる（最判平6.3.10）。

2　債権者不確知の代表的な事案と先例

(1)　債権者の相続人を確知することができない場合

　　　債権者が死亡して相続が開始した場合，客観的には債権者の相続人が存在
し，その相続人が誰であるかは確定しているはずである。しかし，債務者が
債権者の相続関係を調査することは容易ではない。そこで，供託実務では，
債権者の相続人が誰であるかを事実上知りえない場合も，債権者不確知にあ
たるとされている。

H14-9-ア

　　　なお，この供託においては，被供託者の表示は「住所何某の相続人」と記
載する。

参考先例

　　　死者を被供託者として供託した供託金を相続人から還付請求することが
できる（先例昭41.9.22－2586）。

(2)　債権の二重譲渡において複数の確定日付のある譲渡通知が到達した場合

①　債権の二重譲渡における優劣

　　　指名債権が二重に譲渡された場合において，その双方の譲渡通知または
承諾に確定日付があるときは，譲受人相互間の優劣関係は，確定日付のあ
る通知が債務者に到達した日時または確定日付のある債務者の承諾の日時
の先後によって決すべきであり，通知または承諾に付された確定日付の先
後によるのではない（最判昭49.3.7）。したがって，複数の確定日付のある
債権の譲渡通知が到達し，その先後関係が明らかな場合には，先に到達し
たものが優先する。

②　複数の確定日付のある譲渡通知書が同時に到達した場合

H30-10-ア
H26-10-ウ
H22-9-オ
H20-9-ア
H3-12-3

　　　確定日付のある複数の譲渡通知書が債務者に同時に到達した場合，各譲
受人は債務者に対してそれぞれの譲受債権についてその全額の弁済を請求
することができ，譲受人の1人から請求を受けた債務者は，他の譲受人に
対する弁済その他の債務消滅事由がない限り，単に同順位の譲受人が他に
存在することを理由として弁済の責めを免れることはできない（最判昭
55.1.11）。結局，譲受人のうちのいずれかが債権者であるというのではなく，
いずれもが債権者であることを主張しうるということになる。そのため，
複数の確定日付のある譲渡通知書が第三債務者に同時に到達したという事
実のみでは，債権者を確知することができないことにならず，債権者不確
知を原因とした供託は受理できない（先例昭59決議）。この場合には，第
三債務者は，最初に請求のあった債権者に弁済すれば債務を免れることが
できる。

③　複数の確定日付のある譲渡通知書が到達したが，その到達の先後が不明
な場合

到達時の先後関係が不明である場合，すなわち債務者において到達時の
先後を判断することができない場合には，債権者不確知を供託原因とする
弁済供託をすることができる（先例平5.5.18 – 3841）。

`H22-9-ア`

`H14-9-イ`

➕ アルファ

債権譲渡通知の到達の先後が不明である場合の債権者不確知による供託に
ついて（民法における判例と供託手続の関係）

㋐　民法において，債権譲渡通知の到達の先後関係が不明である場合につい
ては，次の判例がある。

同一債権について差押えの通知と確定日付のある債権譲渡通知が第三債
務者に到達したが，その先後関係が不明である場合，これらの通知は同時
に第三債務者に到達したものと取り扱うのが相当であり，差押債権者と債
権譲受人は，互いに自己が優先的な地位にある債権者であると主張するこ
とはできない。このため，第三債務者が当該金銭債権の全額を供託した場
合，差押債権額と債権譲渡の譲受金額が競合するときは，差押債権者と債
権譲受人は，差押債権額と譲受金額に応じて供託金を案分した額の供託金
還付請求権を取得する（最判平5.3.30）。

㋑　この判例の趣旨に従うと，金銭債権に対して差押等が競合しその対抗要
件の具備の先後関係が不明である場合，同時到達と取り扱うべきとしてい
るので，確定日付ある債権譲渡通知が同時に債務者に到達した場合には，
債権者不確知を原因とする弁済供託をすることができない（先例昭59決議）
という先例により，債権者不確知による供託ができないのではないかとの
疑問が生じる。

㋒　さらに，この判例では，金銭債権に対して差押等が競合し，その対抗要
件の具備の先後関係が不明である場合においては，払渡請求権は，各被供
託者に各債権額に応じて案分された割合で帰属することになると考えられ
るから，債権者と債権額が明らかであることとなり，債権者不確知に相当
しないのではないかとの疑問が生じる。

㋓　しかし，本件のような債権譲渡通知等の先後関係の不明は裁判手続等を
経ることにより初めて優劣が判明したのであって，この裁判手続等が存在
するかどうかさえ知り得ない第三債務者が弁済供託をしようとする時点で
は，その結論がどのようなものとして定まるかを知ることは不可能である。

㋔　そのため供託先例では，次の見解を示している。

　　この判例の事情における先後関係の不明は，実体的な関係を究極的かつ客観的にみた場合のことであるから，今後，債権譲渡通知等の先後関係が不明であることにより債権者不確知を原因とする供託が申請された場合でも，従来どおりこれを受理して差し支えない（先例平5.5.18-3841）。

(3)　譲渡制限の意思表示がされた債権が譲渡された場合の供託

①　当事者が債権について譲渡制限の意思表示をしたときであっても，債権の譲渡はその効力を妨げられない（民§466Ⅱ）。しかし，この譲渡制限の意思表示がされたことを知り，または，重大な過失によって知らなかった譲受人その他の第三者，すなわち悪意または重過失のある譲受人その他の第三者に対しては，債務者は，その債務の履行を拒むことができ，かつ，譲渡人に対する弁済その他の債務を消滅させる事由をもって，その第三者に対抗することができる（同Ⅲ）。このように，譲渡制限の意思表示がされた債権が譲渡された場合には，常に譲受人が債権者となる旨が規定されたので，この場合には債権者不確知の状態は生じないこととなった。

H28-11-オ

　　しかし，このような譲渡制限の意思表示がされた債権が譲渡された場合に，債権の譲受人に弁済するか，債権の譲受人が悪意または重過失のある場合に譲渡人に弁済するか，いずれかについて判断に迷う債務者を保護する必要性があるから，債務者は，譲渡制限の意思表示がされた金銭の給付を目的とする債権が譲渡されたときは，その債権の全額に相当する金銭を債務の履行地の供託所に供託することができ，債務の履行地が債権者の現在の住所地により定まるものにあっては譲渡人の現在の住所地を含む債務の履行地の供託所に供託することができることとされた（民§466の2Ⅰ）。そして，この供託をした債務者は，遅滞なく，譲渡人および譲受人に供託の通知をしなければならない（同Ⅱ）。なお，この場合において供託された金銭は，譲受人に限り，還付を請求することができる（同Ⅲ）。

②　譲渡制限の意思表示がされた債権の譲渡と譲渡人の破産

　　譲渡制限の意思表示がされた金銭の給付を目的とする債権が譲渡された場合に，譲渡人について破産手続開始の決定があったときは，譲受人（当該債権の全額を譲り受けた者であって，その債権の譲渡を債務者その他の第三者に対抗することができる者に限る。）は，譲渡制限の意思表示がされたことを知り，または重大な過失によって知らなかったときであっても，債務者にその債権の全額に相当する金銭を債務の履行地の供託所に供託させることができる（民§466の3前段）。これは，当該債権について債務者

が破産管財人に対して弁済すると，その金銭の引渡請求権は破産財団の債権となり，譲受人が全額の回収をすることができないおそれがあるため，譲受人が供託を行わせることにより，譲受人が破産手続外で，債権全額の回収をすることを可能とするものである（同後段，民§466の2Ⅲ）。

③　譲渡制限の意思表示がされた債権に対する差押え

H30-10-イ
H26-10-イ

　　譲渡制限の意思表示がされた金銭の給付を目的とする債権については強制執行による差押えをすることができ，この場合には，譲渡人の破産の場合のように譲受人が債務者にその債権の全額に相当する金銭を供託させることは認められない（民§466の4Ⅰ）。すなわち，差押債権者は当該債権を差し押さえ，かつ転付命令によって移転することができる。そして，被差押債権は転付命令が確定すれば法律上当然に転付債権者に移転し（民執§159ⅠⅤ），転付命令の確定後は，第三債務者は転付債権者に対して弁済すれば足りる（最判昭45.4.10）。

　　そのため，譲渡制限の意思表示がされた債権につき転付命令が発令されたことにより，債権者不確知を原因とする弁済供託をすることはできない。なお，添付命令は，確定しなければ効力を生ぜず（民執§159Ⅴ），第三債務者はその確定を知ることができる地位にはないので，第三債務者を保護するため，この場合においては第三債務者の執行供託が認められている（先例昭55.9.6－5333）。

⑷　被供託者として記載された者以外の者が債権者である場合

　　被供託者を「A又はB」として債権者不確知を原因とする弁済供託がされている場合，AまたはBのいずれかが債権者であるとして，供託により債務を免れるものである。そのため第三者Cが，被告をAおよびBとする訴えを提起し，当該供託に係る債権の実体上の権利をCが有することを確認する旨の確定判決を得たとしても，それは供託原因外の事項であり，当該供託は供託物を受け取る権利を有しない者を被供託者とした供託として無効になる（供託§9）。したがって，第三者Cが供託物払渡請求をしても，供託物の還付を受けることはできない。

H26-10-オ
H14-9-オ

⑸　債権者不確知を原因とする供託に関する先例

①　妻名義の銀行預金について，離婚後夫婦がそれぞれ印鑑と預金証書の一方のみを所持してそれぞれ自己が預金者であると主張して現に係争中である場合，債権者不確知を原因とする弁済供託をすることができる（先例昭40.5.27－1069）。

R3-10-オ
H6-10-3

H25-9-イ
H22-9-エ
H19-9-エ
H14-9-ア

② 債権者が死亡し，相続人が不明のため債権者を確知しえないという理由で供託する場合，被供託者の表示を「住所何某の相続人」とするのが相当である。この場合，相続人の有無および相続放棄の有無等を調査する必要はない（先例昭37.7.9－1909）。

H30-10-ウ
H26-10-エ

③ 賃貸人が死亡した場合，賃借人は相続人の有無を戸籍関係について調査する必要はなく，相続人が不明であるときは，債権者不確知を理由に賃料の弁済供託をすることができる（先例昭38.2.4－351）。

H6-10-2

④ 家賃弁済について，賃貸人の死亡により相続が開始したが，相続人の一部が判明しない場合には，債権者不確知を理由に供託することができる（先例昭41.12.8－3325）。

⑤ 債務者甲が，債権者乙から，債権を丙に譲渡をした旨の通知を確定日付のある証書により受けた後に，先の債権譲渡契約を解除し新たに丁に譲渡した旨の通知を確定日付のない証書により受けた場合，債権者不確知を理由とする弁済供託をすることができる（先例昭40.12.28－3701）。

H26-10-ア

⑥ 債務の履行地を債権者の住所地とする債権について，甲または乙のいずれに支払うべきか不明により弁済供託をするときは，甲または乙のいずれかの住所地の供託所に供託する（先例昭38.6.22－1794）。

⑦ 支払その他一切の処分禁止の仮処分と差押・転付命令が競合した場合，第三債務者は債権者不確知により供託をすることができる（先例昭30.12.23－2737）。

⑧ 甲から未登記の建物を賃借していた丙は，新たにその所有権を取得したと称する乙から賃料を請求された場合，乙にその登記がない以上，賃料は甲に支払えば足りるので，債権者不確知による弁済供託はできない（先例昭37.3.14－695）。

　この先例については，次の判例が参考となる。

　家屋の賃貸人である所有者が，この家屋を他人に譲渡し，所有権が譲受人に移転した場合には，これとともに賃貸人たる地位も譲受人に移転し，譲受人は，以後，賃借人に対し，賃料請求権を取得するものと解すべきであるが，譲受人がいまだその所有権移転登記を経由していないときは，譲受人は，賃借人に対して自己が所有権を取得し，したがつて，賃貸人たる

地位を承継したことを主張しえないものと解すべきである（最判昭46.12.3）。

⑨　金銭債権について債権者を仮処分債務者とする処分禁止の仮処分が発せられた場合は，第三債務者において過失なく債権者を確知することができない場合にあたるので債権者不確知を原因として供託することができる（先例昭38.8.2－2235）。

⑩　被供託者を「甲又は乙」とする債権者不確知供託を供託原因とする弁済供託において還付請求権を証する書面として確定判決の謄本を添付する場合には，判決の理由中で還付請求権を有することが確認できれば足りる（先例昭42決議）。

⑪　債権者不確知を原因とする弁済供託の還付請求において，供託者の承諾書をもって還付を受ける権利を有する書面とすることはできない（先例昭36.4.4－808）。

第6章
執行供託

第1節　金銭債権の差押え等に対する第三債務者の供託

Topics・金銭債権の差押えに対する執行供託について学習する。
　　　・権利供託と義務供託の違いについて理解すること。

1　金銭債権の差押えと権利供託

> 📖**ケーススタディ**
>
> AはBに対して100万円の金銭債権（甲債権という）を有している。
> Aの債権者Cが甲債権のうち40万円を差し押さえた。
> Bが行う供託はどのような内容であるか。
>
>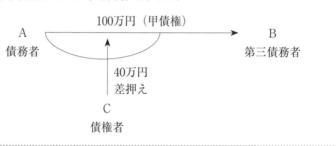

(1)　金銭債権の差押えと第三債務者の地位

　金銭債権につき差押えがされると，第三債務者は不利な立場に置かれる。すなわち，差押えにより執行債務者に対する弁済が禁じられるため（民執§145Ⅰ），仮に弁済してもその弁済は差押債権者に対抗することができず，結局差押債権者に二重払いをしなければならなくなる（民§481Ⅰ）。一方，被差押債権については弁済期日の経過と同時に当然に遅延損害金が発生する（民§419Ⅱ）。

　したがって，第三債務者は，差押債権者が弁済期日に取立て（民執§155Ⅰ）に来ればこれに弁済して債務を免れることができるが，取立てに来ない場合は弁済したくても弁済できず，その結果，期限後の遅延損害金を負担させられることになる。

(2)　第三債務者の権利供託

　　そこで，第三債務者を上記のような不利な立場から保護するため，金銭債権につき差押えがされた場合，第三債務者は供託することにより債務を免れることができることとされた（民執§156Ⅰ）。この供託は，第三債務者が任意にすることができることから，「権利供託」と呼ばれる。

　　なお，この供託の管轄は，被差押債権の債務履行地の供託所であり（民執§156Ⅰ），また供託の法令条項は「民事執行法第156条第1項」である。　　`H31-11-ア` `H26-11-イ`

(3)　供託することができる金額

①　被差押債権の全額

　　第三債務者は，差押えに係る金銭債権の全額に相当する金銭を供託することができる（民執§156Ⅰ）。すなわち，全額が差し押さえられた場合はもちろん，その一部が差し押さえられた場合も，債権の全額に相当する金銭を供託することができる。　　`H23-11-オ` `H21-10-オ` `H7-10-ア` `H7-10-イ` `H5-11-1`

　　ケーススタディでは，第三債務者Bは甲債権の全額に相当する100万円を供託することができる。　　`H元-14-1` `H元-14-2`

②　差押金額に相当する額

　　一部差押えの場合，その差押金額に相当する金銭を供託することもできる（先例昭55.9.6−5333第二・四・1・(一)・(1)・イ）。この権利供託は，第三債務者の利益のために認められているのであり，一部差押えの場合には全額の供託を強いる必要はなく，差押金額のみの供託を認めても何ら差し支えないからである。

　　ケーススタディでは，第三債務者Bは差押金額に相当する40万円を供託することができる。

③　遅延損害金の要否

　　差押えの効力は，差押命令送達後に発生する利息や損害金にも及ぶものと解されているので，第三債務者が弁済期限の経過後に供託する場合，供託日までの遅延損害金を付して供託しなければならない。　　`H17-11-エ`

(4)　供託の性質

①　執行供託による部分

　　全額差押えで全額を供託した場合および一部差押えでその差押金額のみを供託した場合，差押えの効力は供託金の全額に及んでいるから，その供託の性質は執行供託である。　　`H23-11-ウ`

② 弁済供託による部分

H31-11-ウ
H22-11-ア
H16-11-ア
H5-11-5

これに対し，金銭債権の一部について差押えがされたが，第三債務者が金銭債権の全額に相当する金銭を供託した場合には，金銭債権の全額から差押金額を除いた部分は，弁済供託の性質を有すると解されている。そのため，被供託者である執行債務者に対し，供託の通知をしなければならない（民§495Ⅲ）。なお，この場合も，供託は執行供託であるから，供託書に記載する法令条項は，「民事執行法第156条第1項」となる。

ケーススタディにおいて，第三債務者Bが甲債権の全額である100万円を供託した場合に，差押金額の40万円との差額である60万円については，弁済供託の性質を有するという解釈となる。そして，供託書には被供託者としてAを記載し，Aに対して供託通知書を発送する手続を要する。

(5) 事情届

H9-10-2

第三債務者が民事執行法156条1項の規定による供託をしたときは，その旨を執行裁判所に届け出なければならない（民執§156Ⅳ）。

この事情届には，供託書正本を添付しなければならない（民執規§138Ⅱ）。事情届がされると，執行裁判所は配当等を実施する（民執§166Ⅰ①）。

(6) 執行供託による部分の供託金の払渡し

H31-11-イ
H26-11-オ
H22-11-イ
H18-10-ウ

執行供託の性質を有する部分の払渡しは，執行裁判所による配当等の実施としての支払委託に基づいて行われる（民執§166Ⅰ①，先例昭55.9.6-5333第二・四・1・(一)・(3)・ア）。具体的には，執行裁判所の書記官は（民執規§145，§61），支払委託書（各債権者に対する配当金額を供託金から払い渡すべき旨を記載した書面）を作成し，これを供託所に送付するとともに，他方，各債権者に対しては支払証明書（供託所から払渡しを受けるべき金額を記載した証明書）を交付する（供託規§30Ⅰ）。

各債権者が払渡請求をするには，払渡請求書にこの支払証明書を添付しなければならない（同Ⅱ）。資格証明書，代理権限証書および印鑑証明書の提示・添付については，一般の払渡請求の場合と同じである。

なお，執行供託による供託金につき配当実施後に生じた利息は，別に支払委託を要せず，配当金の割合に応じて支払うことになる（先例大14.7.2-5815）。

(7)　弁済供託による部分の払渡し

　一部差押えがあった場合において，第三債務者が被差押債権の全額を供託 **H31-11-エ**
したときは，差押金額を超える部分は弁済供託の性質を有する。この場合， **H26-11-ウ**
その払渡しの手続は通常の弁済供託の払渡しと同じである。 **H18-10-エ**

　すなわち，被供託者（執行債務者）は供託を受諾して還付請求をすること **H6-11-1**
ができる。一方，供託者（第三債務者）は供託不受諾を原因として取戻請求
をすることもできる（先例昭55.9.6 - 5333第二・四・1・(一)・(4)）。

(8)　供託後差押命令が失効した場合の供託金の払渡し

　第三債務者が供託した後，差押命令の申立てが取り下げられた場合，また
は差押命令を取り消す決定が効力を生じた場合においても，供託金の払渡し
は原則として執行裁判所の支払委託に基づいてする（先例昭55.9.6 - 5333第
二・四・1・(一)・(3)・イ本文）。これは，第三債務者が供託した供託金は，
差押えにより執行裁判所の管理に服していたのであり，差押命令が失効した
としても，直ちにその管理権は失われると解するべきではないという考慮に
基づいている。

　ただし，執行裁判所が支払委託を行うか否かは，執行裁判所の裁量による **R4-11-エ**
ので，執行裁判所がこの支払委託を行わない場合，執行債務者が供託金の払
渡しを受けられないことになって不都合を生じる。そこで，執行債務者が払
渡請求書に差押命令の申立てが取り下げられたことまたは取消決定が効力を
生じたことを証する書面とともに，供託書正本およびその下附証明書を添付
したときは，払渡請求を認可して差し支えない（先例昭55.9.6 - 5333第二・
四・1・(一)・(3)・イただし書）。

　なお，この払渡請求をすることができるのは，執行債務者である。第三債 **H26-11-エ**
務者は，供託によりすでに債務を確定的に免れているから，錯誤を理由とす **H6-11-5**
る場合以外は払渡請求をすることはできない。

2　義務供託

📖ケーススタディー1

　AはBに対して100万円の金銭債権（甲債権という）を有している。

　Aの債権者Cが甲債権のうち40万円を差し押さえた。その後Aの債権者D が甲債権のうち70万円を差し押さえた。

　Bが行う供託はどのような内容であるか。

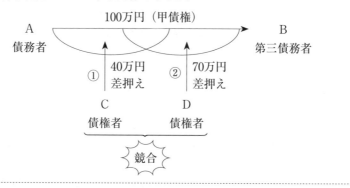

📖ケーススタディー2

　AはBに対して100万円の金銭債権（甲債権という）を有している。

　Aの債権者Cが甲債権のうち40万円を差し押さえた。その後Aの債権者D がCの差押えに付き30万円の配当要求をした。

　Bが行う供託はどのような内容であるか。

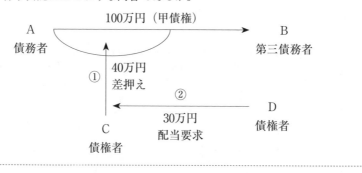

⑴　差押えの競合

　債権執行においては，被差押債権をめぐって多数の差押えが競合すること がありうる。差押えが競合する場合としては，二重差押え（あるいは差押え と仮差押え等）がされた場合と，配当要求がされた場合との2つがある。

➕ **アルファ**

二重差押えによる差押えの競合

二重差押えによる差押えの競合の考え方は，執行供託を理解するための重要なポイントである。差押えの競合とは次の①および②の双方が該当する状態である。

① 債権に対して複数の差押え等（仮差押え，滞納処分による差押えを含む）がある。

② 複数の差押え等の差押債権額の合計額が，被差押債権額を超えている。

具体例でみてみよう。AはBに対して100万円の債権を有しているとする。

㋐ Aの債権者Cが40万円の差押えをし，さらにAの債権者Dが50万円の差押えをした場合には，差押債権額の合計額は90万円で，被差押債権額の100万円を超えていないので，差押えの競合ではない。

㋑ Aの債権者Cが40万円の差押えをし，さらにAの債権者Dが60万円の差押えをした場合には，差押債権額の合計額は100万円で，被差押債権額の100万円と同額ではあるが，超えていないので，差押えの競合ではない。

㋒ Aの債権者Cが40万円の差押えをし，さらにAの債権者Dが70万円の差押えをした場合には，差押債権額の合計額は110万円で，被差押債権額の100万円を超えているので，差押えの競合である。

(2) 第三債務者の供託の義務

差押えが競合した場合，第三債務者が特定の債権者に任意に弁済すると，他の債権者は満足を得られないことになってしまう。そこで民事執行法は，差押えの競合が生ずる場合，債権者間の平等を確保する趣旨から第三債務者に供託の義務を負わせ，その供託金を配当手続によって分配するシステムをとっている。

(3) 供託の義務の発生の時点

取立訴訟の訴状を受ける時までに差押えが競合したとき（被差押債権のうち差し押さえられていない部分を超えて差押命令，差押処分または仮差押命令の送達を受けたとき），または配当要求があった旨を記載した文書の送達を受けたとき（民執§154Ⅱ，民執規§145，26）は，第三債務者は債務履行地の供託所に供託をしなければならない（民執§156Ⅱ）。この供託を，第三債務者の「義務供託」という。供託の法令条項は，いずれの場合も「民事執行法第156条第2項」である。

H29-10-ア
H21-10-ア
H18-10-ア
H8-11-3
H7-10-ウ
H元-14-4

H3-14-3
　　　　ただし，差押え等の競合が生じた場合であっても，第三債務者は実体的な弁済義務が生じていない限り，具体的な供託義務を負わないことはいうまでもない。例えば，被差押債権の弁済期の到来しない間や，第三債務者が執行債務者に対して同時履行の抗弁権を有する場合，無条件に供託すべき義務はない。

⑷　供託すべき金額

　①　差押えの競合の場合

　　差押えの競合の場合には被差押債権の全額に相当する金銭を供託しなければならない。

　　ケーススタディケース1では，第三債務者Bは，甲債権の**全額の100万円を供託しなければならない**。

　②　配当要求があった場合

R4-11-イ
H24-11-ア
H3-14-4
　　配当要求があった場合には差押金額に相当する金銭を供託しなければならない。なお，配当要求があった場合に，法令条項を「民事執行法第156条第1項，第2項」として，被差押債権の全額に相当する金銭を供託することもでき，この場合には，被差押債権の全額から差押金額を除いた部分は，弁済供託の性質を有する権利供託となる。

　　ケーススタディケース2では，第三債務者Bは，**差押金額の40万円を供託しなければならない**。また，第三債務者Bは甲債権の**全額の100万円を供託することもできる**。

⑸　被供託者の記載の要否等

H29-10-オ
H12-10-ウ
　　第三債務者が，債権全額を義務供託として供託する場合のように，供託のすべてが執行供託としての性質を有するときは，被供託者を記載することを要せず，供託通知書の発送は不要である。これに対して，金銭債権の一部を差し押さえられ，これについて配当要求があった場合において，第三債務者が被差押債権の全額を供託した場合のように，供託の一部が弁済供託としての性質を有するときは，被供託者（差押債務者）に対して供託の通知をしなければならない（民§495Ⅲ）。ケーススタディケース1では，供託書に被供託者の記載を要しない。

　　ケーススタディケース2では，第三債務者Bが差押金額の40万円を供託したときは，供託書に被供託者の記載を要しないが，第三債務者Bは甲債権の全額の100万円を供託したときは，被供託者としてAを記載し，Aに対して供託通知書発送の手続をすることになる。

⑹　**事情届**

　　第三債務者が民事執行法156条2項の規定による供託をした場合，同条1　H元-4-5
項の場合と同様，その旨を執行裁判所に届け出なければならない（民執§
156Ⅳ）。

　　なお，差押えの競合の場合において，差押命令を発した執行裁判所が異な
るときは，事情届は先に送達された差押命令を発した裁判所にしなければな
らない（民執規§138Ⅲ）。

　　ケーススタディケース1では，先に送達されたCの差押命令を発した裁判
所に事情届をすることになる。

⑺　**供託金の払渡し**

　　供託金の払渡しの手続は，権利供託における執行供託の部分の払渡手続と
同様である。差押えの競合の場合において，差押命令を発した執行裁判所が
異なるときは，払渡しは先に送達された差押命令を発した裁判所の配当手続
により行われる（先例昭55.9.6－5333第二・四・1・（二）・⑴・ウ）。

3　供託命令

（供託命令）

民事執行法 第161条の2　次の各号のいずれかに掲げる場合には，執行裁判所
　は，差押債権者の申立てにより，差押えに係る金銭債権の全額に相当する金
　銭を債務の履行地の供託所に供託すべきことを第三債務者に命ずる命令（以
　下この条及び第167条の10において「供託命令」という。）を発することがで
　きる。
　一　差押債権者又はその法定代理人の住所又は氏名について第20条において
　　準用する民事訴訟法第133条第1項の決定がされたとき。
　二　債務名義に民事訴訟法第133条第5項（他の法律において準用する場合を
　　含む。）の規定により定められた差押債権者又はその法定代理人の住所又は
　　氏名に代わる事項が表示されているとき。
2　供託命令は，第三債務者に送達しなければならない。
3　第1項の申立てを却下する決定に対しては，執行抗告をすることができる。
4　供託命令に対しては，不服を申し立てることができない。

---

(1)　**供託命令**

　　執行裁判所は，下記のいずれかに掲げる場合には，差押債権者の申立てにより，差押えに係る金銭債権の全額に相当する金銭を債務の履行地の供託所に供託すべきことを第三債務者に命ずる命令（供託命令）を発することができる（民執§161の2Ⅰ）。

　①　差押債権者またはその代理人の住所，氏名等の秘匿の決定（民執§20，民訴§133Ⅰ）がされたとき

　②　債務名義に，秘匿決定にかかる秘匿対象者である差押債権者またはその法定代理人の住所または氏名に代わる事項（同Ⅴ）が表示されているとき。

(2)　**第三債務者の供託義務・供託すべき金額**

　　供託命令が発せられると，執行裁判所は当該供託命令を第三債務者に送達しなければならず（民執§161の2Ⅱ），供託命令の送達を受けた第三債務者は，差押えに係る金銭債権の全額に相当する金銭を債務の履行地の供託所に供託しなければならない（民執§156Ⅲ）。

(3)　**事情届**

　　第三債務者は，供託命令を受けたことにより供託をしたときは，その旨を執行裁判所に届け出なければならない（民執§156Ⅳ）。

(4)　**不服申立**

　　供託命令を発することを申し立てたが却下された場合，差押債権者は執行抗告をすることができる（民執§161の2Ⅲ）。

　　これに対して，供託命令が発せられた場合は，当該供託命令に対しては，不服を申し立てることができない（同Ⅳ）。

(5)　**供託金の払渡し**

　　供託命令により供託の義務を負う第三者に対して取立訴訟が提訴され，受訴裁判所が差押債権者たる原告の請求を認容するときは，受訴裁判所は請求に係る金銭の支払は供託の方法によってする旨を判決の主文に掲げなければならず（民執§157Ⅳ），また，執行裁判所は，供託命令によって供託がされた場合，執行裁判所は配当等を実施しなければならない（民執§166Ⅰ①）。

4　差押禁止債権に対する差押えと執行供託

　　給与債権や退職手当債権等の差押禁止債権（民執§152）について差押え等 `R4-11-ア`
がされた場合において，第三債務者は，差押えが競合しないときは民事執行法 `H29-10-エ`
156条1項を法令条項として，また差押えが競合するときには同156条1項およ `H22-11-オ`
び2項を法令条項として，それぞれ差押えの効力が及んでいない差押禁止部分 `H18-10-イ`
を含めた被差押債権の全額に相当する金銭を供託することができる（先例昭 `H12-10-イ`
58.11.22-6653）。 `H8-11-5` `H3-14-1`

　　なお，差押えが競合するか否かは，差押債権額の合計額が差押可能部分の額 `H16-11-ウ`
を超えるか否かで判断され，また差押えが競合する場合の第三債務者の供託義
務は差押可能部分についてのみ生じる。

5　差押え・転付命令と執行供託

　　金銭債権について差押命令および転付命令が発せられた場合において，転付 `H3-14-2`
命令が確定したときは，これによって債権の移転の効果が生じ（民執§159Ⅰ，
Ⅴ），差押えの効力も消滅するので，第三債務者は差押えを理由に供託するこ
とはできなくなる。しかし，執行債務者は転付命令に対して執行抗告をするこ
とができ（同Ⅳ），転付命令の確定は，この執行抗告の提起の有無やその裁判
の結果により左右されるところ，第三債務者は転付命令が確定しているか否か
を知りうる地位にはなく，また第三債務者にその確定の成否を調査する義務を
負わせるのも適切ではない。

　　そこで，供託書の記載により転付命令が確定していることが明らかである場
合を除いては，いまだ金銭債権は差押えの状態にあると考えることにし，第三
債務者から民事執行法156条1項または2項を根拠として供託の申請がされた
場合には，これを受理して差し支えないとする取扱いである（先例昭55.9.6-
5333第二・四・1・(三)・(2)）。

第2節　金銭債権の仮差押えに対する第三債務者の供託

Topics ・仮差押えに関する執行供託について学習する。

・差押えの場合との違いについて理解すること。

1　金銭債権に対する仮差押えの執行

📖 **ケーススタディー1**

AはBに対して100万円の金銭債権（甲債権という）を有している。

Aの債権者Cが甲債権のうち40万円につき仮差押えの執行をした。

Bが行う供託はどのような内容であるか。

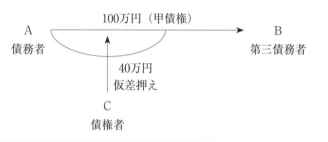

📖 **ケーススタディー2**

AはBに対して100万円の金銭債権（甲債権という）を有している。

Aの債権者Cが甲債権のうち40万円につき仮差押えの執行をした。その後Aの債権者Dが甲債権のうち70万円につき仮差押えの執行をした。

Bが行う供託はどのような内容であるか。

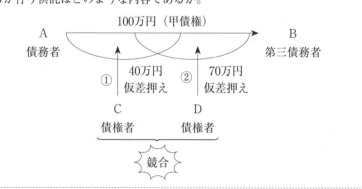

📖ケーススタディー3

　AはBに対して100万円の金銭債権（甲債権という）を有している。

　Aの債権者Cが甲債権のうち40万円につき仮差押えの執行をした。その後Aの債権者Dが甲債権のうち70万円を差し押さえた。

　Bが行う供託はどのような内容であるか。

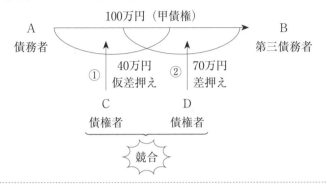

(1)　**金銭債権の仮差押えと第三債務者の地位**

　　金銭債権に対して仮差押えの執行がされた場合，すなわち仮差押命令が第三債務者に送達された場合，第三債務者はその債務につき仮差押債務者に対して弁済することができなくなる（民保§50Ⅰ）。一方，その債務の弁済期日が経過すれば，遅延損害金は当然に発生する（民§419Ⅱ）。

　　しかし，仮差押債権者は仮差押えに係る金銭債権の取立権（民執§155Ⅰ）を有しないから，第三債務者は仮差押債権者に弁済して債務を免れるというわけにはいかない。したがって，債権に対する仮差押えの執行にあっても，差押えの場合と同様，第三債務者は不利な地位に置かれることになる。

(2)　**第三債務者の権利供託**

　　そこで民事保全法は，第三債務者を上記のような不利な立場から保護するため，金銭債権に対して仮差押えの執行がされた場合においても，本差押えの場合と同様，第三債務者に供託の権利を認め，その債務につき免責を得させることとしている（民保§50Ⅴ，民執§156Ⅰ）。この供託は，第三債務者が任意にすることができることから，権利供託である。

2 第三債務者による執行供託

(1) 仮差押えの執行が競合しない場合

① 権利供託

H21-10-ウ

　　　金銭債権について仮差押えの執行がされた場合，第三債務者はその債権の全額に相当する金額を供託することができる（民保§50Ⅴ，民執§156Ⅰ）。また，金銭債権の一部について仮差押えの執行がされた場合，第三債務者はその仮差押金額に相当する金額を供託することもできる（先例平2.11.13－5002第二・三・(1)・ア・(イ) 後段）。この供託は，いわゆる権利供託である。

　　　ケーススタディケース1においては，第三債務者Bは，甲債権の全額の100万円を供託することができ,仮差押金額である40万円を供託することもできる。

② 供託の性質

　　　この第三債務者による権利供託の性質は，執行を契機として行なわれるという意味では執行供託であるが，実質的には一種の弁済供託と解されている。すなわち，仮差押えを原因とする供託がされると，仮差押解放金に相当する金額については仮差押債務者が供託したものとみなされているところ（民保§50Ⅲ），この規定の趣旨は仮差押債務者が被供託者として還付請求権を取得するという意味であると解されている。

　　　供託実務も，このような立場に立ったうえで，仮差押えの執行の効力はこの還付請求権の上に移行し，あるいは他の債権者もこの還付請求権につき差押え等をすることができるという扱いを認めている（先例平2.11.13－5002第二・三・(1)・ウ・(ア)）。

(2) 仮差押えの執行が競合する場合

① 供託の性質

H29-10-イ
H22-11-ウ
H16-11-オ
H12-10-エ
H7-10-オ
H元-14-3

　　　金銭債権について仮差押えの執行が競合した場合も，単発の仮差押えの場合と同様，第三債務者はその仮差押金額に相当する金額を供託することができる（先例平2.11.13－5002第二・三・(1)・ア・(イ) 前段）。この供託も上記(1)と同様に権利供託であり，供託の法令条項及び供託の性質も，単発の仮差押えの場合と同じである。

　　　民事保全法50条5項は，民事執行法156条を準用すると規定するのみであるから，仮差押えが競合した場合，規定上は同法156条2項（義務供託）が準用されると解する余地もある。しかし，仮差押債権者は被差押債権の取立権を有しないし，また仮差押えの執行により配当等の手続が実施され

るわけでもないから，第三債務者に供託の義務を課す必要はないのである。

② 　供託することができる金額

仮差押えの執行が競合する場合，それぞれの仮差押えの効力が被差押債権の全部に及ぶ（民保§50Ⅴ，民執§149前段）こととの関係で，供託することのできる金額は被差押債権の全額である。

ケーススタディケース2においては，第三債務者Bは，甲債権の全額の100万円を供託することができる。

(3) 仮差押えの執行と差押えが競合する場合

仮差押えの執行された金銭債権について差押えの執行が競合した場合，第三債務者は被差押債権の全額を供託しなければならない（民保§50Ⅴ，民執§156Ⅱ，先例平2.11.13-5002第二・三・(2)・ア前段）。この場合，義務供託となるのは，後行事件の差押えの効果として執行裁判所が配当等の手続を実施する必要上，供託が必要となるからである。 `R4-11-ウ` `H23-11-イ` `H18-10-ア`

なお，仮差押えの執行においては配当要求をすることはできないから，民事執行法156条2項のうち配当要求の部分は準用の余地はない。

ケーススタディケース3においては，第三債務者Bは，甲債権の全額の100万円を供託しなければならない。

(4) 差押えと仮差押えの執行が競合する場合

差押えの執行が先行し，仮差押えの執行がこれと競合した場合，民事執行法156条2項が直接適用され，第三債務者は供託の義務を負う。 `H7-10-エ`

3 仮差押えの執行に基づく執行供託の申請手続

仮差押えを原因とする供託は，単発の場合であると仮差押えが競合する場合であるとを問わず，管轄は被差押債権の債務履行地の供託所であり（民保§50Ⅴ，民執§156Ⅰ），その法令条項は「民事保全法第50条第5項，民事執行法第156条第1項」である。

また，すでに述べたように，この供託は仮差押債務者を被供託者とする弁済供託であるから，被供託者として仮差押債務者を記載することを要し，供託者に対し，供託の通知をしなければならない（民§495Ⅲ，先例平2.11.13-5002第二・三・(1)・ア・(ウ)）。また，保全執行裁判所への事情届も必要である（民保§50Ⅴ，民執§156Ⅲ，先例平2.11.13-5002第二・三・(1)・ア・(エ)）。 `H5-11-2`

　　　ケーススタディケース１，同ケース２の場合は，いずれも，第三債務者Ｂは，被供託者としてＡを記載し，Ａに対して供託通知書発送の手続をすることになる。これに対して同ケース３の場合は，被供託者の記載を要しない。

4　供託金の払渡し

(1)　弁済供託の部分の払渡し

`H12-9-3`

　　　金銭債権の一部について仮差押えの執行がされ，金銭債権の全額に相当する金銭が供託された場合，金銭債権の全額から仮差押えの執行のされた金額を差し引いた額については，純然たる弁済供託であり，仮差押債務者は供託を受諾して還付請求を受けることができ，第三債務者は供託不受諾を理由として取戻請求をすることができる。

(2)　みなし解放金

`H2-14-1`

　　　第三債務者が仮差押えの執行のされた債権の額に相当する金銭を供託したときは，そのうちの仮差押命令に記載された仮差押解放金の額（民保§22Ⅰ）に相当する部分は，債務者が仮差押解放金の額に相当する金銭を供託したものとみなされる（民保§50Ⅲ本文）。これをみなし解放金という。この場合には，仮差押債務者の有する供託金還付請求権の上に仮差押解放金の額の限度で仮差押えの執行の効力が移行することになる（先例平2.11.13－5002）。

(3)　仮差押えの執行のされた金額からみなし解放金の額を除いた額についての払渡し

`H16-11-エ`
`H5-11-4`

　　　仮差押解放金の額を超えて仮差押えの執行がされた場合，仮差押えの効力は仮差押解放金の額の限度で仮差押債務者の有する供託金還付請求権の上に移行することになるため，この場合の仮差押えの執行のされた金額からみなし解放金の額を除いた額については仮差押えの執行の効力が及ばないので，仮差押債務者はこの額について，仮差押解放金の額を証する仮差押命令正本を添付して，還付請求をすることができる。

`H2-14-4`

　　　これに対し，供託者たる第三債務者による取戻請求は認められていない。

(4)　みなし解放金に相当する額についての払渡し

　　　みなし解放金に相当する額については，仮差押債権者が将来本執行としての差押えをしたとき，または他の債権者が差押えをしたときに，執行裁判所の配当等の実施として支払委託に基づいて払渡しがされる（先例平2.11.13－5002）。

⑸　仮差押えの執行が効力を失った場合の払渡し

　　仮差押えの執行が取り消され，あるいは取下げにより効力を失った場合，H8-11-1被供託者たる仮差押債務者の還付請求権は仮差押えの拘束から解放される。したがって，この場合，仮差押債務者は還付請求をすることができる（先例平2.11.13 – 5002第二・三・⑴・エ）。

第3節　滞調法による第三債務者の供託

Topics・滞調法の適用場面を理解する。
・滞納処分による差押えと強制執行による差押えおよび仮差押えの執行
の関係について正確に把握すること。

1　滞調法の趣旨

(1)　滞調法による調整の必要性

　　強制執行については執行裁判所が，滞納処分については徴収職員（国）が
それぞれ執行機関となることから，金銭債権について強制執行と滞納処分と
が競合した場合，これらの手続を調整する必要がある。そのために，「滞納
処分と強制執行等との手続の調整に関する法律」(滞調法)が設けられている。
そこでは，手続の調整の原則として，いわゆる先着手主義がとられており，
先に差押えがされた手続が優先して適用される（昭42.12.27最高裁民事局長
通達，昭43.1.23国税庁長官通達）。

(2)　滞調法の適用される場合

H29-10-ウ
H24-11-エ
H23-11-エ

　　滞調法が適用されるのは，強制執行による差押えと滞納処分による差押え
とが競合する場合に限られる。滞納処分による差押えのみがされた場合，供
託根拠法令が存在しないため第三債務者はその差押えを原因として供託をす
ることはできない。

(3)　滞納処分と強制執行が競合しない場合

　　それぞれの差押えがされたとしても，差押えが競合しない場合，滞調法は
適用されない。すなわち，金銭債権の一部について滞納処分による差押えが
されている場合に，その残余の範囲内で強制執行による差押えがあっても（差
押えの順序が入れ代わっても同じ）差押えの競合はない。したがって，その
債権全額に相当する金銭を供託することはできない。

H12-10-オ

　　ただし，その債権の残余の範囲内で強制執行による差押えがされたときは，
第三債務者は民事執行法第156条１項を根拠として，その債権のうち滞納処
分による差押えがされていない部分の額に相当する金銭または強制執行によ
る差押金額に相当する金銭を供託することができる（先例昭55.9.6－5333第
三・三・1・(一)・(3)・ア）。

2　滞納処分による差押えの後，強制執行による差押えがされ競合した場合

▣ケーススタディ

AはBに対して100万円の金銭債権（甲債権という）を有している。

徴収職員等Eが甲債権のうち40万円につき滞納処分による差押えをした。その後Aの債権者Fが70万円の差し押さえた。

Bが行う供託はどのような内容であるか。

(1)　第三債務者による権利供託

滞納処分による差押えがされた金銭債権について，さらに強制執行による差押えがされて競合した場合，先着手主義により滞納処分による差押えの効力は影響を受けず，徴収職員（国）は差押金額の取立てをすることができる（国徴§67Ⅰ）。ただ，この場合，第三債務者は民事執行法156条1項と同様の趣旨により，被差押債権の全額を債務履行地の供託所に供託することができる（滞調§20の6Ⅰ）。この供託は，いわゆる権利供託である。

ケーススタディの場合には，第三債務者Bは，甲債権の全額の100万円を供託することができる。

> ・国税徴収法 第67条
> 　1　徴収職員は，差し押えた債権の取立をすることができる。
> 　（以下略）
> ・滞納処分と強制執行等との手続の調整に関する法律 第20条の6
> 　1　第三債務者は，滞納処分による差押えがされている金銭の支払を目的とする債権（以下「金銭債権」という。）について強制執行による差押命令又は差押処分の送達を受けたときは，その債権の全額

　　に相当する金銭を債務の履行地の供託所に供託することができる。

　2　第三債務者は，前項の規定による供託をしたときは，その事情を
　　徴収職員等に届け出なければならない。

　3　徴収職員等は，前項の規定による事情の届出を受けたときは，そ
　　の旨を執行裁判所（差押処分がされている場合にあっては，当該差
　　押処分をした裁判所書記官）に通知しなければならない。

(2)　事情届

　　第三債務者は，この供託をしたときは供託書正本を添付して徴収職員等に
事情届をしなければならない（滞調§20の6Ⅱ，滞調令§12の5Ⅱ）。徴収
職員等は，この事情届を受けたときは，執行裁判所（差押処分がされている
場合にあっては，その差押処分をした裁判所書記官）に対しその旨を通知し
なければならない（滞調§20の6Ⅲ）。

> ・滞納処分と強制執行等との手続の調整に関する政令 第12条の5
> 　1　（略）
> 　2　前項の書面には，供託書正本を添付しなければならない。
> 　3　強制執行による差押えの前に滞納処分による差押えが2以上され
> 　　ているときは，第1項の届出は，先に送達された債権差押通知書を
> 　　発した徴収職員等に対してしなければならない。

(3)　供託金の払渡し

　　滞納処分による差押えの金額に相当する部分は，徴収職員等の還付請求に
より払い渡され（先例昭55.9.6－5333第三・三・1・（一）・(2)・イ），その残
余の部分は執行裁判所（差押処分をした裁判所書記官）の配当等の実施とし
ての支払委託に基づいて払い渡される（滞調§20の7Ⅰ）。

> ・滞納処分と強制執行等との手続の調整に関する法律 第20条の7
> 　1　前条第一項の規定による供託がされた場合においては，差押命令
> 　　を発した執行裁判所又は差押処分をした裁判所書記官は，供託され
> 　　た金銭のうち，滞納処分による差押えがされた金銭債権の額に相当
> 　　する部分については次条第一項において準用する第六条第一項の規
> 　　定により払渡金の残余が交付され，又は滞納処分による差押えが解
> 　　除されたときに，その余の部分については供託されたときに配当等

> を実施しなければならない。
>
> 2　（以下略）

3　強制執行による差押えの後，滞納処分による差押えがされ競合した場合

📖**ケーススタディ**

AはBに対して100万円の金銭債権（甲債権という）を有している。

Aの債権者Fが70万円の差し押さえた。その後，徴収職員等Eが甲債権のうち40万円につき滞納処分による差押えをした。

Bが行う供託はどのような内容であるか。

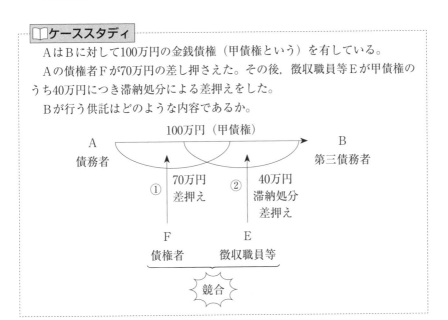

⑴　第三債務者による義務供託

　金銭債権について強制執行による差押えがされている場合において，差押債権者の提起した取立訴訟の訴状が送達される時までに滞納処分による差押えがされ，差押えが競合したときは，第三債務者はその債権の全額に相当する金額を債務履行地の供託所に供託しなければならない（滞調§36の6Ⅰ）。

　これは，滞納処分による差押えを強制執行の手続に取り込み，手続の合理化と公平な配当を図る趣旨である。すなわち，この場合，民事執行法156条2項の場合と同様，差押債権者のいずれにも取立権は認められていない。そこで，第三債務者に債務全額を供託させ，先着手主義によりこれを執行裁判所において配当させるわけである。

　ケーススタディの場合，第三債務者Bは，甲債権の全額100万円を供託しなければならない。

・滞納処分と強制執行等との手続の調整に関する法律 第36条の6

1　第三債務者は，強制執行による差押えをした債権者が提起した次条に規定する訴えの訴状の送達を受ける時までに，その差押えがされている金銭債権について滞納処分による差押えがされたときは，その債権の全額（強制執行による差押えの前に他の滞納処分による差押えがされているときは，その滞納処分による差押えがされた部分を差し引いた残額）に相当する金銭を債務の履行地の供託所に供託しなければならない。

2　第三債務者は，前項の規定による供託をしたときは，その事情を執行裁判所（差押処分がされている場合にあっては，当該差押処分をした裁判所書記官）に届け出なければならない。

3　前項の規定による事情の届出があつたときは，執行裁判所の裁判所書記官又は差押処分をした裁判所書記官は，その旨を徴収職員等に通知しなければならない。

4　第1項の規定により供託された金銭については，徴収職員等は，強制執行による差押命令若しくは差押処分の申立てが取り下げられた後又は差押命令若しくは差押処分を取り消す決定若しくは差押処分を取り消す旨の裁判所書記官の処分が効力を生じた後でなければ，払渡しを受けることができない。

---

(2)　事情届

第三債務者は，この供託をしたときは，執行裁判所（差押処分がされている場合にあっては，その差押処分をした裁判所書記官）に対しその事情届をしなければならない（滞調§36の6Ⅱ）。事情届出書には，供託書正本を添付しなければならない（滞調規§43Ⅱ）。この事情届があったときは，裁判所書記官（または差押処分をした裁判所書記官）はその旨を徴収職員等に通知しなければならない（滞調§36の6Ⅲ）。

(3)　供託金の払渡し

第三債務者から執行裁判所に対し事情届出がされたときは，供託金は執行裁判所において配当等の実施としての支払委託に基づいて払い渡される（先例昭55.9.6－5333第三・三・1・(二)・(2)・イ）。

4　滞納処分による差押えと仮差押えの執行が競合した場合

📖ケーススタディー1

　AはBに対して100万円の金銭債権（甲債権という）を有している。

　徴収職員等Eが甲債権のうち40万円につき滞納処分による差押えをした。その後Aの債権者Fが甲債権のうち70万円につき仮差押えの執行をした。

　Bが行う供託はどのような内容であるか。

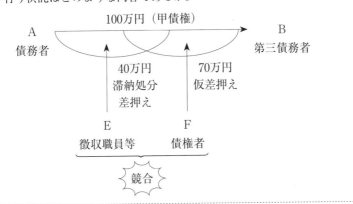

📖ケーススタディー2

　AはBに対して100万円の金銭債権（甲債権という）を有している。

　Aの債権者Fが甲債権のうち70万円につき仮差押えの執行をした。その後徴収職員等Eが甲債権のうち40万円につき滞納処分による差押えをした。

　Bが行う供託はどのような内容であるか。

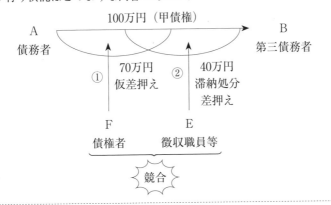

(1) 滞納処分の優先

　　滞納処分は仮差押えによりその執行を妨げられないから（国徴§140），仮差押えの執行がされている債権について滞納処分により差押えをすることができるのはもちろん，差押債権の取立てをすることもできる。

(2) 第三債務者による権利供託

H26-11-ア
H8-11-4

　　第三債務者は，仮差押えの執行と滞納処分による差押えとが競合したときは，滞納処分による差押えが先行する場合に限らず，仮差押えの執行が先行する場合であっても，その債権の全額に相当する金額を債務履行地の供託所に供託することができる（滞調§20の9Ⅰ，36の12Ⅰ，同§20の6Ⅰ）。

　　ケーススタディにおいては，ケース1の場合も，ケース2の場合も，いずれも，甲債権の全額である100万円を供託することができる。

H23-11-ア

　　この供託は，金銭債権について仮差押えの執行がされた場合の供託と同様に扱われる（先例昭55.9.6-5333第三・三・2・（一））。すなわち，債務者が還付請求権を取得する弁済供託であるから，債務者を被供託者とし，被供託者に対して，供託の通知をしなければならない（民§495Ⅲ）。

> ・滞納処分と強制執行等との手続の調整に関する法律　第20条の9
> 　1　（略）第20条の6の規定は，滞納処分による差押えがされている債権に対する仮差押えの執行について準用する。
> 　　（以下略）
> ・滞納処分と強制執行等との手続の調整に関する法律　第36条の12
> 　1　（略）第20条の6（略）の規定は，仮差押えの執行後に滞納処分による差押えをした債権について準用する。
> 　　（以下略）

(3) 事情届

H31-11-オ

　　第三債務者は，この供託をしたときは，徴収職員等に対してその事情届をしなければならない（滞調§20の9Ⅰ，36の12Ⅰ，20の6Ⅱ）。この事情届があったときは，徴収職員等はその旨を執行裁判所に通知しなければならない（滞調§20の9Ⅰ，36の12Ⅰ，20の6Ⅲ）。

⑷　**供託金の払渡し**

　　供託金のうち，滞納処分による差押えの金額に相当する部分は，徴収職員
等の還付請求によって払渡しをする（先例昭55.9.6－5333第三・三・2・
（二）・⑴）。残余の部分は，債務者の還付請求権に対して仮差押債権者が本
執行としての差押えをしたとき，または他の債権者が差押えをしたときに，
執行裁判所の配当等の実施としての支払委託に基づいて払い渡される（先例
昭55.9.6－5333第三・三・2・（二）・⑵）。

➕アルファ

　義務供託となる場合

　最後に執行供託において義務供託となる場合をまとめておこう。義務供託
となる場合は次の5つのケースのみである。

①　先に差押え，後に差押え，これらが競合した場合

②　先に差押え，後に仮差押え，これらが競合した場合

③　先に仮差押え，後に差押え，これらが競合した場合

④　先に差押え，後に滞納処分による差押え，これらが競合した場合

⑤　先に差押え，後に配当要求の場合

⑥　供託命令が発せられた場合

　なお，供託すべき金額は，①～④，⑥の場合は被差押債権の全額，⑤の場
合は差押金額である。

第4節　仮差押解放金・仮処分解放金

Topics・仮差押解放金及び仮処分解放金について学習する。
　　　　・双方の相違点について注意すること。

1　仮差押解放金
(1)　仮差押解放金の意義
　　　　仮差押命令においては，仮差押えの執行の停止を得るため，またはすでに
　　　した仮差押えの執行の取消しを得るために債務者が供託すべき金銭の額を定
　　　めなければならない（民保§22Ⅰ）。この金銭を仮差押解放金という。

(2)　仮差押解放金の性質

H24-11-オ

　　　　仮差押解放金は，仮差押えの目的物に代わって金銭債権の執行を保全する
　　　金銭であり，損害担保の機能は有しない。したがって，その供託は文字どお
　　　り金銭をもってしなければならず，有価証券をもって供託することはできな
　　　い。

H10-9-エ
H4-11-エ

　　　　また，担保供託ではないから，供託することができるのは債務者自身に限
　　　られ，第三者による供託は認められない（先例昭42決議）。仮に，第三者に
　　　よる供託を認めるとなると，その第三者が供託者として取戻請求権を有する
　　　ことになるところ，仮差押えの執行の効力が債務者以外の者の権利の上に及
　　　ぶと解することは困難であり，仮差押債権者が債務者に対する債務名義を得
　　　ても本執行は不可能となるからである。

(3)　仮差押解放金の供託
①　管　轄

R3-9-ウ
H4-12-1

　　　　仮差押解放金の供託は，仮差押命令を発した裁判所または保全執行裁判
　　　所の所在地を管轄する地方裁判所の管轄区域内の供託所にしなければなら
　　　ない（民保§22Ⅱ）。

②　供託書への被供託者の記載
　　　　仮差押解放金は，仮差押えの執行の目的物に代わって金銭債権の執行を
　　　保全するものであるから，供託書に被供託者を記載することを要しない。

③　仮差押解放金の供託の効果

H21-10-エ
H2-14-2

　　　　仮差押債務者が仮差押解放金を供託したことを証明したときは，保全執
　　　行裁判所は，仮差押えの執行を取り消さなければならず（民保§51Ⅰ），

仮差押えの執行の効力が仮差押債務者の有する供託金取戻請求権の上に仮差押解放金の限度で移行する（先例平2.11.13-5002）。

(4)　仮差押解放金の払渡し

　　仮差押債権者が後日執行力ある債務名義を得たときは，仮差押債権者は取戻請求権に対して本執行としての差押えをして，他に差押え等がされていない限り，第三債務者である供託所から供託金を取り立てることになる（民執§155Ⅰ，先例平2.11.13-5002）。　`H6-11-3`

　　この場合，取戻請求権を証する書面（供託規§25Ⅰ本文）として，仮差押えの被保全債権と本差押えの執行債権とが同一であることを証する書面（仮差押命令正本等）を添付しなければならない。　`H4-12-2`

2　仮処分解放金

(1)　仮処分解放金の意義

　　裁判所は，保全すべき権利が金銭の支払を受けることをもってその行使の目的を達することができるものであるときに限り，債権者の意見を聴いて，仮処分の執行の停止を得るため，または既にした仮処分の執行の取消しを得るために債務者が供託すべき金銭の額を仮処分命令において定めることができる（民保§25Ⅰ）。この定められた金銭の額を，「仮処分解放金」という。

(2)　仮処分解放金の性質

　　仮処分解放金は，仮処分の目的物に代わるものであるから，仮処分の保全すべき権利の内容により次の2つの類型がある。

　①　一般型仮処分解放金

　　供託金について仮処分債権者に還付請求権が生じ，本案の勝訴判決の確定により，仮処分債権者が直接これを行使することができるものを，一般型仮処分解放金という。

　②　特殊型仮処分解放金

　　民法424条1項の規定による詐害行為取消請求を保全するための仮処分であり，供託金について仮処分の当事者以外の者（詐害行為の債務者）に還付請求権が生じ，その権利の行使は，本案の勝訴判決の確定により，仮処分債権者が債務名義を得て，当該還付請求権に対する強制執行によるものを特殊型仮処分解放金という。

⑶　仮処分解放金の供託

①　管　轄

仮処分解放金の供託は，仮処分命令を発した裁判所または保全執行裁判所の所在地を管轄する地方裁判所の管轄区域内の供託所にしなければならない（民保§25Ⅱ，22Ⅱ）。すなわち，仮差押解放金の場合と同じである。

②　供託書への被供託者の記載

H24-11-イ

仮処分解放金の供託をする場合，供託書には，仮処分命令に記載されている仮処分解放金の還付を請求することができる者の氏名または名称および住所を記載しなければならない（民保規§21，供託規§13Ⅱ⑥）。そして，被供託者として仮処分債権者が記載されている場合には一般型仮処分解放金となり，仮処分債権者以外の者が記載されている場合には特殊型仮処分解放金と取り扱われる（先例平2.11.13－5002）。

③　仮処分解放金の供託の効果

仮処分債務者が仮処分解放金を供託したことを証明したときは，保全執行裁判所は，仮処分の執行を取り消さなければならない（民保§57Ⅰ）。

⑷　仮処分解放金の払渡し

H8-11-2
H4-12-5

仮処分解放金が供託された場合における供託金に対する仮処分債権者の権利の実行により払渡しがされる。仮処分の本案判決が確定したときは，一般型仮処分解放金においては仮処分債権者が直接供託所に対する還付請求権の行使により，特殊型仮処分解放金においては詐害行為の債務者の取得した還付請求権に対する仮処分債権者の強制執行に基づく裁判所の配当等の実施により行われる（民保§65後段）。

第7章
担保（保証）供託・その他の供託

第1節　担保（保証）供託

Topics ・営業保証供託の内容を理解すること。
・裁判上の担保供託の営業保証供託との違いについて理解すること。

1　意　義

　担保（保証）供託は，一定の相手方が被るおそれのある損害を担保するために，法令の規定に基づいて，供託により担保を供するべき旨が定められている場合に限り認められる供託である。営業保証供託と裁判上の担保供託の2類型が代表的なものである。

2　営業保証供託

(1)　営業保証供託の意義

　宅地建物取引業や旅行業等のように，取引の相手方が不特定多数であり，また取引が広範でしかも頻繁に行われる営業については，その営業上の取引によって損害を受けた相手方を保護する必要があり，あるいはその営業者の信用が社会一般に対して保証されている必要がある。

　このように，取引によって生じた債務ないし相手方の損害を担保する目的でする供託を営業保証供託という（ex.宅建§25Ⅰ，旅行業§7）。

(2)　供託の管轄

　営業保証供託については，供託根拠法令により営業所の最寄りの供託所に供託すべきものと規定されていることが多い。例えば，宅地建物取引業者のする営業保証金の供託は，主たる事務所の最寄りの供託所にしなければならない（宅建§25Ⅰ）。　　`H3-11-5`

(3)　当事者適格

　営業保証供託については，担保官庁の承認がある場合であっても第三者が供託することはできない（先例昭38.5.27-1569，先例昭39決議）。営業保証金は，債務の弁済を担保するという目的のほかに，営業者の信用力を確認する目的をも有するからである。

`H30-11-ウ`
`H25-10-イ`
`H20-10-オ`
`H13-8-5`
`H10-9-ア`
`H4-11-イ`

> ・宅地建物取引法 第25条（営業保証金の供託等）
> 1　宅地建物取引業者は，営業保証金を主たる事務所のもよりの供託
> 所に供託しなければならない。
> 2　前項の営業保証金の額は，主たる事務所及びその他の事務所ごと
> に，宅地建物取引業者の取引の実情及びその取引の相手方の利益の
> 保護を考慮して，政令で定める額とする。
> 3　第1項の営業保証金は，国土交通省令の定めるところにより，国
> 債証券，地方債証券その他の国土交通省令で定める有価証券(社債，
> 株式等の振替に関する法律第278条第1項に規定する振替債を含む。)
> をもって，これに充てることができる。
> 4　宅地建物取引業者は，営業保証金を供託したときは，その供託物
> 受入れの記載のある供託書の写しを添附して，その旨をその免許を
> 受けた国土交通大臣又は都道府県知事に届け出なければならない。
> （以下略）

⑷　営業保証供託の払渡し（取戻手続）

H6-9-5

　営業保証供託において供託をした者が営業の免許の期間満了や失効，廃業
等によって供託物の取戻しをする場合には，当該営業保証供託の目的物につ
き権利を有する者に対し，原則として6か月を下らない一定期間内にその債
権額および債権発生の原因たる事実等，一定の事項を記載した申出書を主務
官庁に提出すべき旨を官報等で公告し，その期間内に申出がなかった場合で
なければ取戻しをすることができない（宅建§30Ⅱ等）。

⑸　営業保証供託の払渡し（還付手続）

　営業保証供託の供託物の還付方法については，立法上2つの異なった方法
が設けられている。その1つは，債権者が供託根拠法令により個別に還付請
求権の存在を証明して供託物の還付請求を行う方法であり（宅地建物取引業
法等），他の1つは，競合する多数の債権者について平等の満足を与えるた
め主務官庁等の行う特別の配当手続を設け，この配当手続に従って供託物の

R2-11-エ
H22-10-イ
H16-10-イ
H15-10-オ

還付請求を行う方法である（鉱業法等）。なお，供託された営業保証金につ
いて官公署が債権者に対する配当手続を行う場合には，官公署が配当表を作
成し，供託所に対して供託書正本を添付して支払委託を行うと同時に，債権
者に配当を受けるべき者である旨の支払証明書を交付し（供託規§30Ⅰ），
債権者は供託物払渡請求書にこの支払証明書を添付して供託所に還付手続を

行うこととなる（同Ⅱ）。官公署が直接配当金を債権者に支払うのではない点に注意を要する。

3　裁判上の担保供託

(1)　裁判上の担保供託の意義

　裁判上の担保供託とは，当事者の訴訟行為や裁判所の処分により相手方に生じうる損害を担保するための供託である。主なものを挙げると，以下のとおりである。

① 　民事訴訟法上の担保供託としては，訴訟費用の担保供託（民訴§75，76），仮執行宣言付判決および仮執行免脱のための担保供託（民訴§259，76），強制執行の停止のための担保供託（民訴§403Ⅰ③）がある。

② 　民事執行法上の担保供託としては，執行抗告の提起に伴う執行停止のための担保供託（民執§10Ⅵ），執行文付与に対する異議の訴え・請求異議の訴えの提起に伴う執行停止のための担保供託（民執§36Ⅰ）がある。

③ 　民事保全法上の担保供託としては，保全命令を発令するための担保供託（民保§14Ⅰ）がある。

(2)　供託の管轄

　民事訴訟法，民事執行法，民事保全法上の担保供託は，発令裁判所または（保全）執行裁判所の所在地を管轄する地方裁判所の管轄区域内の供託所にしなければならない（民訴§76，405Ⅰ，民執§15Ⅰ，民保§4Ⅰ）。

`R2-11-イ` `H20-10-イ` `H19-11-ア` `H15-10-ア` `H8-9-ウ`

　例えば，東京地方裁判所八王子支部において立担保を命じられた場合，同支部の所在地を管轄する東京地方裁判所の管轄区域（東京都）内にある供託所であれば，どの供託所にも供託できることになる。

(3)　当事者適格

　裁判上の担保供託については，裁判所が相当と認める場合に限り，担保権者たる相手方の同意を要しないで，第三者による供託が認められる（先例昭35決議）。この場合，供託書には，供託者としてその第三者の住所および氏名を記載し，本人との関係は供託の原因たる事実欄または備考欄に明記する（先例昭18.8.13－511）。

`H22-10-ア` `H19-11-ウ` `H13-8-2` `H10-9-ウ`

(4) 裁判上の担保供託の払渡し（取戻手続）

R2-11-オ
H19-11-オ

　　　裁判上の担保供託における担保提供者（供託者）が供託物の取戻しをするには，供託物払渡請求書に「取戻しをする権利を有することを証する書面」（供託規§25Ⅰ）を添付しなければならない。この取戻しをする権利を有することを証する書面は次のとおりである。

　①　担保の事由が消滅した場合や担保権利者が担保の取消しに同意した場合等，その担保を提供しておく必要がなくなった場合には，裁判所から担保取消決定等の「供託原因消滅を証する書面」を添付する。

　　➡　裁判所の担保取消決定においては（民訴§79ⅠⅡ，民訴§15Ⅱ，民保§4Ⅱ等），即時抗告をすることができるので，この場合には担保取消決定正本のほか確定証明書が必要となる。

　②　供託が錯誤に基づく場合には，「錯誤を証する書面」を添付する。

(5) 裁判上の担保供託の払渡し（還付手続）

H30-11-イ
H22-10-ウ
H19-11-エ
H16-10-ア
H5-9-エ

　　　裁判上の担保供託における担保権利者（被供託者）の権利の実行としての還付は，他の債権者に先立ち弁済を受ける権利を有するとされているので（民訴§77，259Ⅵ，376Ⅱ，405Ⅱ，民執§15Ⅱ，民保§4Ⅱ等），供託所に対して直接還付請求をする方法によらなければならない（先例平9.12.19-2257）。この場合，担保権利者（被供託者）は，供託物払渡請求書に「還付を受ける権利を有することを証する書面」を添付しなければならない（供託規§24Ⅰ①）。還付を受ける権利を有することを証する書面は，具体的には「被担保債権の存在を証する書面」であり，損害賠償請求権について認めた確定判決またはそれと同様の効力を有する和解調書等，担保提供者が担保権利者の損害賠償請求権の発生とその金額および供託物の還付を受けることを同意した旨の記載された同意書および印鑑証明書，担保権利者の損害賠償請求権について認めた公正証書等である。

第2節　没取供託（選挙供託）

Topics・没取供託として代表的な選挙供託について学習する。
　　　　・管轄の定めがない点に注意。

1　没取供託の意義

　没取供託とは，公職の立候補の濫用防止のような一定の目的のためにされる供託である（ex.公選§92）。

2　選挙供託

(1)　選挙供託の意義

　公職の選挙において，立候補の濫用を防止するため，一定額の目的物を供託させる制度である（公選§92Ⅰ）。

(2)　管　轄

　選挙供託においては，根拠法令である公職選挙法に**管轄の定めがない**ので，　H8-9-エ
全国どこの供託所に供託しても差し支えない。

(3)　当事者適格

　選挙供託は，公職選挙法の規定により公職の候補者の届出をしようとする　H10-9-イ
者が供託者となり（公選§92Ⅰ），これ以外の第三者による供託は認められない。

　・公職選挙法　第92条（供託）
　　1　町村の議会の議員の選挙の場合を除くほか，第86条第1項から第3項まで若しくは第8項又は第86条の4第1項，第2項，第5項，第6項若しくは第8項の規定により公職の候補者の届出をしようとするものは，公職の候補者一人につき，次の各号の区分による金額又はこれに相当する額面の国債証書（その権利の帰属が社債，株式等の振替に関する法律（平成13年法律第75号）の規定による振替口座簿の記載又は記録により定まるものとされるものを含む。以下この条において同じ。）を供託しなければならない。
　　　① 衆議院（小選挙区選出）議員の選挙　　　　　　300万円
　　　② 参議院（選挙区選出）議員の選挙　　　　　　　300万円
　　　③ 都道府県の議会の議員の選挙　　　　　　　　　60万円
　　　④ 都道府県知事の選挙　　　　　　　　　　　　300万円

　　⑤　指定都市の議会の議員の選挙　　　　　　　　50万円
　　⑥　指定都市の長の選挙　　　　　　　　　　　240万円
　　⑦　指定都市以外の市の議会の議員の選挙　　　　30万円
　　⑧　指定都市以外の市の長の選挙　　　　　　　100万円
　　⑨　町村長の選挙　　　　　　　　　　　　　　50万円
2　　第86条の2第1項の規定により届出をしようとする政党その他の
　政治団体は，選挙区ごとに，当該衆議院名簿の衆議院名簿登載者一
　人につき，六百万円（当該衆議院名簿登載者が当該衆議院比例代表
　選出議員の選挙と同時に行われる衆議院小選挙区選出議員の選挙に
　おける候補者(候補者となるべき者を含む。)である場合にあっては，
　三百万円）又はこれに相当する額面の国債証書を供託しなければな
　らない。
3　　第86条の3第1項の規定により届出をしようとする政党その他の
　政治団体は，当該参議院名簿の参議院名簿登載者一人につき，六百
　万円又はこれに相当する額面の国債証書を供託しなければならない。

第8章
供託成立後の権利変動

第1節　供託の受諾

Topics・ここからは，供託成立後の権利変動について学習する。
　　　　・供託の受諾の機能および先例を理解すること。

1　供託の受諾

(1)　供託の受諾の意義

　被供託者は，供託物の還付を請求する要件が整っているときは，直ちに供
託所に対して，払渡請求の事由を供託受諾として，供託物の還付請求をすれ
ばよい。この場合の供託受諾とは，供託物の払渡請求の手続における払渡請
求の事由としての意思表示である。

　これに対して，供託物還付請求を行わない場合の供託受諾とは，供託物の
還付請求権行使の要件が調っていない場合に，供託者による供託物の取戻し
を阻止するためにする被供託者の意思表示にほかならない。以下，この場合
における供託受諾について説明する。

`H11-9-3`
`H11-11-イ`

(2)　供託受諾書の意義

　被供託者は，供託者による供託物の取戻しを阻止する（民§496Ⅰ本文）
ために，供託を受諾する旨を記載した書面を供託所に提出することができる
（供託規§47）。供託の受諾は，供託所に対し口頭により行うことは認められ
ず，書面によってしなければならないことから，供託を受諾する旨を記載し
た書面を供託受諾書という。

`H11-11-ア`

(3)　供託金還付請求権の譲渡通知書と供託の受諾

　供託受諾書は，必ずしも供託を受諾する旨を明記して作成されたものでな
くても，その内容から供託受諾の意思が認められるものであれば足りる。例
えば，供託金還付請求権の譲渡通知書が供託所に送付された場合（民§467
Ⅰ），その譲渡通知書中に特に供託を受諾したものではない旨の記載がある
場合を除き，被供託者の供託受諾の意思表示があったものと取り扱われる。
したがって，この場合，供託者は供託錯誤の場合を除き取戻請求をすること
はできなくなる。

`H31-9-イ`
`H25-11-ア`
`H11-11-エ`
`H7-9-4`
`H元-12-1`

(4)　供託の受諾に関する先例

① 「末記供託金は通知人が受け取るべきものであるが，今般何某へ債権譲渡したので通知する」と記載された譲渡通知書には供託受諾の意思表示が認められる（先例昭36.10.20－2611）。

② 債権者不確知を原因とする供託において，供託書に記載された債権者中の１人は供託金のうち自己の債権額に相当する部分につき供託を受諾する旨の供託受諾書を提出することができる（先例昭31.4.10－767）。

③ 口頭による供託受諾があっても，その後の供託者の取戻請求は認可される（先例昭36.4.4－808）。

④ 供託受諾の意思表示は撤回することはできないが（先例昭37.10.22－3044），錯誤により取り消すことはできる（先例昭42決議）。

⑤ 供託受諾の効力は，債権者（被供託者）が供託所に対し供託受諾書を提出し，それを供託官が受理したときに発生し，その時に取戻請求権は消滅する（先例昭42.3.6－353）。

⑥ 被供託者，還付請求権の譲受人，転付債権者および取立債権者ならびに債権者代位権を行使する一般債権者は，供託受諾の意思表示をすることができるが，取立権のない還付請求権の仮差押債権者はすることができない（先例昭38.2.4－351）。

⑦ 供託受諾書には印鑑証明書の添付は必ずしも要しない（先例昭41.12.8－3321）。

⑧ 家賃の弁済供託があった後に，被供託者から損害金として受諾する旨の留保を付した受諾書の提出があっても，供託者は取戻請求権を失わない（先例昭39.7.20－2591）。

第2節　供託物払渡請求権の変動

Topics・供託物払渡請求権の処分について理解すること。
　　　　・供託物払渡請求権に対する強制執行について理解すること。

1　供託物払渡請求権の変動

(1)　意　義

　供託が成立した後，供託物の払渡しによって供託関係が終了するまでの間，供託関係に変更・処分・消滅等の変動が生じる場合がある。すなわち，供託物払渡請求権は，供託所を債務者とする供託物に対する実体的請求権であるから，自由に譲渡したり，債権質の設定に準じて質権を設定することができるし，また債権執行としての差押え，仮差押えおよび滞納処分による差押えの対象ともなりうる。さらに，一身専属権ではないので債権者代位の目的ともなり，相続の対象ともなる。

　この供託物払渡請求権には，被供託者の有する還付請求権および供託者の有する取戻請求権の両者があるが，それぞれ独立した別個の請求権であり，原則として，一方の請求権の処分または差押え等は，他方の請求権の行使に何ら影響を及ぼさない（最判昭37.7.13）。

　なお，同一の供託物払渡請求権の上に，譲渡，質入れ，差押え，仮差押え等があった場合，それらの手続相互の間には性質上の優劣はなく，譲渡，質入れの通知または（仮）差押命令の送達の先後によってその効力を判断することになる。

H18-10-オ
H13-10-ア
H11-9-2
H10-10-3
H7-9-3
H7-9-4
H2-13-1
H元-12-3

(2)　供託物払渡請求権の変動に関する先例

①　供託物取戻請求権に対する譲渡通知と差押・転付命令とが競合した場合においては，送達の前後によりその優劣が定まる（先例大11.9.13−2449）。

②　同一供託金の取戻請求権に対し，供託所が債権譲渡の通知ならびに債権差押えおよび転付命令の送達を同時に受けた場合，真正な請求権者であることを確認できる確定判決等を添付しない限り，払渡しを認可することはできない（先例昭37.11.22−3355）。

2　供託物払渡請求権の処分および強制執行

(1)　供託物払渡請求権の譲渡

①　譲渡の方法

　供託物の還付請求権または取戻請求権は，一般の債権譲渡の方法（民§

H13-10-オ
H11-9-1
H元-12-2

466以下）によって自由に譲渡することができる。この譲渡の効力を債務者である供託所およびその他の第三者に対抗するためには，譲渡人から供託所に対して譲渡通知書を送付することを要する（民§467Ⅰ）。供託物払渡請求権の譲渡通知書の様式についてはとくに定めはないが，譲渡の意思表示が明確に記載されていなければならない。

② 第三者に対する対抗要件

さらに，譲渡の効力を債務者以外の第三者に対抗するためには，確定日付のある証書，例えば公正証書や内容証明郵便等によらなければならないとされているが（民§467Ⅱ），供託物の還付・取戻請求権の譲渡通知書は官庁たる供託所に送付されるため，確定日付のない譲渡通知書であっても，それに供託官が受付の旨及び年月日時分を記載することによって（供託規§5Ⅰ），確定日付のある書面となる（民施§5⑤，先例昭36.3.31－785）。なお，譲渡通知書には必ずしも譲渡人の印鑑証明書を添付することを要しない。

③ 譲渡の効果

譲渡通知書が有効に受理されると，供託所は譲渡人からの還付または取戻請求に応じることはできず，譲受人において還付または取戻請求をすることになる。譲受人が還付または取戻請求をする場合において，譲渡通知書送付の際に譲渡人の印鑑証明書が添付されていなかったときは，譲渡人の印鑑証明書の添付を要する（先例昭35決議）。譲渡通知書の真正を担保するためである。

(2) **供託物払渡請求権の質入れ**

① 質権の設定契約

供託物の還付請求権または取戻請求権は，指名債権であるから，質権の目的とすることができる。通常の指名債権である供託物払渡請求権に質権を設定するには，供託書正本や供託通知書の交付は要しない。

② 質権設定の対抗力

質入れの効力を第三債務者たる供託所及びその他の第三者に対抗するためには，質権設定者が供託所に対して質権設定の通知をしなければならない（民§364，467）。質権設定通知書の送付の際，質権設定者の印鑑証明書の添付がなくても質入れの効力は生じるが，この場合，払渡請求に際し印鑑証明書の添付を要する。また質権設定通知書の様式にはとくに定めが

なく，設定事項が明記されていればいかなる形式でも差し支えない。

③　質権の実行

債権質権者は，質権の目的である債権を直接取り立てることができるか H11-9-5
ら（民§366Ⅰ），供託物払渡請求権の質権者は，供託所に対して直接還付
または取戻しの請求をすることができる。また，民事執行法に定める執行
方法により還付または取戻請求権の差押えをし，あるいはさらに転付命令
によりその払渡しを請求することもできる（民執§193Ⅱ，155Ⅰ，159Ⅰ）。

(3) 供託金払渡請求権に対する強制執行

① 供託金払渡請求権の差押え

供託金払渡請求権に対する強制執行による差押えは，執行裁判所の差押 H17-10-ウ
命令を執行債務者および第三債務者である供託所に送達する方法によって
される（民執§145Ⅲ）。また，その効力は差押命令が第三債務者たる供託
所に送達された時に生じる（民執§145Ⅳ）。

② 差押債権者による取立権

供託金払渡請求権の差押債権者は，他に競合する差押債権者がいない限 R3-11-イ
り，執行債務者（供託金払渡請求権者）に対して差押命令が送達された日
から1週間を経過したときは，差押債権者の債権および執行費用の限度で
その債権を取り立てることができる（民執§155Ⅰ）。そして，差押債権者
の取立権に基づき，供託金払渡請求権の差押債権者から払渡請求があった
ときの供託金利息は，差押命令が第三債務者たる供託所に送達された日か
ら付されることとなる（先例昭55決議）。

③ 差押えが競合しない場合における払渡し

差押金額が被差押債権の額以下である場合，第三債務者は差押債権者の H13-10-エ
取立てに応じるかまたは供託によって免責を得ることができる（民執§
156Ⅰ）。しかし，供託所を第三債務者とする供託金払渡請求権が差し押さ
えられた場合，供託所がさらに供託するわけにはいかず，またあえて執行
裁判所の指示を待って払渡しをする必要もないので，供託所は取立権を有
する差押債権者の払渡請求によって払い渡すこととされている（先例昭
55.9.6－5333第四・二・1・（一）・(2)）。

④　差押えが競合した場合における払渡し

H9-10-3

　　供託金払渡請求権に対して差押えが競合した場合（差押えと差押え，差押えと差押処分，差押えと仮差押え，差押えと配当要求），第三債務者たる供託所は供託の義務を負い（民執§156Ⅱ），差押債権者の取立てに応じることはできない。ただ，この場合，供託所が改めて供託するわけにもいかないので，そのまま供託を持続し，供託金払渡請求に応ずることができるときに，供託官は民事執行法156条2項・3項の規定に基づき，執行裁判所に対し事情届をする（先例昭55.9.6－5333第四・二・1・(二)・(1)）。「供託金払渡請求に応ずることができるとき」とは，例えば，裁判上の保証供託の取戻請求権にあっては担保取消決定が確定したとき，弁済供託の還付請求権にあっては，差押債権者または債務者（被供託者）から供託受諾書もしくは供託を有効と宣告した確定判決の謄本が提出されたときまたは被供託者から供託受諾による還付請求があったとき等である（先例昭55.9.6－5333）。供託金の払渡しは執行裁判所の支払委託による払渡しの手続による。

⑤　供託金払渡請求権に対する転付命令

　　転付命令は，差し押さえた金銭債権を差押債権者に対し支払いに代えて券面額をもって移転する執行裁判所の裁判であり（民執§159Ⅰ），その効力は確定によって生じる（同Ⅴ）。したがって，供託金払渡請求権に対して転付命令を得た債権者は，その命令が確定したときは自己の債権としてその払渡しを請求することができる。

　　この払渡請求をするには，転付債権者は還付または取戻請求権を有することを証する書面（供託規§24Ⅰ①，25Ⅰ本文）として，転付命令の確定証明書を供託金払渡請求書に添付する。

⑥　供託金払渡請求権に対する仮差押えの執行

　　供託金払渡請求権について仮差押えの執行がされたときは，債権者による取立てはありえないが，第三債務者は仮差押債権者に対する支払いを禁じられるので（民保§50Ⅰ），第三債務者たる供託所は仮差押債務者による払渡請求に応じることはできず，本案訴訟の結果を待つことになる。

H9-10-1

　　仮差押えの執行がされている供託金払渡請求権に対して差押えがされ，差押え等が競合した場合において，供託金の払渡請求に応ずることができるときは，供託官は差押命令を発した裁判所に事情届出をしなければならない（先例平2.11.13－5002第三・二・(2)・ア）。

第9章
払渡請求権の消滅時効

第1節　払渡請求権の消滅時効

Topics・ここからは，払渡請求権の消滅時効について学習する。
・時効の起算点について正確に理解すること。

1　供託物払渡請求権の消滅時効

(1)　供託金払渡請求権の時効による消滅

　供託手続は，通常は供託物の払渡しによって終了するが，供託金払渡請求権の時効による消滅によっても終了する。国は時効の利益を放棄することはできないから（会計§31），供託金の取戻請求権及び還付請求権の双方について消滅時効が完成したときは，供託関係は供託所による時効の援用を要せずして消滅する。したがって，以後の払渡請求は認められない。この場合，供託官はその供託金につき，時効による歳入納付の手続をとる（供託準§88）。

> ・会計法 第31条
> 　1　金銭の給付を目的とする国の権利の時効による消滅については，別段の規定がないときは，時効の援用を要せず，また，その利益を放棄することができないものとする。国に対する権利で，金銭の給付を目的とするものについても，また同様とする。
> 　2　金銭の給付を目的とする国の権利について，消滅時効の完成猶予，更新その他の事項（前項に規定する事項を除く。）に関し，適用すべき他の法律の規定がないときは，民法の規定を準用する。国に対する権利で，金銭の給付を目的とするものについても，また同様とする。

> ・供託事務取扱手続準則 第88条（供託金の歳入納付）
> 　1　供託官の振り出した小切手がその振出日付後1年を経過した場合及び供託金が時効その他の事由により政府の所得に帰した場合の取扱いについては，昭和10年大蔵省令第8号の定めるところによる。
> （以下略）

(2)　時効期間

　供託は供託者と供託所との寄託契約であり，その法律関係は寄託契約に基づく私法関係であるから，供託物払渡請求権の消滅時効については民法の規定による（最判昭45.7.15）。このため供託物払渡請求権は，権利を行使することができることを知った時（主観的起算点）から5年間，権利を行使することができる時（客観的起算点）から10年間行使しないときに時効によって消滅する（民§166Ⅰ）。

　なお，還付請求権および取戻請求権の消滅時効の期間の満了日については，民法142条の適用がない（先例昭41.1.26－39）。

2　時効の起算点

(1)　弁済供託における時効の起算点

H3-13-ア

　弁済供託においては，主観的起算点からの時効期間および客観的起算点からの時効期間のいずれか早い方の経過によって時効が完成する。ここでは，時効の客観的起算点がいつであると認められるかについて述べる。弁済供託の場合，一般に被供託者は直ちに還付請求をすることができ，また供託者も被供託者が供託を受諾せず，または供託を有効と宣告した判決が確定しない間はいつでも取戻請求をすることができる（民§496Ⅰ）。したがって，供託金払渡請求権の消滅時効は，原則として供託の時から進行する（先例昭37.2.9－283）。

　しかし，次のような例外がある。すなわち，供託の基礎となった事実関係をめぐって争いがある場合には，弁済供託における払渡請求権の消滅時効は，紛争の解決等により供託当事者において払渡請求権の行使を現実に期待することができることとなった時点から進行する（最判昭45.7.15）。この判例は，借地料の受領拒否を供託原因として借地人が弁済供託をした事案（供託の当事者間に供託の基礎となる事実関係をめぐる争いがあるケース）につき示されたものであるが，債権者不確知を供託原因として建物の賃料の弁済供託がされた事案（供託の当事者間に供託の基礎となる事実関係をめぐる争いがないケース）についても，同旨の最高裁判例がある（最判平13.11.27）。

(2)　弁済供託における時効の起算点に関する先例

H27-11-イ
H23-10-エ
H17-9-ア

　①【受領拒否による弁済供託における払渡請求権】
　弁済供託における払渡請求権の消滅時効は，供託の基礎となっている事実関係をめぐる紛争が解決する等により，供託当事者において払渡請求権の行使を現実に期待することができることとなった時点から進行する。

　供託後10年以上経過している弁済供託金について払渡請求があった場合

には，供託書その他所定の書類から前項の時効の起算点を知り得る場合で消滅時効が完成していることが明らかである場合を除き，これを認可して差し支えない（先例昭45.9.25－4112）。

② 【受領不能または債権者不確知による弁済供託における取戻請求権】 `H27-11-エ` `H23-10-イ` `H17-9-イ` `H3-13-イ`
　　債権者不確知または受領不能を原因とする弁済供託のように，供託の時点では供託の基礎となった事実関係をめぐる紛争が存在することを前提としない弁済供託の場合にあっても，供託の基礎となった債務について消滅時効が完成するなど，供託者が供託による免責の効果を受ける必要が消滅した時をもって，供託金の取戻請求権の消滅時効の起算点とするのが相当である。
　　債権者不確知または受領不能を原因とする弁済供託における供託金の取戻請求権の消滅時効の起算点については，次のとおり取り扱う（先例平14.3.29－802）。

　⑦　供託書，供託金払渡請求書およびその添付書類等の供託法令所定の書類により，供託者が供託による免責の効果を受ける必要が消滅した時点（供託の基礎となった債務についての消滅時効の完成をもって免責の効果を受ける必要が消滅したものと解するときは，消滅時効が完成する時点）が明らかな場合には，当該時点

　⑦　⑦以外の場合には，供託書の「供託の原因」欄に記載された供託の基礎となった債務の弁済期（供託がこれに後れるときは，供託時）から起算し，当該債務につき消滅時効が完成した時点

③　錯誤を事由とする弁済供託金の取戻請求については，供託書の「供託の原因」欄の記載により，供託時において既に供託原因の不存在が明白である時は，供託の時を供託金取戻請求権の消滅時効の起算点とし，それ以外の場合は，供託金払渡請求書に添付された書面により，当該供託が錯誤によるものであることが確定した時点を確認した上，その時点を供託金取戻請求権の消滅時効の起算点とする（先例平14.3.29－803）。 `H3-13-オ`

④　債権者の所在不明による受領不能を原因とする弁済供託における供託金還付請求権消滅時効は，供託の時から進行する（先例昭60.10.11－6428）。 `H27-11-ウ` `H23-10-イ`

⑤　受領不能を原因とする弁済供託において，供託されたときから10年を経過する前に，供託金の還付請求のために被供託者の相続財産管理人の選任の申立てが行われ，供託されたときから10年を経過した後に相続財産管理人が選任され，当該相続財産管理人からの供託金の還付請求については，供託官はこれに応じてよい（先例昭57.10.20－6298）。

H17-9-ウ

⑥　債権者不確知を原因として供託された供託金の還付請求権については，払渡請求書の添付書類により還付を受ける権利を有する者が確定した時が，当該還付請求権の時効の起算点となる（先例昭45.9.25－723）。

⑦　供託金還付請求権に反対給付の条件が付されている場合には，消滅時効は反対給付が履行された時から進行する（先例昭2.9.5－7313）。

(3)　その他の供託における時効の起算点

H16-10-オ

その他の供託，例えば担保供託，選挙供託，仮差押・仮処分解放金の供託等の供託金取戻請求権の消滅時効の起算点は，供託原因消滅の時である（先例大11.9.18－2214）。

また，供託金還付請求権の消滅時効の起算点は，還付請求権を行使することができるようになった時である。

3　供託金利息の消滅時効
(1)　一般的な供託金利息の時効

供託金の利息は，原則として元金と同時に払い渡される（供託規§34Ⅰ本文）。したがって，原則として利息の払渡請求権のみが単独で時効により消滅することはない。しかし，元金の受取人と利息の受取人とが異なる場合は，利息は元金が払い渡された後に払い渡されるため（同Ⅰただし書），元金を払い渡した時から利息の払渡請求権の消滅時効が進行する。

(2)　保証供託における供託金の利息の時効

H27-11-オ
H9-11-2
H3-13-ウ

保証供託における供託金の利息は，毎年，供託をした月に応当する月の末日後に，同日までの利息を払い渡すことができる（供託規§34Ⅱ）。

したがって，この保証供託金の利息の払渡請求権の消滅時効は，毎年，供託をした月に応当する月の翌月1日から進行する。時効期間は5年間であるとされる（民§166Ⅰ①）。なぜならば，債権者はその権利を行使できることを通常知っているからである。

4　供託有価証券に関する消滅時効

　供託物が有価証券である場合は，その払渡請求権は所有権に基づく物権的返還請求権であるから，時効により消滅することはない（先例昭4.7.3 – 5618，民§167Ⅱ）。しかし，供託後長期間が経過し，供託有価証券によって表章されている権利自体が時効によって消滅したときは，もはやそのような供託を持続する実益はない。

　したがって，供託官は時効の完成を理由として日本銀行に証券の取戻しを請求し，関係書類に編綴し既済の処理をする（先例昭32.10.17 – 2019）。ただし，この場合であっても，供託有価証券の所有権に基づく返還請求権は消滅していないので，当事者はその払渡請求をすることができる（先例昭36.9.5 – 2090）。

第2節　時効の更新

Topics・時効の更新となる行為について理解すること。

1　時効の更新

(1)　時効の更新事由

　　時効は，権利の承認があったときは，その時から新たにその進行を始める（民§152 I）。したがって，供託金払渡請求権については，その権利の承認が時効の更新の事由となる。

(2)　時効の更新に関する先例

H27-11-ア
H23-10-ア
H17-9-エ

　　①　供託官が供託証明書を交付したときは，権利の承認として時効が更新される（先例昭18.3.15 − 131）。

　　②　供託官が供託者または被供託者に対し，当該供託金の払渡しができる旨を口頭で答えた場合でも，時効の更新事由になる（先例昭38.5.25 − 1570）。

　　③　供託官が時効の更新事由となるような口頭による回答をした場合は，閲覧および証明の場合に準じて供託書副本にその旨記載しなければならない（先例昭38.7.1 − 1839）。

H23-10-オ

　　④　供託の確認を目的とする供託者の請求に基づき，供託関係書類を閲覧させた場合には，権利の承認として取戻請求権の消滅時効は更新される（先例昭39.10.3 − 3198）。

H9-11-3

　　⑤　一括して弁済供託した毎月末払いの家賃5か月分のうち，3か月分につき取戻請求がされ払渡しをしたときは，残2か月分についても権利の承認として時効が更新される（先例昭39.11.21 − 3752）。

　　⑥　供託金払渡請求権に対して差押え，仮差押え，仮処分がされても，被差押債権の消滅時効は更新されない（先例昭44.3.3 − 345）。

H9-11-4

　　⑦　弁済供託について，被供託者から提出された供託受諾書を供託所が受け取ったのみでは，還付請求権の時効は更新されない（先例昭36.1.11 − 62）。

⑧　供託所が，弁済供託の被供託者からの求めに応じ一般的な払渡手続等についての説明をしただけでは，時効の更新事由にならない（先例昭41.10.5 −2828）。

⑨　取戻請求権の時効更新は，還付請求権の時効に影響を与えない（先例昭 35.8.26 − 2132）。

H27-11-ア
H17-9-オ
H9-11-1

第10章
閲覧・証明・審査請求

第1節　閲覧・証明

Topics　・閲覧および証明の制度の内容を理解すること。

1　閲覧および証明の意義

（供託に関する書類の閲覧）

供託規則 第48条　供託につき利害の関係がある者は，供託に関する書類（電磁的記録を用紙に出力したものを含む。）の閲覧を請求することができる。

2　閲覧を請求しようとする者は，第33号書式による申請書を提出しなければならない。

3　第9条の2第1項から第3項まで及び第5項の規定は申請書に添付した書類の還付について，第26条及び第27条の規定は閲覧の請求について準用する。

（供託に関する事項の証明）

供託規則 第49条　供託につき利害の関係がある者は，供託に関する事項につき証明を請求することができる。

2　証明を請求しようとする者は，第34号書式による申請書を提出しなければならない。

3　前項の申請書には，証明を請求する事項を記載した書面を，証明の請求数に応じ，添付しなければならない。

4　第9条の2第1項から第3項まで及び第5項の規定は申請書に添付した書類の還付について，第26条及び第27条の規定は証明の請求について準用する。

　供託は，登記とは異なり関連する法律関係を広く公示するための制度ではない。したがって，供託に関する帳簿・書類の閲覧や，供託に関する事項の証明は，その本質的要請ではない。

　しかし，供託につき利害関係を有する者にとっては，供託に関する帳簿・書類を閲覧してその権利関係を知り，また供託に関する事項の証明を必要とする場合もある。このため，閲覧・証明の制度が設けられている（供託規§48Ⅰ，49Ⅰ）。

2　閲覧および証明の手続

(1)　閲覧または証明を請求できる者

　供託につき利害関係を有する者は，供託に関する書類の閲覧または供託に関する事項の証明を請求することができる（供託規§48 I，49 I）。利害関係人に限られる点で，不動産登記および商業登記においては，何人でも登記簿の閲覧請求および謄抄本の交付請求が認められているのとおおいに異なる。

　利害関係人とは，その供託について利害関係のある者すべてを含むのではなく，供託物に直接の利害関係を有する者でなければならない（先例昭38.5.22 - 1452）。すなわち，供託物についての取戻請求権者，還付請求権者およびそれらの一般承継人ならびにそれらの権利の譲受人，質権者，差押債権者等であって，しかもそれらの通知または送達が供託所にされているものに限られる（供託規§5 I）。

　そして，供託物払渡請求権者の一般債権者であっても，これから供託物払渡請求権を差し押さえようとするにすぎない者は，供託物に直接の利害関係を有していないので，閲覧または証明を請求できる者には含まれない。

H29-11-イ
H29-11-ウ
H10-11-2
H10-11-3

(2)　閲覧および証明の請求方法

　閲覧および証明の申請をしようとする者は，供託規則に定められた書式による申請書を提出しなければならない（供託規§48 II，49 II）。そして，閲覧または証明の申請をするには，供託物払渡請求における提示・添付書類（供託規§26，27）と同様の書類を提示・添付しなければならない（供託規§48 III，49 IV）。証明を請求しようとする者は，証明を請求する事項を記載した書面を，証明の請求数に応じて添付しなければならない（供託規§49 III）。

　なお，利害関係人であるか否かは，供託所に送付されている払渡請求権の譲渡通知書等から判断することができるので，閲覧または証明の請求をする際には特に利害関係人であることを証する書面を添付する必要はない（先例昭44.11.25 - 2626）。

H29-11-ア
H29-11-エ
H10-11-4
H10-11-5

(3)　閲覧および証明の費用

　閲覧および証明を請求する場合には，手数料を納付することを要せず，無料である。

H29-11-オ

3　閲覧および証明の効果

　供託所が閲覧の請求に応じたときまたは供託に関する事項につき証明をしたときは，供託物払渡請求権の債務者である供託所が債務の承認（民§147③）をしたことになり，その消滅時効が更新される（先例昭39.10.3－3198）。

　このため，供託官は，閲覧および証明の事実を明確にするため，副本ファイルの裏面に閲覧・証明の年月日，申請者の氏名および閲覧させた旨または証明の要旨を記載しなければならない（供託準§87）。

第2節　審査請求

Topics・供託官の処分に対する不服申立てについて理解する。

1　審査請求

(1)　審査請求ができる者

　供託官の処分に不服がある者または供託官の不作為に係る処分の申請をした者は，その監督法務局または地方法務局の長に審査請求をすることができる（供託§1の4）。供託において審査請求の対象は，供託の申請や払渡請求が全部または一部が却下された場合，あるいはこれらについて供託官が何らの処分を行わない場合であり，これらの場合における申請人が審査請求を行うことができる。

(2)　審査請求の手続

　審査請求は，その対象となる処分をした供託官が属する法務局または地方法務局の長に対し，供託官を経由して行わなければならない（供託§1の5）。
　供託官が審査請求について理由があると認めるときまたは審査請求における不作為に関する処分を行うべき処分であると認めるときは，供託官は相当の処分を行い，その旨を審査請求人に通知しなければならない（供託§1の6Ⅰ）。
　供託官が，審査請求について理由があると認めずまたは審査請求における不作為に関する処分を行うべき処分でないとするときは，供託官の意見を付して，その旨を審査請求があった日から5日以内に，監督法務局または地方法務局の長に送付しなければならない（同Ⅱ前段）。送付を受けた法務局または地方法務局の長は審査請求について，供託官に相当な処分を命じ，または審査請求を却下もしくは棄却することになる。

(3)　行政不服審査法の不適用

　審査請求の期間の制限に関しては，いつでもすることができる。また，利害関係人の審査請求への参加は認められていない。

(4)　再審査請求の不許

　審査請求に理由がないとして，法務局または地方法務局の長がこれを棄却した場合，再審査請求をすることはできない。この場合，次に述べる行政訴訟を提起するしかない。

2　行政訴訟

H17-10-ｱ 　供託官の不当処分に対しては，すでに見たとおり審査請求をすることができるが，判例によれば，不当処分をした供託官を被告として，その処分の取消しを求める行政訴訟を提起することもできる（行訴§8Ⅰ，11Ⅰ）。

　行政訴訟を提起することができるのは，供託官の却下処分に対してである。申請に対する受理処分については，訴えの利益を欠き，提訴することはできないものと解されている。

第 **2** 編

司法書士法

第1章
資格及び登録

第1節　司法書士の資格

Topics ・司法書士の資格および欠格事由について理解すること。

1　司法書士の職責

> （職責）
> **司法書士法 第2条**　司法書士は，常に品位を保持し，業務に関する法令及び実務に精通して，公正かつ誠実にその業務を行わなければならない。

　司法書士は，常に品位を保持し，業務に関する法令および実務に精通して，公正かつ誠実にその業務を行わなければならない（司書§2）。本条の規定は，司法書士法人に準用されている（司書§46Ⅰ）。

H19-8-ア
　司法書士が，本条に違反してその品位を害しまたは公正かつ誠実に業務を行わない場合，法務大臣は，これを理由として懲戒処分をすることができる。（司書§47）。

2　欠格事由

> （欠格事由）
> **司法書士法 第5条**　次に掲げる者は，司法書士となる資格を有しない。
> 　一　禁錮以上の刑に処せられ，その執行を終わり，又は執行を受けることがなくなつてから3年を経過しない者
> 　二　未成年者
> 　三　破産手続開始の決定を受けて復権を得ない者
> 　四　公務員であつて懲戒免職の処分を受け，その処分の日から3年を経過しない者
> 　五　第47条の規定により業務の禁止の処分を受け，その処分の日から3年を経過しない者
> 　六　懲戒処分により，公認会計士の登録を抹消され，又は土地家屋調査士，弁理士，税理士若しくは行政書士の業務を禁止され，これらの処分の日か

ら3年を経過しない者

次のいずれかに該当する者は，司法書士となる資格を有しない（司書§5）。

(1) **禁錮以上の刑に処せられ，その執行を終わり，または執行を受けることが なくなってから3年を経過しない者（司書§5①）** `R2-8-オ` `H2-10-2`

刑の執行猶予の言渡しを取り消されることなく猶予期間を経過したとき は，刑の言渡しは失効するから（刑§27），その者は3年の経過を待たない で直ちに司法書士たる資格を回復する（先例昭25.9.13－2562）。

(2) **未成年者（司書§5②）** `R2-8-イ` `H5-8-ア`

未成年者以外の制限行為能力者は，司法書士の欠格事由に当たらない。

(3) **破産手続開始の決定を受けて復権を得ない者（司書§5③）** `R2-8-ウ` `H5-8-ウ`

破産手続開始決定があると，個々の法律により公私の資格が制限されるこ とがあるが（例えば，本号の司法書士としての欠格），復権とはそれらの資 格を一般的に回復することをいう。復権には，当然復権（破§255Ⅰ①）と 申立復権（破§256Ⅰ）とがある。

(4) **公務員であって懲戒免職の処分を受け，その処分の日から3年を経過しな い者（司書§5④）**

(5) **司法書士の懲戒処分として業務の禁止の処分（司書§47③）を受け，その 処分の日から3年を経過しない者（司書§5⑤）**

(6) **懲戒処分により，公認会計士の登録を抹消され，または土地家屋調査士， 弁理士，税理士もしくは行政書士の業務を禁止され，これらの処分の日から 3年を経過しない者（司書§5⑥）** `R2-8-ア` `H5-8-オ` `H2-9-ウ`

これらの資格業の中に，司法書士の隣接法律専門機能としての弁護士，不 動産鑑定士および社会保険労務士は含まれていない。

第2節　登　録

Topics ・登録および登録の拒否の手続について理解すること。

1　司法書士の登録

（司法書士名簿の登録）

司法書士法 第8条　司法書士となる資格を有する者が，司法書士となるには，日本司法書士会連合会に備える司法書士名簿に，氏名，生年月日，事務所の所在地，所属する司法書士会その他法務省令で定める事項の登録を受けなければならない。

2　司法書士名簿の登録は，日本司法書士会連合会が行う。

（司法書士名簿）

司法書士法施行規則 第15条　司法書士名簿は，日本司法書士会連合会(以下「連合会」という。)の定める様式により調製する。

2　司法書士名簿には，次の各号に掲げる事項を記載し，又は記録する。

一　氏名，生年月日，本籍（外国人にあつては，国籍等（国籍の属する国又は出入国管理及び難民認定法（昭和26年政令第319号）第2条第5号ロに規定する地域をいう。以下同じ。）），住所及び男女の別

二　司法書士となる資格の取得の事由及び年月日並びに登録番号

三　法第3条第2項第2号に規定する法務大臣の認定を受けている司法書士にあつては，その旨，認定年月日及び認定番号

四　事務所の所在地及び所属する司法書士会

---

(1)　司法書士名簿の登録事項

　　司法書士となる資格を有する者が司法書士となるには，日本司法書士会連合会（以下，この編において「連合会」という）に備える司法書士名簿に，以下の事項の登録を受けなければならない（司書§8Ⅰ，司書規§15Ⅱ）。

---

①　氏名

②　生年月日

③　本籍（外国人にあっては，国籍等）

④　住所

⑤　男女の別

⑥　司法書士となる資格の取得の事由および年月日

---

⑦ 登録番号
⑧ 認定司法書士にあっては，認定の旨，認定年月日および認定番号
⑨ 事務所の所在地
⑩ 所属する司法書士会

(2) 司法書士名簿の登録事務

司法書士名簿の登録事務は，連合会が行う（司書§8Ⅱ）。　H3-10-オ

2 登録の申請

（登録の申請）

司法書士法 第9条　前条第1項の登録を受けようとする者は，その事務所を設けようとする地を管轄する法務局又は地方法務局の管轄区域内に設立された司法書士会を経由して，日本司法書士会連合会に登録申請書を提出しなければならない。

2　前項の登録申請書には，前条第1項の規定により登録を受けるべき事項その他法務省令で定める事項を記載し，司法書士となる資格を有することを証する書類を添付しなければならない。

（登録の申請）

司法書士法施行規則 第16条　登録申請書は，連合会の定める様式による。

2　登録申請書には，次に掲げる書類を添付しなければならない。

一　司法書士となる資格を有することを証する書面

二　申請者の写真

三　次に掲げるいずれかの書類

　イ　本籍の記載のある住民票の写し

　ロ　本籍の記載のない住民票の写し及び戸籍抄本又は戸籍記載事項証明書

　ハ　申請者が外国人であるときは，国籍等の記載された外国人住民（住民基本台帳法（昭和42年法律第81号）第30条の45に規定する外国人住民をいう。）に係る住民票の写し

(1) 登録申請書の提出

司法書士名簿の登録を受けようとする者は，その事務所を設けようとする　H4-9-エ
地を管轄する法務局または地方法務局の管轄区域内に設立された**司法書士会**
を経由して，連合会に登録申請書を提出しなければならない（司書§9Ⅰ）。

登録申請書は，連合会の定める様式によらなければならない（司書規§16Ⅰ）。

　司法書士となる資格を有しない者が，連合会に対しその資格につき虚偽の申請をして司法書士名簿に登録させたときは，１年以下の懲役または100万円以下の罰金に処せられる（司書§74）。

(2)　登録申請書の添付書類

登録申請書には，次の書面を添付しなければならない（司書§9Ⅱ，司書規§16Ⅱ）。

---

① 　司法書士となる資格を有することを証する書面
② 　申請者の写真
③ 　以下のいずれか
　イ　申請者の本籍の記載された住民票の写し
　ロ　戸籍抄本または戸籍記載事項証明書および本籍の記載のない住民票の写し
　ハ　外国人にあっては外国人住民に係る住民票の写し

H20-8-ア

(3)　司法書士会への入会

司法書士名簿の登録の申請をするには，その申請と同時に，申請を経由すべき司法書士会に入会する手続をとらなければならない（司書§57Ⅰ）。

3　登録の拒否

（登録の拒否）

司法書士法 第10条　日本司法書士会連合会は，前条第１項の規定による登録の申請をした者が司法書士となる資格を有せず，又は次の各号のいずれかに該当すると認めたときは，その登録を拒否しなければならない。この場合において，当該申請者が第２号又は第３号に該当することを理由にその登録を拒否しようとするときは，第67条に規定する登録審査会の議決に基づいてしなければならない。

一　第57条第１項の規定による入会の手続をとらないとき。

二　心身の故障により司法書士の業務を行うことができないとき。

三　司法書士の信用又は品位を害するおそれがあるときその他司法書士の職責に照らし司法書士としての適格性を欠くとき。

2　日本司法書士会連合会は，当該申請者が前項第２号又は第３号に該当する

ことを理由にその登録を拒否しようとするときは，あらかじめ，当該申請者にその旨を通知して，相当の期間内に自ら又はその代理人を通じて弁明する機会を与えなければならない。

(1) 登録拒否事由

連合会は，申請者が次のいずれかに該当すると認めたときは，その登録を拒否しなければならない。

① 司法書士となる資格を有しないとき（司書§10Ⅰ柱書前段）
② 司法書士法57条１項の規定による入会の手続をとらないとき（司書§10Ⅰ①）
③ 心身の故障により司法書士の業務を行うことができないとき（同②）
④ 司法書士の信用または品位を害するおそれがあるときその他司法書士の職責に照らし司法書士としての適格性を欠くとき（同③）

(2) 登録審査会の議決

連合会が登録を拒否する場合において，その申請者が上記(1)の③または④に該当することを理由にその登録を拒否しようとするときは，法67条に規定する登録審査会の議決に基づいてしなければならない（司書§10Ⅰ柱書後段）。

この場合，その申請者にその旨をあらかじめ通知し，相当の期間内に自らまたはその代理人を通じて弁明する機会を与えなければならない（同Ⅱ）。

(3) 登録審査会

（登録審査会）
司法書士法 第67条 日本司法書士会連合会に，登録審査会を置く。
2 登録審査会は，日本司法書士会連合会の請求により，第10条第１項第２号若しくは第３号の規定による登録の拒否又は第16条第１項の規定による登録の取消しについて審議を行うものとする。
3 登録審査会は，会長及び委員４人をもつて組織する。
4 会長は，日本司法書士会連合会の会長をもつて充てる。
5 委員は，会長が，法務大臣の承認を受けて，司法書士，法務省の職員及び学識経験者のうちから委嘱する。
6 委員の任期は，２年とする。ただし，欠員が生じた場合の補充の委員の任期は，前任者の残任期間とする。

　　登録審査会は，連合会の機関であり，登録の拒否または登録の取消しについて審議する（司書§67ⅠⅡ）。登録審査会は，会長および委員4人の計5人で組織し（同Ⅲ），会長は連合会の会長がその任に就く（同Ⅳ）。委員は，会長が法務大臣の承認を受けて，司法書士，法務省の職員および学識経験者のうちから委嘱する（同Ⅴ）。委員の任期は2年とし，欠員が生じた場合の補充の委員の任期は前任者の残任期間とする（同Ⅵ）。

➕アルファ

　　登録審査会は登録を許可するための機関でないことに注意。

4　登録または登録拒否後の手続
(1)　登録または登録拒否・理由の書面による通知

> （登録に関する通知）
> **司法書士法 第11条**　日本司法書士会連合会は，第9条第1項の規定による登録の申請を受けた場合において，登録をしたときはその旨を，登録を拒否したときはその旨及びその理由を当該申請者に書面により通知しなければならない。

H20-8-オ

　　連合会は，登録をしたときは**その旨**を，逆に登録を拒否したときは**その旨およびその理由**を，それぞれ書面をもってその登録申請者に通知しなければならない（司書§11）。

(2)　登録の官報公告

> （登録及び登録の取消しの公告）
> **司法書士法 第18条**　日本司法書士会連合会は，司法書士の登録をしたとき，及びその登録の取消しをしたときは，遅滞なく，その旨を官報をもつて公告しなければならない。

　　連合会は，司法書士の登録をしたときおよび取り消したときは，遅滞なくその旨を官報をもって公告しなければならない（司書§18）。

(3)　（地方）法務局長への通知

　　連合会は，司法書士名簿に登録をしたときは登録事項を，登録を取り消したときはその旨を，遅滞なく，その司法書士の事務所の所在地を管轄する（地方）法務局の長に通知しなければならない（司書規§18Ⅰ）。

第3節　登録の変更

Topics・所属する司法書士会の変更の手続を理解すること。

1　所属する司法書士会の変更

> （所属する司法書士会の変更の登録）
> **司法書士法 第13条**　司法書士は，他の法務局又は地方法務局の管轄区域内に事務所を移転しようとするときは，その管轄区域内に設立された司法書士会を経由して，日本司法書士会連合会に，所属する司法書士会の変更の登録の申請をしなければならない。
> **2**　司法書士は，前項の変更の登録の申請をするときは，現に所属する司法書士会にその旨を届け出なければならない。
> **3**　第1項の申請をした者が第57条第1項の規定による入会の手続をとつていないときは，日本司法書士会連合会は，変更の登録を拒否しなければならない。
> **4**　前二条の規定は，第1項の変更の登録の申請に準用する。

(1) 所属する司法書士会の変更の申請

司法書士は，他の（地方）法務局の管轄区域内に事務所を移転しようとするときは，所属する司法書士会の変更の登録を連合会に申請しなければならない。

この変更の登録申請は，移転先の事務所所在地を管轄する（地方）法務局の管轄区域内に設立された司法書士会を経由してする（司書§13Ⅰ）。この場合，現に所属する司法書士会には，その旨を届け出なければならない（同Ⅱ）。なお，この場合，司法書士となる資格を有することを証する書面など新規登録の際に必要とされた書類は連合会に提出済みであるから，その添付は要しない。

> R4-8-ア
> H20-8-イ
> H10-8-ア
> H10-8-ウ
> H9-8-ア
> H4-9-イ

(2) 司法書士会への入会

この変更の登録申請をする者は，その申請と同時に，申請を経由すべき移転先の司法書士会に入会する手続をとらなければならない（司書§57Ⅰ）。

> H10-8-イ

司法書士会の変更の登録申請をした司法書士がこの入会手続をとっていないときは，連合会はその変更の登録を拒否しなければならない（司書§13Ⅲ）。なお，連合会が所属する司法書士会の変更の登録を拒否することができるのは，この入会手続をとっていない場合だけである。

(3)　申請者への通知

H10-8-オ

　　　連合会は，変更の登録をしたときはその旨を，逆に変更の登録を拒否した
ときはその旨およびその理由を，それぞれ書面をもってその登録申請者に通
知しなければならない（司書§13Ⅳ，11）。

(4)　法務局長等への通知

　　　連合会は，従前の事務所の所在地を管轄する（地方）法務局の長には変更
の旨を，移転先の事務所の所在地を管轄する（地方）法務局の長には登録事
項を遅滞なく通知しなければならない（司書規§18Ⅱ）。

2　所属する司法書士会を除く登録事項の変更

（登録事項の変更の届出）
司法書士法 第14条　司法書士は，司法書士名簿に登録を受けた事項に変更（所
　属する司法書士会の変更を除く。）が生じたときは，遅滞なく，所属する司法
　書士会を経由して，日本司法書士会連合会にその旨を届け出なければならない。

H4-9-ア
H2-10-5

　　　司法書士は，司法書士名簿に登録を受けた事項に変更（所属する司法書士会
の変更を除く）が生じたときは，遅滞なく，所属する司法書士会を経由して連
合会にその旨を届け出なければならない（司書§14）。
　　　連合会は，この変更の登録をしたときは，その旨を遅滞なくその司法書士の
事務所の所在地を管轄する（地方）法務局の長に通知しなければならない（司
書規§18Ⅲ）。

第4節　登録の取消し等

Topics ・登録の取消しの事由について理解すること。

1　必要的取消事由

（登録の取消し）

司法書士法 第15条　司法書士が次の各号のいずれかに該当する場合には，日本
司法書士会連合会は，その登録を取り消さなければならない。

一　その業務を廃止したとき。

二　死亡したとき。

三　司法書士となる資格を有しないことが判明したとき。

四　第5条各号（第2号を除く。）のいずれかに該当するに至つたとき。

2　司法書士が前項各号に該当することとなつたときは，その者又はその法定
代理人若しくは相続人は，遅滞なく，当該司法書士が所属し，又は所属して
いた司法書士会を経由して，日本司法書士会連合会にその旨を届け出なけれ
ばならない。

　司法書士が次の事由のいずれかに該当する場合には，連合会はその登録を取 `R2-8-エ`
り消さなければならない（司書§15Ⅰ）。なお，司法書士がその所属する司法 `H2-10-4`
書士会を退会しても，そのことのみをもって直ちに登録の取消事由には当たら
ない。

(1)　その業務を廃止したとき（同Ⅰ①）

　　業務廃止により登録を取り消されても，他に欠格事由がなければいつでも
改めて登録の申請をすることができる。

(2)　死亡したとき（同Ⅰ②）

(3)　司法書士となる資格を有しないことが判明したとき（同Ⅰ③）

(4)　法5条の欠格事由のいずれかに該当するに至ったとき（同Ⅰ④） `H7-8-5`

　これらのいずれかの事由が生じたときは，その者自身またはその法定代理人 `H9-8-エ`
もしくは相続人は，遅滞なく，その司法書士が所属しまたは所属していた司法
書士会を経由して，連合会にその旨を届け出る義務を負う（同Ⅱ）。

2　任意的取消事由

> **司法書士法　第16条**　司法書士が次の各号のいずれかに該当する場合には，日本司法書士会連合会は，その登録を取り消すことができる。
> 一　引き続き2年以上業務を行わないとき。
> 二　心身の故障により業務を行うことができないとき。
> **2**　司法書士が心身の故障により業務を行うことができないおそれがある場合として法務省令で定める場合に該当することとなつたときは，その者又はその法定代理人若しくは同居の親族は，遅滞なく，当該司法書士が所属する司法書士会を経由して，日本司法書士会連合会にその旨を届け出るものとする。
> **3**　日本司法書士会連合会は，第1項の規定により登録を取り消したときは，その旨及びその理由を当該司法書士に書面により通知しなければならない。
> **4**　第10条第1項後段の規定は，第1項の規定による登録の取消しに準用する。

　司法書士が次の各号のいずれかに該当する場合には，日本司法書士会連合会は，その登録を取り消すことができる（司書§16Ⅰ）。
① 引き続き2年以上業務を行わないとき。
② 心身の故障により業務を行うことができないとき。

　上記②の心身の故障によって業務を行うことができないおそれがある場合とは，当該司法書士が精神の機能の障害を有する状態となり司法書士の業務の継続が著しく困難となった場合または2年以上の休養を要することとなった場合をいう（司書規§18の2Ⅰ）。この場合，当該司法書士である者またはその法定代理人もしくは同居の親族は，遅滞なく，当該司法書士が所属する司法書士会を経由して，日本司法書士会連合会にその旨を届け出る義務を負う（司書§16Ⅱ）。この届出書には所定の事項を記載した医師の診断書を添付する（司書規§18の2Ⅱ）。

　連合会が上記の任意的取消事由に基づいて登録を取り消したときは，その旨およびその理由を，書面をもってその司法書士に通知しなければならない（司書§16Ⅲ）。この登録の取消しをするときは，登録審査会の議決に基づいてしなければならない（同Ⅳ，10Ⅰ柱書後段）。

　なお，上記②の事由により登録を取り消された者は，その事由が止んだときは直ちに再び登録を受けることができる。

3　登録の取消し後の手続

⑴　登録の取消しの旨の公告

　　連合会は，司法書士の登録の取消しをしたときは，遅滞なく，その旨を官報をもって公告しなければならない（司書§18）。

⑵　登録の取消しの旨の通知

　　連合会は，司法書士の登録の取消しをしたときは，その旨を，遅滞なく，　　　`H4-8-ア`
その司法書士の事務所の所在地を管轄する（地方）法務局の長に通知しなければならない（司書規§18Ⅰ）。

4　登録に関する審査請求等

> **（登録を拒否された場合の審査請求）**
> **司法書士法 第12条**　第10条第１項の規定により登録を拒否された者は，当該処分に不服があるときは，法務大臣に対して審査請求をすることができる。
> 2　第９条第１項の規定による登録の申請をした者は，その申請の日から３月を経過しても当該申請に対して何らの処分がされないときは，当該登録を拒否されたものとして，法務大臣に対して審査請求をすることができる。
> 3　前二項の場合において，法務大臣は，行政不服審査法（平成26年法律第68号）第25条第２項及び第３項並びに第46条第２項の規定の適用については，日本司法書士会連合会の上級行政庁とみなす。

⑴　審査請求

　　登録の申請をした者または司法書士は，以下の処分を受けこれに不服があるときは，法務大臣に対して行政不服審査法による審査請求をすることができる。司法書士名簿の登録事務は，本質的には行政処分である旨が窺われる。

　　①　新規登録の拒否（司書§12Ⅰ）
　　　　なお，新規登録の申請をした者は，その申請をした日から３か月を経過しても何らの処分がされないときは，その登録を拒否されたものとして，審査請求をすることができる（同Ⅱ）。

　　②　所属する司法書士会の変更登録の拒否（司書§13Ⅳ，12Ⅰ）　　　`R4-8-ウ`
　　　　この変更登録の申請をした者は，その申請日から３か月を経過しても何　　`H10-8-エ`
　　　らの処分がされないときは，その登録を拒否されたものとして審査請求を　　`H4-9-オ`
　　　することができる（司書§13Ⅳ，12Ⅱ）。

③　登録の取消し（司書§17，12 I）

　ここでいう取消しには，必要的取消しおよび任意的取消しのいずれも含まれる。なお，司法書士は，この審査請求によるほか，連合会を被告として行政事件訴訟法上の処分取消しの訴えを提起することができ，あるいは審査請求をした者は，その裁決に不服がある場合，裁決取消しの訴えを提起することもできるものと解されている。

(2)　相当の処分の命令

　審査請求が理由があるときは，法務大臣は連合会に対し，相当の処分をすべき旨を命じなければならない（司書§12Ⅲ，13Ⅳ，17行服§46 I，Ⅱ）。

(3)　登録事務に関する報告等

　法務大臣は，必要があるときは，連合会に対し，その登録事務に関し報告もしくは資料の提出を求めまたは勧告をすることができる（司書§19)。

第2章
業務及び義務

Topics ・司法書士の業務の内容について理解すること。

1　司法書士の業務

（業務）

司法書士法 第3条　司法書士は，この法律の定めるところにより，他人の依頼を受けて，次に掲げる事務を行うことを業とする。

一　登記又は供託に関する手続について代理すること。

二　法務局又は地方法務局に提出し，又は提供する書類又は電磁的記録（電子的方式，磁気的方式その他人の知覚によつては認識することができない方式で作られる記録であつて，電子計算機による情報処理の用に供されるものをいう。第四号において同じ。）を作成すること。ただし，同号に掲げる事務を除く。

三　法務局又は地方法務局の長に対する登記又は供託に関する審査請求の手続について代理すること。

四　裁判所若しくは検察庁に提出する書類又は筆界特定の手続（不動産登記法（平成16年法律第123号）第6章第2節の規定による筆界特定の手続又は筆界特定の申請の却下に関する審査請求の手続をいう。第8号において同じ。）において法務局若しくは地方法務局に提出し若しくは提供する書類若しくは電磁的記録を作成すること。

五　前各号の事務について相談に応ずること。

六　簡易裁判所における次に掲げる手続について代理すること。ただし，上訴の提起（自ら代理人として手続に関与している事件の判決，決定又は命令に係るものを除く。），再審及び強制執行に関する事項（ホに掲げる手続を除く。）については，代理することができない。

　　イ　民事訴訟法（平成8年法律第109号）の規定による手続（ロに規定する手続及び訴えの提起前における証拠保全手続を除く。）であつて，訴訟の目的の価額が裁判所法（昭和22年法律第59号）第33条第1項第1号に定める額を超えないもの

　　ロ　民事訴訟法第275条の規定による和解の手続又は同法第7編の規定による支払督促の手続であつて，請求の目的の価額が裁判所法第33条第1項第1号に定める額を超えないもの

　　ハ　民事訴訟法第2編第4章第7節の規定による訴えの提起前における証拠保全手続又は民事保全法（平成元年法律第91号）の規定による手続であつて，本案の訴訟の目的の価額が裁判所法第33条第1項第1号に定める額を超えないもの

　　ニ　民事調停法（昭和26年法律第222号）の規定による手続であつて，調停を求める事項の価額が裁判所法第33条第1項第1号に定める額を超えないもの

　　ホ　民事執行法（昭和54年法律第4号）第2章第2節第4款第2目の規定による少額訴訟債権執行の手続であつて，請求の価額が裁判所法第33条第1項第1号に定める額を超えないもの

　七　民事に関する紛争（簡易裁判所における民事訴訟法の規定による訴訟手続の対象となるものに限る。）であつて紛争の目的の価額が裁判所法第33条第1項第1号に定める額を超えないものについて，相談に応じ，又は仲裁事件の手続若しくは裁判外の和解について代理すること。

　八　筆界特定の手続であつて対象土地（不動産登記法第123条第3号に規定する対象土地をいう。）の価額として法務省令で定める方法により算定される額の合計額の2分の1に相当する額に筆界特定によつて通常得られることとなる利益の割合として法務省令で定める割合を乗じて得た額が裁判所法第33条第1項第1号に定める額を超えないものについて，相談に応じ，又は代理すること。

2　前項第6号から第8号までに規定する業務（以下「簡裁訴訟代理等関係業務」という。）は，次のいずれにも該当する司法書士に限り，行うことができる。

　一　簡裁訴訟代理等関係業務について法務省令で定める法人が実施する研修であつて法務大臣が指定するものの課程を修了した者であること。

　二　前号に規定する者の申請に基づき法務大臣が簡裁訴訟代理等関係業務を行うのに必要な能力を有すると認定した者であること。

　三　司法書士会の会員であること。

3　法務大臣は，次のいずれにも該当するものと認められる研修についてのみ前項第1号の指定をするものとする。

　一　研修の内容が，簡裁訴訟代理等関係業務を行うのに必要な能力の習得に十分なものとして法務省令で定める基準を満たすものであること。

　二　研修の実施に関する計画が，その適正かつ確実な実施のために適切なものであること。

　三　研修を実施する法人が，前号の計画を適正かつ確実に遂行するに足りる
　　専門的能力及び経理的基礎を有するものであること。

4　法務大臣は，第2項第1号の研修の適正かつ確実な実施を確保するために
　必要な限度において，当該研修を実施する法人に対し，当該研修に関して，
　必要な報告若しくは資料の提出を求め，又は必要な命令をすることができる。

5　司法書士は，第2項第2号の規定による認定を受けようとするときは，政
　令で定めるところにより，手数料を納めなければならない。

6　第2項に規定する司法書士は，民事訴訟法第54条第1項本文（民事保全法
　第7条又は民事執行法第20条において準用する場合を含む。）の規定にかかわ
　らず，第1項第6号イからハまで又はホに掲げる手続における訴訟代理人又
　は代理人となることができる。

7　第2項に規定する司法書士であつて第1項第6号イ及びロに掲げる手続に
　おいて訴訟代理人になつたものは，民事訴訟法第55条第1項の規定にかかわ
　らず，委任を受けた事件について，強制執行に関する訴訟行為をすることが
　できない。ただし，第2項に規定する司法書士であつて第1項第6号イに掲
　げる手続のうち少額訴訟の手続において訴訟代理人になつたものが同号ホに
　掲げる手続についてする訴訟行為については，この限りでない。

8　司法書士は，第1項に規定する業務であつても，その業務を行うことが他
　の法律において制限されているものについては，これを行うことができない。

(1)　司法書士法に定める業務

　司法書士は，司法書士法の定めるところにより，他人の依頼を受けて以下
の事務を業とすることができる（司書§3Ⅰ柱書）。

①　登記または供託に関する手続についての代理（同Ⅰ①）

②　法務局または地方法務局に提出し，または提供する書類または電磁的記
　録の作成（同Ⅰ②）

③　法務局または地方法務局の長に対する登記または供託に関する審査請求　**H2-9-オ**
　の手続の代理（同Ⅰ③）

④　裁判所もしくは検察庁に提出する書類または筆界特定の手続（不動産登記法第6章第2節の規定による筆界特定の手続または筆界特定の申請の却下に関する審査請求の手続をいう。下記(8)において同じ。）において法務局もしくは地方法務局に提出しもしくは提供する書類もしくは電磁的記録の作成（同Ⅰ④）

⑤　上記①ないし④の事務についての相談業務（同Ⅰ⑤）

⑥　簡易裁判所の事物管轄事件についての訴訟代理等（同Ⅰ⑥）

⑦　簡易裁判所の事物管轄事件についての相談または仲裁事件の手続もしくは裁判外の和解の代理（同Ⅰ⑦）

⑧　一定の筆界特定手続についての相談または代理（同Ⅰ⑧）

(2)　他の法律による制限

司法書士は，上記(1)の業務であっても，その業務を行うことが他の法律において制限されているものについては，行うことはできない（司書§3Ⅷ）。例えば，（地方）法務局に提出する書類ではあっても，土地家屋調査士が作成すべきもの（例えば，表示に関する登記申請書）は，司法書士は作成することはできない（調査士§3参照）。

なお，不動産の表示に関する登記手続のうち，①所有者についての表示の変更または更正の登記，②共有持分の更正の登記，③債権者代位によってする登記，④裁判の謄本を添付して申請する登記，⑤相続人がする土地または建物の分割または合併の登記，⑥不動産登記法83条3項（同§96の2で準用する場合を含む）の書面を添付してする土地または建物の分割の登記，⑦農業委員会の現況証明書を添付してする農地法5条の許可にかかる地目変更の登記について（③から⑥までについては土地家屋調査士の作成する所要の図面を添付する場合に限る），司法書士も申請手続を行うことができる（先例昭44.5.12‐1093）。

重要

司法書士は，農地法に定める許可申請書を作成することはできない（質疑登研116 P42）

2 簡裁訴訟代理等関係業務

司法書士法3条1項6号から同8号までに定める業務を，簡裁訴訟代理等関係業務という（司書§3Ⅱ柱書）。平成14年及び同17年の改正により，いわゆる認定司法書士（法3条2項の要件を充たした司法書士）に限り認められた業務であり，簡易裁判所の事物管轄を定めた裁判所法33条1項1号に定める額（140万円）を超えない事件についての，以下(1)～(7)の業務がこれである。

(1) 訴訟手続の代理（司書§3Ⅰ⑥イ）

簡易裁判所の訴訟事件については，弁護士が扱うことが少なく，国民の権利保護が不十分であると指摘されてきた。そこで，この種の事件についても国民が司法サービスを容易に受けられるよう，裁判書類の作成等を通じて専門性を培ってきた司法書士に訴訟代理権を付与することとされたものである。

(2) 起訴前の和解または支払督促の手続の代理（同Ⅰ⑥ロ）

(3) 訴えの提起前の証拠保全または民事保全の手続の代理（同Ⅰ⑥ハ）

(4) 民事調停の手続の代理（同Ⅰ⑥ニ）

(5) 少額訴訟債権執行の手続（同Ⅰ⑥ホ。民事執行法第2章第2節第4款第2目，裁判所§33Ⅰ①）の代理

(6) 相談業務または仲裁事件の手続もしくは裁判外の和解についての代理（司書§3Ⅰ⑦）

本号の業務は，簡易裁判所での訴訟の対象となり得る具体的な民事紛争についての相談または裁判外の和解についての代理である。このうち相談業務は，手続法上の法律問題に限らず実体法上の法律問題についても，法的手段や法律解釈を示しながら相談に応じ得るものと解されている。 **H21-8-ア** **H17-8-ウ**

これに対し，簡易裁判所での訴訟の対象となり得ない事項，例えば家事審判事項や，行政事件訴訟，人事訴訟等の地方裁判所ないし家庭裁判所の専属管轄に属する事件については相談権は認められず，また裁判外の和解につき代理権も認められない。

なお，司法書士法3条1項5号の相談は，登記手続の代理や裁判書類の作成等の事務についての相談であり，依頼者の依頼の趣旨に沿うように法的に整序する範囲内のものに限られるものと解されている。

(7)　筆界特定の手続であって対象土地（不動産登記法123条3号に規定する対象土地）の価額として法務省令で定める方法により算定される額の合計額の2分の1に相当する額に筆界特定によって通常得られることとなる利益の割合として法務省令で定める割合を乗じて得た額が裁判所法第33条1項1号に定める額を超えないものについて，相談に応じ，または代理すること（同Ⅰ⑧）

第2節　司法書士の義務

Topics・司法書士の業務に対する規律について理解すること。

1　事務所

> （事務所）
> **司法書士法 第20条**　司法書士は，法務省令で定める基準に従い，事務所を設け
> なければならない。
>
> （事務所）
> **司法書士法施行規則 第19条**　司法書士は，2以上の事務所を設けることができ
> ない。
> （表示）
> **司法書士法施行規則 第20条**　司法書士は，司法書士会に入会したときは，その
> 司法書士会の会則（以下「会則」という。）の定めるところにより，事務所に
> 司法書士の事務所である旨の表示をしなければならない。
> 2　司法書士会に入会していない司法書士は，前項の表示又はこれに類する表
> 示をしてはならない。
> 3　司法書士は，業務の停止の処分を受けたときは，その停止の期間中第1項
> の表示又はこれに類する表示をしてはならない。

(1)　事務所の設置

司法書士は，法務省令で定める基準に従い事務所を設けなければならない **R3-8-オ**
（司書§20）。個人の司法書士が複数の事務所を設けることはできないが（司 **H26-8-ウ**
書規§19），他の司法書士との共同事務所を設けることはできる。司法書士 **H8-8-オ**
事務所とは別に土地家屋調査士事務所を有する兼業者が，司法書士業務を土
地家屋調査士事務所で行うことはできない（先例昭32.5.30-1042）。

➕ アルファ

司法書士の兼業については禁じられない。たとえば司法書士と土地家屋調
査士の兼業はさしつかえないとされている（先例昭25.8.18-2306）。

(2)　事務所の表示

R3-8-ウ
H27-8-オ

　　司法書士が司法書士会に入会したときは，その司法書士会の会則の定めるところにより，事務所に司法書士の事務所である旨の表示をしなければならない（司書規§20Ⅰ）。

H6-8-ウ
H3-10-ウ

　　一方，司法書士会に入会していない司法書士は，司法書士事務所である旨またはこれに類する表示をすることはできない（同Ⅱ）。懲戒処分として業務停止の処分を受けた司法書士は，その停止期間中は同様の規制を受ける（同Ⅲ）。

(3)　司法書士が事務を行う場所

　　司法書士が事務を行う場所については制限がなく，必ず事務所で行わなければならないわけではない。事務所以外で事務を行うことができる場合の例として，登記申請書の補正は，登記所において行うことができる（先例昭39.12.5 – 3906）。

2　補助者

（補助者）

司法書士法施行規則 第25条　司法書士は，その業務の補助をさせるため補助者を置くことができる。

2　司法書士は，補助者を置いたときは，遅滞なく，その旨を所属の司法書士会に届け出なければならない。補助者を置かなくなつたときも，同様とする。

3　司法書士会は，前項の規定による届出があつたときは，その旨をその司法書士会の事務所の所在地を管轄する法務局又は地方法務局の長に通知しなければならない。

---

(1)　補助者の設置

H26-8-ア
H11-8-オ
H元-9-5

　　司法書士は，その業務を他人に行わせることはできないが（司書規§24），その業務を補助させるために補助者を置くことができる（司書規§25Ⅰ）。なお，司法書士が置くことができる補助者の数には制限はない。

(2)　補助者の意義

H11-8-イ
H6-8-イ

　　補助者とは，司法書士の監督の下にその手足となり，司法書士の業務を補助する者である。仕事の内容は，各種申請書等の作成等の補助である。補助者のみの判断で書類の作成をしたり，登記申請書等の補正を単独ですることはできない。

【補助者に関する先例】

① 司法書士が業務を補助させるために使用する者は，補助業務の内容，H元-9-4
補助の程度のいかんを問わず，補助者として取り扱われる（先例昭
59.9.30 – 1758）。

② 補助者が自ら登記申請代理人となることは司法書士法に反する（先例
昭39.12.15 – 1037）。

③ 登記の申請における補正は司法書士本人が行うべきであり，補助者に
よる補正は認められない（先例昭39.12.5 – 3906）。

④ 司法書士または土地家屋調査士が交互に，または他の司法書士または
土地家屋調査士の補助者となることは認められない（先例昭35.8.29 –
2087）。

⑤ 複数の司法書士が，共同事務所において，同一人を補助者とすることH元-9-2
は，各自直接に補助者を把握し，その責任も明確にされるならば差し支
えない（先例昭45.2.18 – 577）。

(3) 補助者に関する届出

司法書士は，補助者を置いたときは遅滞なくその旨を所属の司法書士会にH29-8-ウ
届け出なければならない。補助者を置かなくなったときも同様である（司書H25-8-イ
規§25Ⅱ）。H9-8-ウ H元-9-3

(4) 法務局長等への通知

司法書士会は，補助者に関する届出があったときは，その旨を，その司法H31-8-ウ
書士会の事務所の所在地を管轄する（地方）法務局の長に通知しなければなH4-10-エ
らない（司書規§25Ⅲ）。

3　依頼に応ずる義務

> （依頼に応ずる義務）
> **司法書士法 第21条**　司法書士は，正当な事由がある場合でなければ依頼（簡裁訴訟代理等関係業務に関するものを除く。）を拒むことができない。
>
> （依頼の拒否）
> **司法書士法施行規則 第27条**　司法書士は，依頼（簡裁訴訟代理等関係業務に関するものを除く。）を拒んだ場合において，依頼者の請求があるときは，その理由書を交付しなければならない。
> 2　司法書士は，簡裁訴訟代理等関係業務について事件の依頼を承諾しないときは，速やかに，その旨を依頼者に通知しなければならない。

(1)　依頼に応ずる義務

H29-8-エ
H25-8-ウ
H24-8-ア
H21-8-イ
H17-8-エ

　司法書士は，正当な事由がある場合でなければ依頼を拒むことはできない（司書§21）。司法書士は，司法書士法によって，一般国民の依頼を受けて登記手続の代理等をし，あるいは裁判書類の作成等をする独占的資格を付与されており，その業務は公共的性質をもつ。したがって，正当な事由がない限り依頼を拒み得ないこととされたのである。正当な事由としては，例えば，書類の作成を期限付きで依頼された場合において，病気や業務の輻輳により書類を期限内に作成できないとき等をいう。

　この依頼に応ずる義務に違反すると，100万円以下の罰金に処せられる（司書§75Ⅰ）。

(2)　簡裁訴訟代理等関係業務の受任の拒否

H2-9-ア

　簡裁訴訟代理等関係業務は，登記手続の代理等の業務と異なり，独立性の高い職務として依頼者との間で継続的で強い信頼関係が必要となる。そのため，この業務については依頼に応ずる義務は課されない（司書§21かっこ書）。

(3)　理由書の交付

H27-8-イ
H11-8-エ
H9-8-イ
H8-8-ウ
H2-9-エ

　司法書士は，依頼（簡裁訴訟代理等関係業務に関するものを除く。）を拒んだ場合において，**依頼者の請求があるときは，その理由書を交付しなけれ**ばならない（司書規§27Ⅰ）。

　司法書士は，簡裁訴訟代理等関係業務について事件の依頼を承諾しないときは，速やかにその旨を依頼者に通知しなければならない（同Ⅱ）が，理由書の交付はすることを要しない。

4　その他の義務

(1)　会則の遵守義務

（会則の遵守義務）
司法書士法 第23条　司法書士は，その所属する司法書士会及び日本司法書士会
連合会の会則を守らなければならない。

　　司法書士は，その所属する司法書士会および日本司法書士会連合会の会則　**H19-8-イ**
を守らなければならない（司書§23）。

(2)　秘密保持の義務

（秘密保持の義務）
司法書士法 第24条　司法書士又は司法書士であつた者は，正当な事由がある場
合でなければ，業務上取り扱つた事件について知ることのできた秘密を他に
漏らしてはならない。

　　司法書士または司法書士であった者は，正当な事由がある場合でなければ，
業務上取り扱った事件について知ることのできた秘密を他に漏らしてはなら
ない（司書§24）。これに違反すると，6月以下の懲役または50万円以下の
罰金に処せられる（司書§76Ⅰ）。
　　「正当な事由がある場合」とは，例えば，依頼者の承諾がある場合や，刑事　**H29-8-イ**
訴訟における証人として証言するような場合をいう。先例によれば，司法警　**H25-8-エ**
察職員が事件簿の閲覧を職務上求めたときは，司法書士はこれに応ずるのが　**H8-8-イ**
相当である（先例昭31.10.18－2419）。　**H2-9-ア**
　　なお，司法書士が民事裁判の証人として証言を求められた場合，秘密保持　**H11-8-ウ**
の義務を定めた司法書士法第24条の趣旨により，証言拒絶権が認められるも　**H6-8-ア**
のと解されている（民訴§197Ⅰ②は例示列挙と解されている）。

(3)　研修を受ける義務

（研修）
司法書士法 第25条　司法書士は，その所属する司法書士会及び日本司法書士会
連合会が実施する研修を受け，その資質の向上を図るように努めなければな
らない。

　　司法書士は，その所属する司法書士会および日本司法書士会連合会が実施する研修を受け，その資質の向上を図るように努めなければならない（司書§25）。司法書士は業務に関する法令および実務に精通して，公正かつ誠実に業務を行う義務があり（司書§2），これを守るためである。

　　なお，司法書士の研修に関する規定は，司法書士会および日本司法書士会連合会の会則の必要的記載事項である（司書§53⑦，63①）。

⑷　不当誘致の禁止

> （依頼誘致の禁止）
> **司法書士法施行規則 第26条**　司法書士は，不当な手段によつて依頼を誘致するような行為をしてはならない。

　　司法書士は，不当な手段によって依頼を誘致するような行為をしてはならない（司書規§26）。なお，乗合バスの案内放送で司法書士の事務所名を放送することは不当誘致には該当しない（先例昭49.7.6－3970）。

⑸　書類作成上の遵守事項

> （職印）
> **司法書士法施行規則 第21条**　司法書士は，会則の定めるところにより，業務上使用する職印を定めなければならない。
> （書類等の作成）
> **司法書士法施行規則 第28条**　司法書士は，その作成した書類（法第3条第1項第6号及び第7号に規定する業務に関するものを除く。）の末尾又は欄外に記名し，職印を押さなければならない。
> 2　司法書士は，その作成した電磁的記録（電子的方式，磁気的方式その他人の知覚によつては認識することができない方式で作られる記録であつて，電子計算機による情報処理の用に供されるものをいう。以下同じ。）に，職名及び氏名を記録し，かつ，電子署名（電子署名及び認証業務に関する法律（平成12年法律第102号）第2条第1項に規定する電子署名であつて，連合会が発行する当該電子署名に係る電子証明書又は連合会が提供する情報に基づき発行された当該電子署名に係る電子証明書（法務大臣が指定するものに限る。）により当該電子署名を行つた者を確認するために用いられる事項が当該者に係るものであることを証明することができるものに限る。）を行わなければならない。

> **3**　前項の指定は，告示してしなければならない。

　司法書士は，司法書士会の会則の定めるところにより，業務上使用する職印を定めなければならない（司書規§21）。司法書士は，その作成した書類（簡裁訴訟代理等関係業務であって筆界特定の手続でない業務に関するものを除く）の末尾または欄外に記名し，職印を押さなければならない（司書規§28Ⅰ）。

⑹　報酬の基準を明示する義務

> **（報酬の基準を明示する義務）**
> **司法書士法施行規則 第22条**　司法書士は，法第3条第1項各号に掲げる事務を受任しようとする場合には，あらかじめ，依頼をしようとする者に対し，報酬額の算定の方法その他の報酬の基準を示さなければならない。

　司法書士は，報酬については自由に定めることができるが，受任に際しては，あらかじめ，依頼者に報酬額の算定の方法その他報酬の基準を示さなければならない（司書規§22）。報酬の基準とは，具体的な報酬額を提示することのほか，報酬額の算定の方法を明示することも含まれる。 `H25-8-ア`

⑺　他人による業務取扱の禁止

> **（他人による業務取扱いの禁止）**
> **司法書士法施行規則 第24条**　司法書士は，他人をしてその業務を取り扱わせてはならない。

　司法書士が，自ら業務を行わず，あるいは行うことができない理由があるために，他人に司法書士の業務を行わせ，または自己の名義のみを貸与するいわゆる名板貸しを行うことは，司法書士制度の存在意義が失われ，国民の信用を毀損することから禁じられている。 `H11-8-イ`

　司法書士である者が会社の出資者となり，かつ，会社を代表すべき取締役となって，会社の目的を「司法書士事務所の経営」と定めて，会社を設立し，会社の名においてその業務を営むことは許されない（先例昭27.7.21－1047）。

(8)　事件簿の調製・保存

> （事件簿）
> **司法書士法施行規則 第30条**　司法書士は，連合会の定める様式により事件簿を調製しなければならない。
> **2**　事件簿は，その閉鎖後7年間保存しなければならない。

H29-8-オ
H25-8-オ
　司法書士は，日本司法書士会連合会の定める様式により，事件簿を調製しなければならない（司書規§30Ⅰ）。事件簿は，その閉鎖後7年間保存しなければならない（同Ⅱ）。

(9)　領収証

> （領収証）
> **司法書士法施行規則 第29条**　司法書士は，依頼者から報酬を受けたときは，領収証正副2通を作成し，正本は，これに記名し，職印を押して依頼者に交付し，副本は，作成の日から3年間保存しなければならない。
> **2**　前項の領収証は，電磁的記録をもつて作成及び保存をすることができる。
> **3**　前項の領収証には，受領した報酬額の内訳を詳細に記載し，又は記録しなければならない。

H29-8-ア
　司法書士は，依頼者から報酬を受けたときは，領収証正副2通を作成し，正本はこれに記名し職印を押して依頼者に交付し，副本は作成の日から3年間保存しなければならない（司書規§29Ⅰ）。領収証には，受領した報酬額の内訳を詳細に記載しなければならない（同Ⅲ）。また，この領収書は電磁的記録によって作成・保存することができ，この場合も同様に内訳を詳細に記録することを要する。

　領収証の作成・交付義務は，依頼者の請求の有無にかかわらない。

(10)　不動産登記における書類返還の可否

H26-8-オ
H11-8-ア
H6-8-オ
H2-9-カ
　司法書士が，登記権利者および登記義務者の双方から，登記申請の代理を受けた場合は，両当事者はいずれも依頼により登記の申請が支障なく行われ，これにより権利の実現が完全に行われることを期待しているのであるから，当事者の一方から登記手続に必要な書類の返還を求められても，他の当事者の同意その他特段の事情がない限り，司法書士はその**返還を拒むべき義務**がある（最判昭53.7.10）。

第3節　業務を行い得ない事件

Topics ・司法書士および司法書士法人の業務を行い得ない事件について理解すること。

1　司法書士に関する業務を行い得ない事件

⑴　すべての司法書士につき業務を行い得ない事件

（業務を行い得ない事件）

司法書士法 第22条　司法書士は，公務員として職務上取り扱つた事件及び仲裁手続により仲裁人として取り扱つた事件については，その業務を行つてはならない。

　　公務員として職務上取り扱った事件および仲裁手続により仲裁人として取り扱った事件については，その業務を行ってはならない（司書§22Ⅰ）。この規定に違反した場合，懲戒処分の事由となるが（司書§47），罰則規定は設けられていない。

R3-8-ア
H27-8-ウ

⑵　すべての司法書士が裁判書類作成関係業務を行い得ない事件

（業務を行い得ない事件）

司法書士法 第22条

2　司法書士は，次に掲げる事件については，第3条第1項第4号及び第5号（第4号に関する部分に限る。）に規定する業務（以下「裁判書類作成関係業務」という。）を行つてはならない。
　一　相手方の依頼を受けて第3条第1項第4号に規定する業務を行つた事件
　二　司法書士法人（第3条第1項第1号から第5号までに規定する業務を行うことを目的として，第5章の定めるところにより，司法書士が共同して設立した法人をいう。以下同じ。）の社員又は使用人である司法書士としてその業務に従事していた期間内に，当該司法書士法人が相手方の依頼を受けて前号に規定する業務を行つた事件であつて，自らこれに関与したもの
　三　司法書士法人の使用人である場合に，当該司法書士法人が相手方から簡裁訴訟代理等関係業務に関するものとして受任している事件

　　すべての司法書士が裁判書類作成関係業務（司書§3Ⅰ④，⑤のうち④に関する部分）を行ってはならないとされる事件は次のとおりである（司書§22Ⅱ柱書）。

H21-8-ウ
H18-8-ウ
H7-8-2
H2-9-イ

① 相手方の依頼を受けて司法書士法3条1項4号に規定する業務（裁判所または検察庁に提出する書類を作成すること）を行った事件（司書§22Ⅱ①）

［事例1］

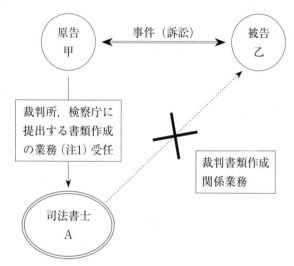

◎ 司法書士Aは，原告甲の依頼を受けて，裁判所・検察庁に提出する書類作成の業務を行った。

➡ 司法書士Aは，当該事件について，被告乙の依頼により，裁判書類作成関係業務を行ってはならない。

（注1） 原告甲から裁判書類作成の業務に関して相談業務を行ったが，裁判書類の作成業務を行わなかった事件については，対象外である。

②　司法書士法人の社員または使用人である司法書士としてその業務に従事 H23-8-ウ
していた期間内に，当該司法書士法人が相手方の依頼を受けて司法書士法 H18-8-ア
3条1項4号に規定する業務（裁判所または検察庁に提出する書類を作成
すること）を行った事件であって，自らこれに関与したもの（司書§22Ⅱ
②）

［事例2］

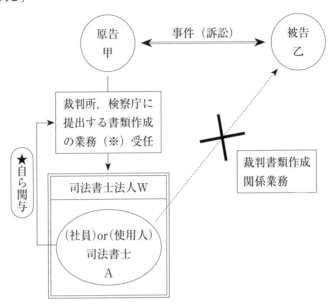

◎　司法書士Aは，司法書士法人Wの社員または使用人である。
　　司法書士法人Wは，原告甲の依頼を受けて，裁判所・検察庁に提出す
る書類作成の業務を行い，司法書士Aは自らこの業務に関与した。
　➡①　司法書士法人Wの使用人である司法書士Aは，当該事件について，
　　　個人として，被告乙の依頼により，裁判書類作成関係業務を行って
　　　はならない。（なお，社員である司法書士Aは，競業禁止の義務（司
　　　書§42Ⅰ）により，個人として業務を行うことはできないので，被
　　　告乙の依頼により，裁判書類作成関係業務を行うことはできない。）
　➡②　司法書士法人Wの社員または使用人である司法書士Aが司法書士 H30-8-イ
　　　法人Wを脱退した後であっても，当該事件について，個人としてま H24-8-ウ
　　　たは他の司法書士法人の社員あるいは使用人として，被告乙の依頼
　　　により，裁判書類作成関係業務を行ってはならない。
　（注）原告甲から裁判書類作成の業務に関して相談業務を行ったが，裁
　　　判書類の作成業務を行わなかった事件については，対象外である。

H18-8-イ

③　司法書士法人の使用人である場合に，当該司法書士法人が相手方から簡裁訴訟代理等関係業務に関するものとして受任している事件（司書§22Ⅱ③）

［事例3］

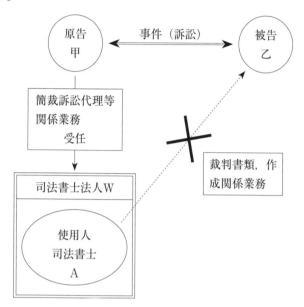

◎　司法書士Aは，司法書士法人Wの使用人である。

　司法書士法人Wは，原告甲の依頼を受けて簡裁訴訟代理等関係業務を受任した。

➡　司法書士法人Wの使用人である司法書士Aは，個人として，当該事件について，裁判書類作成関係業務を行ってはならない。

（注1）この規定においては，使用人である司法書士Aが自ら業務に関与しているか否かを問わない。

（注2）この規定は，司法書士法人Wが原告甲の依頼を受けて簡裁訴訟代理等関係業務を受任している事件であることが要件であるので，司法書士法人が受任しなくなった後においては，使用人である司法書士Aは業務を行うことができる。

（注3）この規定は，使用人である司法書士Aが，司法書士法人Wを脱退した後においては，個人としてまたは他の司法書士法人の社員または使用人としての司法書士Aは業務を行うことができる。

⑶　司法書士法３条２項の司法書士が裁判書類作成関係業務を行い得ない事件

（業務を行い得ない事件）

司法書士法 第22条

3　第３条第２項に規定する司法書士は，次に掲げる事件については，裁判書類作成関係業務を行つてはならない。ただし，第３号及び第６号に掲げる事件については，受任している事件の依頼者が同意した場合は，この限りでない。

一　簡裁訴訟代理等関係業務に関するものとして，相手方の協議を受けて賛助し，又はその依頼を承諾した事件

二　簡裁訴訟代理等関係業務に関するものとして相手方の協議を受けた事件で，その協議の程度及び方法が信頼関係に基づくと認められるもの

三　簡裁訴訟代理等関係業務に関するものとして受任している事件の相手方からの依頼による他の事件

四　司法書士法人の社員又は使用人である司法書士としてその業務に従事していた期間内に，当該司法書士法人が，簡裁訴訟代理等関係業務に関するものとして，相手方の協議を受けて賛助し，又はその依頼を承諾した事件であつて，自らこれに関与したもの

五　司法書士法人の社員又は使用人である司法書士としてその業務に従事していた期間内に，当該司法書士法人が簡裁訴訟代理等関係業務に関するものとして相手方の協議を受けた事件で，その協議の程度及び方法が信頼関係に基づくと認められるものであつて，自らこれに関与したもの

六　司法書士法人の使用人である場合に，当該司法書士法人が簡裁訴訟代理等関係業務に関するものとして受任している事件（当該司法書士が自ら関与しているものに限る。）の相手方からの依頼による他の事件

　司法書士法３条２項の簡裁訴訟代理等関係業務を行うことができる司法書士が裁判書類作成業務を行ってはならない事件は次のとおりである（司書§22Ⅲ柱書本文）。ただし，③および⑥に掲げる事件については，受任している事件の依頼者が同意した場合は裁判書類作成業務を行うことが可能である（同Ⅲ柱書ただし書）。

① 簡裁訴訟代理等関係業務に関するものとして，相手方の協議を受けて賛助し，またはその依頼を承諾した事件（司書§22Ⅲ①）

［事例４］

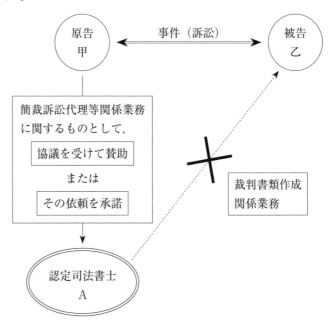

◎ 司法書士Aは，司法書士法3条2項の簡裁訴訟代理等関係業務認定の司法書士である。

　司法書士Aは，原告甲から簡裁訴訟代理等関係業務に関するものとして，「協議を受けて賛助」し，または「依頼を承諾」した。

➡ 司法書士Aは，当該事件について，被告乙の依頼により，裁判書類作成関係業務を行ってはならない。

（注）「協議を受けて賛助」とは，具体的事件の内容について法的解釈や解決するための相談を受け，これに対して相談者が希望する解決のための一定の具体的な見解を示し，あるいは法的手段を教示しまたは助言を与えることをいう。

② 簡裁訴訟代理等関係業務に関するものとして相手方の協議を受けた事件
で，その協議の程度および方法が信頼関係に基づくと認められるもの（司
書§22Ⅲ②）

［事例5］

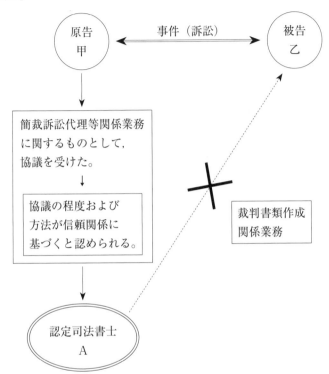

◎ 司法書士Aは，司法書士法3条2項の簡裁訴訟代理等関係業務認定の
司法書士である。

司法書士Aは，原告甲から簡裁訴訟代理等関係業務に関するものとし
て，「協議の程度および方法が信頼関係に基づくと認められる」ような，
協議を受けた。

➡ 司法書士Aは，当該事件について，被告乙の依頼により，裁判書類
作成関係業務を行ってはならない。

(注)「協議の程度および方法が信頼関係に基づくと認められる」とは，
協議の方法や程度の内容について，依頼を承諾したと同様の強い信
頼関係に基づいたものである判断できるような場合をいう。

③　簡裁訴訟代理等関係業務に関するものとして受任している事件の相手方
からの依頼による他の事件（司書§22Ⅲ③）
［事例6］

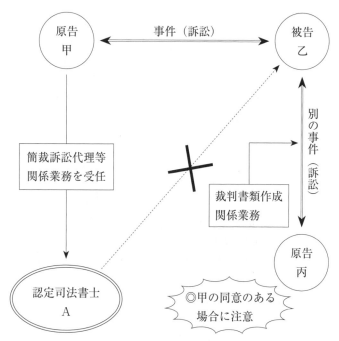

◎　司法書士Aは，司法書士法3条2項の簡裁訴訟代理等関係業務認定の
司法書士である。
司法書士Aは，原告甲から被告乙に対する簡裁訴訟代理等関係業務を
受任した。
被告乙は，原告丙との他の事件の当事者でもあった。
➡　司法書士Aは，当該事件について，被告乙の依頼により，乙と丙と
の間の裁判書類作成関係業務を行ってはならない。ただし，甲の同意
があれば行うことができる。

重要❗・・・・・・・・・・・・・・・・・・・・・・・・・・・・・・
　この場合に，甲が同意した場合には，被告乙の依頼により，乙と丙との間の裁
判書類作成関係業務を行うことができる（司書§22Ⅲ柱書ただし書）。この規定は，
当初の依頼者である原告甲の保護を図ることが趣旨なので，甲の同意があれば規
制する必要がないからである。

④　司法書士法人の社員または使用人である司法書士としてその業務に従事していた期間内に，当該司法書士法人が，簡裁訴訟代理等関係業務に関するものとして，相手方の協議を受けて賛助し，またはその依頼を承諾した事件であって，自らこれに関与したもの（司書§22Ⅲ④）

［事例7］

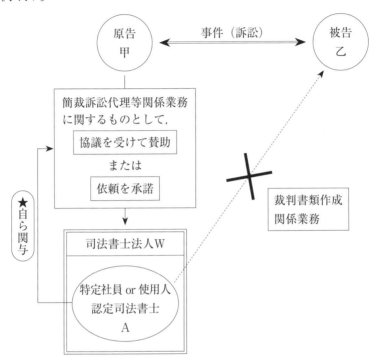

◎　司法書士法3条2項の簡裁訴訟代理等関係業務認定の司法書士Aは，司法書士法人Wの社員または使用人である。

　　司法書士法人Wは，原告甲から簡裁訴訟代理等関係業務に関するものとして，「協議を受けて賛助」し，または「依頼を承諾」し，司法書士Aはこれに関与した。

➡①　司法書士法人Wの使用人である司法書士Aは，当該事件について，個人として，被告乙の依頼により，裁判書類作成関係業務を行ってはならない。

②　司法書士法人Wの社員または使用人である司法書士Aが司法書士法人Wを脱退した後であっても，当該事件について，個人としてまたは他の司法書士法人の社員あるいは使用人として，被告乙の依頼により，裁判書類作成関係業務を行ってはならない。

⑤　司法書士法人の社員または使用人である司法書士としてその業務に従事していた期間内に，当該司法書士法人が簡裁訴訟代理等関係業務に関するものとして相手方の協議を受けた事件で，その協議の程度および方法が信頼関係に基づくと認められるものであって，自らこれに関与したもの（司書§22Ⅲ⑤）

［事例8］

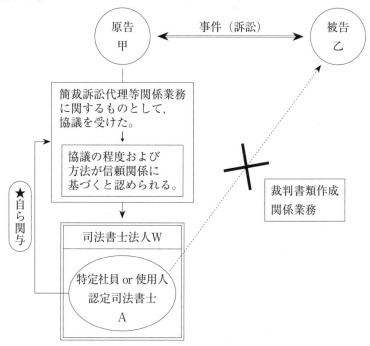

◎　司法書士法3条2項の簡裁訴訟代理等関係業務認定の司法書士Aは，司法書士法人Wの社員または使用人である。

　司法書士法人Wは，原告甲から簡裁訴訟代理等関係業務に関するものとして，「協議の程度および方法が信頼関係に基づくと認められる」ような，協議を受け，司法書士Aはこれに関与した。

➡①　司法書士法人Wの使用人である司法書士Aは，当該事件について，個人として，被告乙の依頼により，裁判書類作成関係業務を行ってはならない。

　②　司法書士法人Wの社員または使用人である司法書士Aが司法書士法人Wを脱退した後であっても，当該事件について，個人としてまたは他の司法書士法人の社員あるいは使用人として，被告乙の依頼により，裁判書類作成関係業務を行ってはならない。

⑥ 司法書士法人の使用人である場合に，当該司法書士法人が簡裁訴訟代理
等関係業務に関するものとして受任している事件（当該司法書士が関与し
ているものに限る。）の相手方からの依頼による他の事件（司書§22Ⅲ⑥）
［事例9］

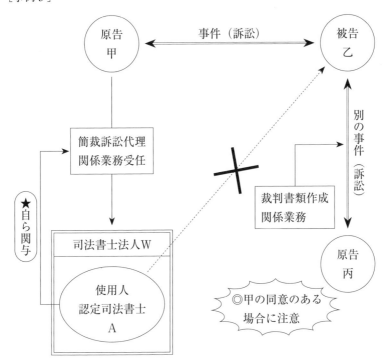

◎ 司法書士法3条2項の簡裁訴訟代理等関係業務認定の司法書士Aは，
司法書士法人Wの使用人である。

司法書士法人Wは，原告甲から被告乙に対する簡裁訴訟代理等関係業
務を受任し，司法書士Aはこれに関与した。

被告乙は，原告丙との他の事件の当事者でもあった。

➡ 司法書士Aは，当該事件について，被告乙の依頼により，乙と丙と
の間の裁判書類作成関係業務を行ってはならない。ただし，甲の同意
があれば行うことができる。

重要

この場合に，甲が同意した場合には，被告乙の依頼により，乙と丙との間の裁
判書類作成関係業務を行うことができる（司書§22Ⅲ柱書ただし書）。この規定は，
当初の依頼者である原告甲の保護を図ることが趣旨なので，甲の同意があれば規
制する必要がないからである。

⑷　司法書士法３条２項の司法書士が簡裁訴訟代理等関係業務を行い得ない事件

（業務を行い得ない事件）

司法書士法 第22条

4　第３条第２項に規定する司法書士は，第２項各号及び前項各号に掲げる事件については，簡裁訴訟代理等関係業務を行つてはならない。この場合においては，同項ただし書の規定を準用する。

　　司法書士法３条２項の簡裁訴訟代理等関係業務を行うことができる司法書士は上記⑵および⑶に掲げる事件については簡裁訴訟代理等関係業務を行つてはならない（司書§22Ⅳ本文）。ただし，⑶の③および⑥に掲げる事件については，受任している事件の依頼者が同意した場合は簡裁訴訟代理等関係業務を行うことが可能である（同ⅣⅢただし書）。

2　司法書士法人に関する業務を行い得ない事件

⑴　すべての司法書士法人が裁判書類作成関係業務を行い得ない事件

（特定の事件についての業務の制限）

司法書士法 第41条　司法書士法人は，次に掲げる事件については，裁判書類作成関係業務を行つてはならない。

一　相手方の依頼を受けて第３条第１項第４号に規定する業務を行つた事件

二　使用人が相手方から簡裁訴訟代理等関係業務に関するものとして受任している事件

三　第22条第１項，第２項第１号若しくは第２号又は第３項第１号から第５号までに掲げる事件として社員の半数以上の者が裁判書類作成関係業務を行つてはならないこととされる事件

　　司法書士法人は，次に掲げる事件については，裁判書類作成関係業務を行ってはならない。

　　なお，司法書士法人に関する業務を行い得ない事件については，当該司法書士法人の主たる事務所または従たる事務所のいずれで受任したかにかかわらず，当該司法書士法人全体で判断される。

R3-8-エ
H24-8-オ

①　相手方の依頼を受けて司法書士法3条1項4号に規定する業務（裁判所
　または検察庁に提出する書類を作成すること）を行った事件（司書§41 I
　①）
　［事例10］

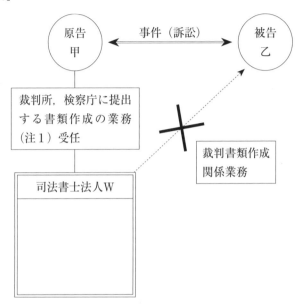

◎　司法書士法人Wは，原告甲の依頼を受けて，裁判所・検察庁に提出す
　る書類作成の業務を行った。
　➡　司法書士法人Wは，当該事件について，被告乙の依頼により，裁判
　　書類作成関係業務を行ってはならない。
　（注）原告甲から裁判書類作成の業務に関して相談業務を行ったが，裁
　　判書類の作成業務を行わなかった事件については，対象外である。

② 使用人が相手方から簡裁訴訟代理等関係業務に関するものとして受任している事件（司書§41Ⅰ②）

［事例11］

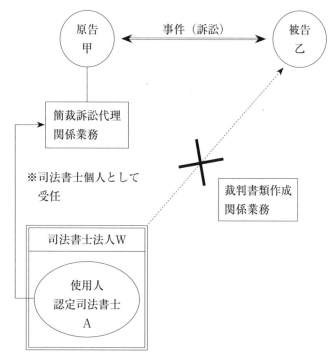

◎ 司法書士法人Wは，司法書士法3条2項の簡裁訴訟代理等関係業務認定の司法書士Aを司法書士法人Wの使用人としている。

使用人である司法書士Aは，司法書士法人Wとは無関係に，原告甲から被告乙に対する簡裁訴訟代理等関係業務を受任した。

➡ 司法書士法人Wは，当該事件について，被告乙の依頼により，裁判書類作成関係業務を行ってはならない。

③　下記の事件について社員の半数以上の者が裁判書類作成関係業務を行ってはならないこととされる事件（司書§41Ⅰ③）

　㋐　公務員として職務上取り扱った事件および仲裁手続により仲裁人として取り扱った事件（司書§22Ⅰ）

　㋑　相手方の依頼を受けて司法書士法3条1項4号に規定する業務（裁判所または検察庁に提出する書類を作成すること）を行った事件（司書§22Ⅱ①）

　㋒　司法書士法人の社員または使用人である司法書士としてその業務に従事していた期間内に，当該司法書士法人が相手方の依頼を受けて司法書士法3条1項4号に規定する業務（裁判所または検察庁に提出する書類を作成すること）を行った事件であって，自らこれに関与したもの（司書§22Ⅱ②）

　㋓　簡裁訴訟代理等関係業務に関するものとして，相手方の協議を受けて賛助し，またはその依頼を承諾した事件（司書§22Ⅲ①）

　㋔　簡裁訴訟代理等関係業務に関するものとして相手方の協議を受けた事件で，その協議の程度および方法が信頼関係に基づくと認められるもの（司書§22Ⅲ②）

　㋕　簡裁訴訟代理等関係業務に関するものとして受任している事件の相手方からの依頼による他の事件（司書§22Ⅲ③）

　㋖　司法書士法人の社員または使用人である司法書士としてその業務に従事していた期間内に，当該司法書士法人が，簡裁訴訟代理等関係業務に関するものとして，相手方の協議を受けて賛助し，またはその依頼を承諾した事件であって，自らこれに関与したもの（司書§22Ⅲ④）

　㋗　司法書士法人の社員または使用人である司法書士としてその業務に従事していた期間内に，当該司法書士法人が簡裁訴訟代理等関係業務に関するものとして相手方の協議を受けた事件で，その協議の程度および方法が信頼関係に基づくと認められるものであって，自らこれに関与したもの（司書§22Ⅲ⑤）

(2) 簡裁訴訟代理等関係業務を行うことを目的とする司法書士法人が裁判書類作成関係業務を行い得ない事件

（特定の事件についての業務の制限）

司法書士法 第41条

2　簡裁訴訟代理等関係業務を行うことを目的とする司法書士法人（過去に簡裁訴訟代理等関係業務を行うことを目的としていたものを含む。）は，次に掲げる事件については，裁判書類作成関係業務を行つてはならない。ただし，第3号に掲げる事件については，受任している事件の依頼者が同意した場合は，この限りでない。

一　簡裁訴訟代理等関係業務に関するものとして，相手方の協議を受けて賛助し，又はその依頼を承諾した事件

二　簡裁訴訟代理等関係業務に関するものとして相手方の協議を受けた事件で，その協議の程度及び方法が信頼関係に基づくと認められるもの

三　簡裁訴訟代理等関係業務に関するものとして受任している事件の相手方からの依頼による他の事件

H18-8-オ　　簡裁訴訟代理等関係業務を行うことを目的とする司法書士法人（過去に簡裁訴訟代理等関係業務を行うことを目的とした司法書士法人を含む。）は，次に掲げる事件については裁判書類作成関係業務を行ってはならない（司書§41Ⅱ柱書本文）。ただし，③に掲げる事件については，受任している事件の依頼者が同意した場合は裁判書類作成業務を行うことが可能である（同Ⅱ柱書ただし書）。

H18-8-エ　　① 簡裁訴訟代理等関係業務に関するものとして，相手方の協議を受けて賛助し，またはその依頼を承諾した事件（司書§41Ⅱ①）（注1）

② 簡裁訴訟代理等関係業務に関するものとして相手方の協議を受けた事件で，その協議の程度および方法が信頼関係に基づくと認められるもの（司書§41Ⅱ②）（注）

（注）「協議を受けて賛助し」および「協議の程度および方法が信頼関係に基づくと認められるもの」の意義は，個人の認定司法書士の場合と同じである。

③ 簡裁訴訟代理関係業務に関するものとして受任している事件の相手方からの依頼による他の事件（司書§41Ⅱ③）

⑶ 簡裁訴訟代理等関係業務を行うことを目的とする司法書士法人が簡裁訴訟代理等関係業務を行い得ない事件

> （特定の事件についての業務の制限）
>
> **司法書士法 第41条**
>
> 3　簡裁訴訟代理等関係業務を行うことを目的とする司法書士法人は，次に掲げる事件については，簡裁訴訟代理等関係業務を行つてはならない。ただし，前項第３号に掲げる事件については，受任している事件の依頼者が同意した場合は，この限りでない。
> 　一　第１項各号及び前項各号に掲げる事件
> 　二　第22条第１項に掲げる事件又は同条第４項に規定する同条第２項第１号若しくは第２号若しくは第３項第１号から第５号までに掲げる事件として特定社員の半数以上の者が簡裁訴訟代理等関係業務を行つてはならないこととされる事件

　簡裁訴訟代理等関係業務を行うことを目的とする司法書士法人は，次に掲げる事件については簡裁訴訟代理等関係業務を行ってはならない（司書§41Ⅲ柱書本文）。ただし，⑵③に掲げる事件については，受任している事件の依頼者が同意した場合は簡裁訴訟代理等関係業務を行うことが可能である（同Ⅲ柱書ただし書）。

① 　⑴及び⑵①②③の事件（司書§41Ⅲ①）

② 　⑴③の㋐～㋗の事件について特定社員の半数以上の者が簡裁訴訟代理等関係業務を行ってはならないこととされる事件（司書§41Ⅲ②）

第3章
司法書士法人

第1節　司法書士法人の設立

Topics ・司法書士法人の設立の手続について理解すること。

1　司法書士法人の設立手続

(1)　司法書士法人の意義

> （設立）
> **司法書士法　第26条**　司法書士は，この章の定めるところにより，司法書士法人を設立することができる。

　司法書士は，司法書士法第5章の定めるところにより司法書士法人を設立することができる（司書§26）。司法書士法人の制度は，司法書士の業務の質の向上，依頼者の地位の安定・強化等を目指し，これにより司法書士が従来にも増して質の高い多様なサービスを安定的に提供することを可能とすることを目的としている。

(2)　司法書士法人の名称

> （名称）
> **司法書士法　第27条**　司法書士法人は，その名称中に司法書士法人という文字を使用しなければならない。

　司法書士法人は，その名称中に司法書士法人という文字を使用しなければならない（司書§27）。例えば，「司法書士法人○○」，「○○司法書士法人」のような名称が考えられる。なお，個人の資格者を示す「司法書士」という名称を用いることはできないので（司書§73Ⅲ），「司法書士法人○○司法書士事務所」といった名称を用いることはできない。

(3)　司法書士法人の登記

> （登記）
> **司法書士法 第31条**　司法書士法人は，政令で定めるところにより，登記をしな
> ければならない。
> **2**　前項の規定により登記をしなければならない事項は，登記の後でなければ，
> これをもつて第三者に対抗することができない。

　司法書士法人は，政令（組合等登記令）で定めるところにより登記をしな
ければならない（司書§31Ⅰ）。この登記をしなければならない事項は，登
記をした後でなければこれをもって第三者に対抗することはできない（司書
§31Ⅱ）。

　司法書士法人は，登記事項に変更を生じたときは，主たる事務所の所在地
においては2週間以内に，従たる事務所の所在地においては3週間以内に，
変更の登記をしなければならない（組合登令§3Ⅰ，11Ⅲ）。

(4)　司法書士法人の設立の手続

> （設立の手続）
> **司法書士法 第32条**　司法書士法人を設立するには，その社員となろうとする司
> 法書士が，定款を定めなければならない。
> **2**　会社法（平成17年法律第86号）第30条第1項の規定は，司法書士法人の定
> 款について準用する。
> **3**　定款には，少なくとも次に掲げる事項を記載しなければならない。
> 　一　目的
> 　二　名称
> 　三　主たる事務所及び従たる事務所の所在地
> 　四　社員の氏名，住所及び第3条第2項に規定する司法書士であるか否かの
> 　　別
> 　五　社員の出資に関する事項

　①　司法書士法人の定款の作成
　　司法書士法人を設立するには，その社員となろうとする司法書士が定款
　を定めなければならない（司書§32Ⅰ）。1人以上の司法書士が定款を定
　めればよく，1人法人も認められる。

② 司法書士法人の定款の認証
　　司法書士法人の定款は，公証人の認証を受けなければならない（司書§32Ⅱ，会社§30Ⅰ）。

③ 司法書士法人の定款の必要的記載事項（司書§32Ⅲ）
　㋐ 目的
　㋑ 名称
　㋒ 主たる事務所および従たる事務所の所在地
　㋓ 社員の氏名，住所および法3条2項に定める司法書士であるか否かの別
　㋔ 社員の出資に関する事項

④ 定款の変更

（定款の変更）
司法書士法 第35条　司法書士法人は，定款に別段の定めがある場合を除き，総社員の同意によつて，定款の変更をすることができる。
2　司法書士法人は，定款を変更したときは，変更の日から2週間以内に，変更に係る事項を，主たる事務所の所在地の司法書士会及び日本司法書士会連合会に届け出なければならない。

R4-8-エ
　司法書士法人は，定款に別段の定めがある場合を除き，総社員の同意によって定款を変更することができる（司書§35Ⅰ）。

H28-8-イ
　司法書士法人は，定款を変更したときは，変更の日から2週間以内に，変更に係る事項を，主たる事務所の所在地の司法書士会及び日本司法書士会連合会に届け出なければならない（同Ⅱ）。この届出は，日本司法書士会連合会の定める様式でしなければならない（司書規§35）。

2　社員の資格

（社員の資格）
司法書士法 第28条　司法書士法人の社員は，司法書士でなければならない。
2　次に掲げる者は，社員となることができない。
　一　第47条の規定により業務の停止の処分を受け，当該業務の停止の期間を経過しない者
　二　第48条第1項の規定により司法書士法人が解散又は業務の全部の停止の

処分を受けた場合において，その処分を受けた日以前30日内にその社員で
あつた者でその処分を受けた日から3年（業務の全部の停止の処分を受け
た場合にあつては，当該業務の全部の停止の期間）を経過しないもの
　　三　司法書士会の会員でない者

(1) 社員の資格

　　司法書士法人の社員は，司法書士でなければならない（司書§28Ⅰ）。　　H16-8-イ

(2) 資格の制限

　　次の①～③に掲げる者は，司法書士法人の社員となることはできない（司
書§28Ⅱ）。

①　司法書士に対する懲戒処分として業務停止の処分を受け，その業務停止　R4-8-イ
の期間を経過しない者（司書§28Ⅱ①，47②）

②　司法書士法人に対する懲戒処分として解散または業務の全部の停止の処　H28-8-オ
分を受けた場合において，その処分を受けた日以前30日内にその社員であ　H22-8-ア
った者でその処分を受けた日から3年（業務の全部の停止の処分を受けた
場合にあっては，その業務の全部の停止の期間）を経過しない者（司書§
28Ⅱ②，48Ⅰ②，③）

③　司法書士会の会員でない者（司書§28Ⅱ③）

3　司法書士法人の成立時期および届出

(1) 成立の時期

（成立の時期）
司法書士法 第33条　司法書士法人は，その主たる事務所の所在地において設立
の登記をすることによつて成立する。

　　司法書士法人は，その主たる事務所の所在地において設立の登記をするこ
とによって成立する（司書§33）。準則主義が採用されている。

⑵　成立の届出

（成立の届出）

司法書士法 第34条　司法書士法人は，成立したときは，成立の日から2週間以内に，登記事項証明書及び定款の写しを添えて，その旨を，その主たる事務所の所在地を管轄する法務局又は地方法務局の管轄区域内に設立された司法書士会（以下「主たる事務所の所在地の司法書士会」という。）及び日本司法書士会連合会に届け出なければならない。

（司法書士法人の成立の届出）

司法書士法施行規則 第34条　法第34条に規定する司法書士法人の成立の届出は，連合会の定める様式による書面でしなければならない。

4　司法書士法人名簿

（司法書士法人名簿）

司法書士法施行規則 第32条　連合会は，司法書士法人名簿を備え，次条第2項に掲げる事項の登録を行う。

司法書士法施行規則 第33条　司法書士法人名簿は，連合会の定める様式により調製する。

2　司法書士法人名簿には，次に掲げる事項を記載し，又は記録する。

一　目的，名称，成立年月日及び登録番号

二　社員の氏名，住所，登録番号，事務所の所在地及び所属する司法書士会

三　主たる事務所の所在地及び当該事務所に常駐する社員の氏名並びに所属する司法書士会

四　従たる事務所を設ける司法書士法人にあつては，その従たる事務所の所在地及び当該事務所に常駐する社員の氏名

五　簡裁訴訟代理等関係業務を行うことを目的とする司法書士法人にあつては，簡裁訴訟代理等関係業務を行う事務所の所在地及び当該事務所に常駐する法第36条第2項に規定する特定社員の氏名

⑴　司法書士法人名簿の登録事務

　　連合会は，司法書士法人名簿を備え，規則33条2項に定める事項の登録事務を行う（司書規§32）。司法書士法人名簿は，連合会の定める様式により調製する（司書規§33Ⅰ）。

(2)　司法書士法人名簿の記載事項

① 　目的，名称，成立年月日および登録番号（司書規§33Ⅱ①）

② 　社員の氏名，住所，登録番号，事務所の所在地および所属する司法書士会（司書規§33Ⅱ②）

③ 　主たる事務所の所在地および当該事務所に常駐する社員の氏名ならびに所属する司法書士会（司書規§33Ⅱ③）

④ 　従たる事務所を設ける司法書士法人にあっては，その従たる事務所の所在地および当該事務所に常駐する社員の氏名（司書規§33Ⅱ④）

⑤ 　簡裁訴訟代理等関係業務を行うことを目的とする司法書士法人にあっては，簡裁訴訟代理等関係業務を行う事務所の所在地および当該事務所に常駐する法36条2項に定める特定社員の氏名（司書規§33Ⅱ⑤）

(3)　法務局長等への通知

（法務局等の長に対する通知）

司法書士法施行規則 第36条 　連合会は，司法書士法人名簿に登録をしたときは登録事項を，司法書士法人の登録を取り消したときはその旨を，遅滞なく，当該司法書士法人の事務所の所在地を管轄する法務局又は地方法務局の長に通知しなければならない。

2 　連合会は，司法書士法人が所属する司法書士会の変更の登録をしたときは，当該司法書士法人の従前の主たる事務所の所在地を管轄する法務局又は地方法務局の長にその旨を，新たな主たる事務所の所在地を管轄する法務局又は地方法務局の長に登録事項（前項の規定により通知をしている場合における当該通知に係る事項を除く。）を，遅滞なく通知しなければならない。

3 　連合会は，司法書士法人名簿に変更の登録をしたときは，その旨を，遅滞なく，当該司法書士法人の事務所の所在地を管轄する法務局又は地方法務局の長に通知しなければならない。ただし，所属する司法書士会の変更の登録をした場合において，前項の通知をしたときにおける当該通知に係る事項については，この限りでない。

---

① 登録事項等の通知

　　連合会は，司法書士法人名簿に登録をしたときは登録事項を，司法書士法人の登録を取り消したときはその旨を，遅滞なく，その司法書士法人の主たる事務所の所在地を管轄する（地方）法務局の長に通知しなければならない（司書規§36Ⅰ）。

② 司法書士会の変更の登録

　　連合会は，司法書士法人が所属する司法書士会の変更の登録をしたときは，その司法書士法人の従前の主たる事務所の所在地を管轄する（地方）法務局の長にその旨を，新たな主たる事務所の所在地を管轄する（地方）法務局の長に登録事項を，遅滞なく通知しなければならない（司書規§36Ⅱ）。

③ 変更の登録（所属する司法書士会以外の事項）

　　日本司法書士会連合会は，司法書士法人名簿に変更の登録をしたときは，その旨を，遅滞なく，その司法書士法人の事務所の所在地を管轄する（地方）法務局の長に通知しなければならない（司書規§36Ⅲ）。

第2節　業務の範囲

Topics ・司法書士法人の業務の範囲について理解すること。

1　司法書士法人の業務の範囲

（業務の範囲）

司法書士法 第29条　司法書士法人は，第3条第1項第1号から第5号までに規定する業務を行うほか，定款で定めるところにより，次に掲げる業務を行うことができる。

一　法令等に基づきすべての司法書士が行うことができるものとして法務省令で定める業務の全部又は一部

二　簡裁訴訟代理等関係業務

2　簡裁訴訟代理等関係業務は，社員のうちに第3条第2項に規定する司法書士がある司法書士法人（司法書士会の会員であるものに限る。）に限り，行うことができる。

（司法書士法人の業務の範囲）

司法書士法施行規則 第31条　法第29条第1項第1号の法務省令で定める業務は，次の各号に掲げるものとする。

一　当事者その他関係人の依頼又は官公署の委嘱により，管財人，管理人その他これらに類する地位に就き，他人の事業の経営，他人の財産の管理若しくは処分を行う業務又はこれらの業務を行う者を代理し，若しくは補助する業務

二　当事者その他関係人の依頼又は官公署の委嘱により，後見人，保佐人，補助人，監督委員その他これらに類する地位に就き，他人の法律行為について，代理，同意若しくは取消しを行う業務又はこれらの業務を行う者を監督する業務

三　司法書士又は司法書士法人の業務に関連する講演会の開催，出版物の刊行その他の教育及び普及の業務

四　競争の導入による公共サービスの改革に関する法律（平成18年法律第51号）第33条の2第1項に規定する特定業務

五　法第3条第1項第1号から第5号まで及び前各号に掲げる業務に附帯し，又は密接に関連する業務

司法書士法人は，次に掲げる業務を行うことができる（司書§29Ⅰ）。

⑴　**司法書士法3条1項1号～5号に定める業務（司書§29Ⅰ柱書）**

⑵　**定款に定める業務⑴／法務省令で定める業務の全部または一部（司書§29Ⅰ①）**

　　司法書士法人の業務範囲につき法務省令への委任条項を設ける趣旨は，司法書士法人に対する将来のニーズの変化に柔軟かつ迅速に対応するところにある。すなわち，司法書士法人は司法書士の業務を行うことを目的とする法人であるところ，司法書士が実際に行っている業務は多種多様であり，あらかじめ法律で網羅的に規定し尽くすことは困難である。また，司法書士法人に対する将来のニーズの変化には柔軟かつ迅速に対応する必要がある。そこで，司法書士法人の附帯業務の範囲については法務省令で定めることとされたのである。

　　司法書士法施行規則によると，司法書士法人の附帯業務の範囲は次のとおりである（司書規§31）。

H30-8-オ

①　当事者その他関係人の依頼または官公署の委嘱により，管財人，管理人その他これらに類する地位に就き，他人の事業の経営，他人の財産の管理もしくは処分を行う業務またはこれらの業務を行う者を代理し，もしくは補助する業務（司書規§31①）

H26-8-イ
H17-8-イ

②　当事者その他関係人の依頼または官公署の委嘱により，後見人，保佐人，補助人，監督委員その他これらに類する地位に就き，他人の法律行為について，代理，同意もしくは取消しを行う業務またはこれらの業務を行う者を監督する業務（司書規§31②）

③　司法書士または司法書士法人の業務に関連する講演会の開催，出版物の刊行その他の教育および普及の業務（司書規§31③）

④　競争の導入による公共サービスの改革に関する法律（平成18年法律第51号）33条の2第1項に規定する特定業務（司書規§31④）

⑤　法3条1項1号から5号までおよび前各号に掲げる業務に附帯し，または密接に関連する業務（司書規§31⑤）

⑶　**定款で定める業務⑵／簡裁訴訟代理等関係業務（司書§29Ⅰ②）**

　　この簡裁訴訟代理等関係業務は，社員のうちに認定司法書士がある司法書士法人（司法書士会の会員である者に限る）に限り行うことができる（司書§29Ⅱ）。

R3-8-イ
H27-8-ア
H17-8-ア

2　簡裁訴訟代理等関係業務の取扱い

（簡易裁判所における訴訟等の代理事務の取扱い）

司法書士法 第30条　司法書士法人は，第3条第1項第6号に掲げる事務については，依頼者からその社員又は使用人である第3条第2項に規定する司法書士（以下この条において「社員等」という。）に行わせる事務の委託を受けるものとする。この場合において，当該司法書士法人は，依頼者に，当該司法書士法人の社員等のうちからその代理人を選任させなければならない。

2　司法書士法人は，前項に規定する事務についても，社員等がその業務の執行に関し注意を怠らなかつたことを証明しなければ，依頼者に対する損害賠償の責めを免れることはできない。

⑴　**簡裁訴訟代理等関係業務の受任**

　　司法書士法人は，司法書士法3条1項6号の事務については，依頼者からその社員または使用人である認定司法書士（社員等という）に行わせる事務の委託を受けるものとし，この場合，その司法書士法人は依頼者にその司法書士法人の社員等のうちからその代理人を選任させなければならない（司書§30Ⅰ）。

⑵　**司法書士法人の債務不履行責任**

　　司法書士法人は，上記⑴の事務につき，社員等がその業務の執行に関し注意を怠らなかったことを証明しなければ，依頼者に対する損害賠償責任を免れることはできない（司書§30Ⅱ）。

第3節　司法書士法人の業務の執行

Topics・司法書士法人の業務執行，代表，業務上の義務について理解すること。

1　司法書士法人の社員の業務執行

> （業務の執行）
> **司法書士法 第36条**　司法書士法人の社員は，すべて業務を執行する権利を有し，義務を負う。
> 2　簡裁訴訟代理等関係業務を行うことを目的とする司法書士法人における簡裁訴訟代理等関係業務については，前項の規定にかかわらず，第3条第2項に規定する司法書士である社員（以下「特定社員」という。）のみが業務を執行する権利を有し，義務を負う。

・　**司法書士法人の権利義務**

H16-8-ア
　　司法書士法人の社員は，業務執行の権利を有し義務を負う（司書§36Ⅰ）。簡裁訴訟代理等関係業務を行うことを目的とする司法書士法人における簡裁訴訟代理等関係業務については，認定司法書士である社員（特定社員という）のみが業務執行の権利を有し義務を負う（司書§36Ⅱ）。

➕アルファ

H30-8-ウ
H22-8-オ
　　司法書士法人の社員のうち業務執行の権利および義務を有しない社員を定めることは認められない。

2　司法書士法人の代表

> （法人の代表）
> **司法書士法 第37条**　司法書士法人の社員は，各自司法書士法人を代表する。ただし，定款又は総社員の同意によつて，社員のうち特に司法書士法人を代表すべきものを定めることを妨げない。
> 2　簡裁訴訟代理等関係業務を行うことを目的とする司法書士法人における簡裁訴訟代理等関係業務については，前項本文の規定にかかわらず，特定社員のみが，各自司法書士法人を代表する。ただし，当該特定社員の全員の同意によつて，当該特定社員のうち特に簡裁訴訟代理等関係業務について司法書士法人を代表すべきものを定めることを妨げない。
> 3　第1項の規定により司法書士法人を代表する社員は，司法書士法人の業務

> （前項の簡裁訴訟代理等関係業務を除く。）に関する一切の裁判上又は裁判外
> の行為をする権限を有する。
> 4 前項の権限に加えた制限は，善意の第三者に対抗することができない。
> 5 第1項の規定により司法書士法人を代表する社員は，定款によつて禁止さ
> れていないときに限り，特定の行為の代理を他人に委任することができる。

(1) 各自代表の原則

　司法書士法人の社員は，各自司法書士法人を代表する。ただし，定款また
は総社員の同意により，社員のうち特に司法書士法人を代表すべきものを定
めることができる（司書§37Ⅰ）。

(2) 簡裁訴訟代理等関係業務についての代表

　簡裁訴訟代理等関係業務を行うことを目的とする司法書士法人における簡　**H28-8-ウ**
裁訴訟代理等関係業務については，特定社員のみが各自司法書士法人を代表　**H23-8-ア**
する。ただし，その特定社員の全員の同意により，その特定社員のうち特に
簡裁訴訟代理等関係業務について司法書士法人を代表すべきものを定めるこ
とができる（司書§37Ⅱ）。

(3) 代表社員の権限

　上記(1)により司法書士法人を代表する社員は，司法書士法人の業務（上記
(2)の簡裁訴訟代理等関係業務を除く）に関する一切の裁判上または裁判外の
行為をする権限を有する（司書§37Ⅲ）。この権限に加えた制限は，善意の
第三者に対抗することができない（同Ⅳ）。

(4) 代表社員の代理行為の委任

　司法書士法人を代表する社員は，定款によって禁止されていないときに限
り，特定の行為の代理を他人に委任することができる（司書§37Ⅴ）。

3 司法書士法人の責任

> （社員の責任）
> **司法書士法 第38条** 司法書士法人の財産をもつてその債務を完済することがで
> きないときは，各社員は，連帯して，その弁済の責任を負う。
> 2 司法書士法人の財産に対する強制執行がその効を奏しなかつたときも，前
> 項と同様とする。
> 3 前項の規定は，社員が司法書士法人に資力があり，かつ，執行が容易であ

ることを証明したときは，適用しない。

4　簡裁訴訟代理等関係業務を行うことを目的とする司法書士法人が簡裁訴訟代理等関係業務に関し依頼者に対して負担することとなつた債務を当該司法書士法人の財産をもつて完済することができないときは，第1項の規定にかかわらず，特定社員（当該司法書士法人を脱退した特定社員を含む。以下この条において同じ。）が，連帯して，その弁済の責任を負う。ただし，当該司法書士法人を脱退した特定社員については，当該債務が脱退後の事由により生じた債務であることを証明した場合は，この限りでない。

5　前項本文に規定する債務についての司法書士法人の財産に対する強制執行がその効を奏しなかつたときは，第2項及び第3項の規定にかかわらず，特定社員が当該司法書士法人に資力があり，かつ，執行が容易であることを証明した場合を除き，前項と同様とする。

6　会社法第612条の規定は，司法書士法人の社員の脱退について準用する。ただし，第4項本文に規定する債務については，この限りでない。

（社員であると誤認させる行為をした者の責任）

司法書士法 第38条の2　社員でない者が自己を社員であると誤認させる行為をしたときは，当該社員でない者は，その誤認に基づいて司法書士法人と取引をした者に対し，社員と同一の責任を負う。

(1)　連帯無限責任

H22-8-イ
H16-8-ウ
H16-8-エ

　　司法書士法人の財産をもってその債務を完済できないときは，各社員は連帯して弁済する責任を負う（司書§38Ⅰ）。司法書士法人の財産に対する強制執行が奏効しなかったときも，同様である（同Ⅱ）。ただし，司法書士法人に資力があり，かつ執行が容易であることを社員が証明したときは，社員は責任を負わない（同Ⅲ）。

(2)　特定社員の連帯無限責任

　　簡裁訴訟代理等関係業務に関する債務について，司法書士法人の財産をもってその債務を完済できないときは，特定社員が連帯無限責任を負う（司書§38Ⅳ本文）。また，司法書士法人の財産に対する強制執行が奏効しなかったときは，特定社員がその司法書士法人に資力がありかつ執行が容易であることを証明しない限り，同様である（同Ⅴ）。この責任を登記手続の代理等に関する債務と区別しているのは，簡裁訴訟代理等関係業務に関する債務については特定社員以外の社員が個人責任を負わないものとする趣旨である。

　　簡裁訴訟代理等関係業務に関する債務については，司法書士法人を脱退した特定社員も，脱退の登記の時期にかかわらず，その債務が脱退後の事由に

より生じた債務であることを証明しない限り，連帯無限責任を負う（同Ⅳただし書，Ⅵただし書）。

(3) 脱退社員の責任

司法書士法人を脱退した社員は，主たる事務所の所在地において脱退の登記をする前に生じた法人の債務（簡裁訴訟代理等関係業務に関する債務以外の債務）について責任を負うが，脱退の登記後2年内に法人の債権者から請求または請求の予告を受けなければ，その責任は登記後2年を経過したときに消滅する（司書§38Ⅵ，会社§612）。

(4) 社員であると誤認させる行為をした者の責任

司法書士法人の社員でない者が自己を社員であると誤認させる行為をしたときは，その社員でない者は，その誤認に基づいて司法書士法人と取引をした者に対し，社員と同一の責任を負う（司書§38の2）。

4　司法書士法人の社員の常駐

（社員の常駐）
司法書士法 第39条　司法書士法人は，その事務所に，当該事務所の所在地を管轄する法務局又は地方法務局の管轄区域内に設立された司法書士会の会員である社員を常駐させなければならない。
（簡裁訴訟代理等関係業務の取扱い）
司法書士法 第40条　簡裁訴訟代理等関係業務を行うことを目的とする司法書士法人は，特定社員が常駐していない事務所においては，簡裁訴訟代理等関係業務を取り扱うことができない。

司法書士法人は，その主たる事務所および従たる事務所のいずれにも，当該事務所を管轄する法務局または地方法務局の管轄区域内に設立された司法書士会の会員である社員を常駐させなければならない（司書§39）。 `R4-8-オ` `H26-8-エ` `H22-8-エ`

簡裁訴訟代理等関係業務を行うことを目的とする司法書士法人は，特定社員の常駐しない事務所においては，簡裁訴訟代理等関係業務を取り扱うことはできない（司書§40）。 `H23-8-エ`

5　司法書士法人の社員の競業の禁止

（社員の競業の禁止）

司法書士法 第42条　司法書士法人の社員は，自己若しくは第三者のためにその司法書士法人の業務の範囲に属する業務を行い，又は他の司法書士法人の社員となつてはならない。

2　司法書士法人の社員が前項の規定に違反して自己又は第三者のためにその司法書士法人の業務の範囲に属する業務を行つたときは，当該業務によつて当該社員又は第三者が得た利益の額は，司法書士法人に生じた損害の額と推定する。

H21-8-エ
H16-8-オ
　司法書士法人の社員は，自己もしくは第三者のためにその司法書士法人の業務の範囲に属する業務を行い，または他の司法書士法人の社員となってはならない（司書§42Ⅰ）。これは，競業による弊害を防止する趣旨である。

　すなわち，司法書士法人の社員が司法書士個人として業務を行ったり，他の司法書士法人の社員になることを認めると，利益相反的状況が恒常的に作り出されて精力の分散を招き，業務の質が低下するから，このような事態は回避しなければならない。また，委任の相手方が誰であるかにつき依頼者に無用な混乱を与えることを防止する必要もあるからである。

H30-8-ア
H27-8-エ
　したがって，この競業禁止は，司法書士法人の利益の保護を図るだけでなく，公益を図る趣旨をも有するから，仮に司法書士法人の総社員の同意があったとしても，競業を認めることはできない。

6　司法書士法人のその他の義務

　司法書士法人において，司法書士における次の義務規定が準用されている（司書規§37）。なお，司法書士法人は複数の事務所を置くことができる（司書§32Ⅲ③参照）。

①　事務所の表示（司書規§20）
②　職印（司書規§21）
③　報酬の基準を明示する義務（司書規§22）
④　他人による業務取扱いの禁止（司書規§24）
⑤　補助者（司書規§25）
⑥　不当依頼誘致の禁止（司書規§26）
⑦　依頼の拒否（司書規§27）
⑧　書類等の作成（司書規§28）
⑨　領収証（司書規§29）

⑩　事件簿（司書規§30）

7　司法書士法人の業務を行い得ない事件

第2章第3節を参照

第4節　社員の脱退，解散および合併

Topics ・司法書士法人の社員の脱退，解散および合併について理解すること。

1　司法書士法人の社員の脱退

（法定脱退）

司法書士法 第43条　司法書士法人の社員は，次に掲げる理由によつて脱退する。

一　司法書士の登録の取消し

二　定款に定める理由の発生

三　総社員の同意

四　第28条第2項各号のいずれかに該当することとなつたこと。

五　除名

（司法書士に関する規定等の準用）

司法書士法 第46条　第1条，第2条，第20条，第21条及び第23条の規定は，司法書士法人について準用する。

2　一般社団法人及び一般財団法人に関する法律（平成18年法律第48号）第4条並びに会社法第600条，第614条から第619条まで，第621条及び第622条の規定は司法書士法人について，同法第581条，第582条，第585条第1項及び第4項，第586条，第593条，第595条，第596条，第601条，第605条，第606条，第609条第1項及び第2項，第611条（第1項ただし書を除く。）並びに第613条の規定は司法書士法人の社員について，同法第859条から第862条までの規定は司法書士法人の社員の除名並びに業務を執行する権利及び代表権の消滅の訴えについて，それぞれ準用する。この場合において，同法第613条中「商号」とあるのは「名称」と，同法第859条第2号中「第594条第1項（第598条第2項において準用する場合を含む。）」とあるのは「司法書士法（昭和25年法律第197号）第42条第1項」と読み替えるものとする。

3　会社法第644条（第3号を除く。），第645条から第649条まで，第650条第1項及び第2項，第651条第1項及び第2項（同法第594条の準用に係る部分を除く。），第652条，第653条，第655条から第659条まで，第662条から第664条まで，第666条から第673条まで，第675条，第863条，第864条，第868条第1項，第869条，第870条第1項（第1号及び第2号に係る部分に限る。），第871条，第872条（第4号に係る部分に限る。），第874条（第1号及び第4号に係る部分に限る。），第875条並びに第876条の規定は，司法書士法人の解散及び清算について準用する。この場合において，同法第644条第1号中「第641条第5号」とあるのは「司法書士法第44条第1項第3号」と，同法第647条第3項中「第

641条第4号又は第7号」とあるのは「司法書士法第44条第1項第5号から第7号まで」と，同法第668条第1項及び第669条中「第641条第1号から第3号まで」とあるのは「司法書士法第44条第1項第1号又は第2号」と，同法第670条第3項中「第939条第1項」とあるのは「司法書士法第45条の2第6項において準用する第939条第1項」と，同法第673条第1項中「第580条」とあるのは「司法書士法第38条」と読み替えるものとする。

4　会社法第824条，第826条，第868条第1項，第870条第1項（第10号に係る部分に限る。），第871条本文，第872条（第4号に係る部分に限る。），第873条本文，第875条，第876条，第904条及び第937条第1項（第3号ロに係る部分に限る。）の規定は司法書士法人の解散の命令について，同法第825条，第868条第1項，第870条第1項（第1号に係る部分に限る。），第871条，第872条（第1号及び第4号に係る部分に限る。），第873条，第874条（第2号及び第3号に係る部分に限る。），第875条，第876条，第905条及び第906条の規定はこの項において準用する同法第824条第1項の申立てがあつた場合における司法書士法人の財産の保全について，それぞれ準用する。

5　会社法第828条第1項（第1号に係る部分に限る。）及び第2項（第1号に係る部分に限る。），第834条（第1号に係る部分に限る。），第835条第1項，第837条から第839条まで並びに第846条の規定は，司法書士法人の設立の無効の訴えについて準用する。

6　会社法第833条第2項，第834条（第21号に係る部分に限る。），第835条第1項，第837条，第838条，第846条及び第937条第1項（第1号リに係る部分に限る。）の規定は，司法書士法人の解散の訴えについて準用する。

7　破産法（平成16年法律第75号）第16条の規定の適用については，司法書士法人は，合名会社とみなす。

司法書士法人の社員は，①司法書士の登録の取消し，②定款に定める理由の発生，③総社員の同意，④社員が欠格事由（司書§28Ⅱ）に該当することとなったこと，および⑤除名（司書§46Ⅱ，会社§859）により脱退する（司書§43）。

なお，社員は告知によりまたはやむを得ない事由があるときは自発的に司法書士法人を脱退することができる（司書§46Ⅱ，会社§606Ⅰ，Ⅲ）。

H22-8-ウ
H16-8-イ

2　司法書士法人の解散

> （解散）
>
> **司法書士法 第44条**　司法書士法人は，次に掲げる理由によつて解散する。
> 一　定款に定める理由の発生
> 二　総社員の同意
> 三　他の司法書士法人との合併
> 四　破産手続開始の決定
> 五　解散を命ずる裁判
> 六　第48条第1項第3号の規定による解散の処分
> 七　社員の欠亡
> 2　司法書士法人は，前項第3号の事由以外の事由により解散したときは，解散の日から2週間以内に，その旨を，主たる事務所の所在地の司法書士会及び日本司法書士会連合会に届け出なければならない。
> 3　司法書士法人の清算人は，司法書士でなければならない。

(1)　解散事由

　　司法書士法人は，次の①〜⑦の事由により解散する。
①　定款に定める理由の発生（司書§44 I ①）
②　総社員の同意（同 I ②）
③　他の司法書士法人との合併（同 I ③）
④　破産手続開始の決定（同 I ④）
⑤　解散を命ずる裁判（同 I ⑤）
⑥　懲戒処分としての解散の処分（同 I ⑥，48 I ③）
⑦　社員の欠亡（司書§44 I ⑦）

(2)　解散の届出

　　司法書士法人は，(1)③以外の事由により解散したときは，解散の日から2週間以内に，その旨を主たる事務所の所在地の司法書士会および日本司法書士会連合会に届け出なければならない（司書§44 II）。

(3)　清算人

　　司法書士法人の清算人は，司法書士でなければならない（司書§44 III）。

(4) 司法書士法人の継続

> （司法書士法人の継続）
> **司法書士法 第44条の2**　司法書士法人の清算人は，社員の死亡により前条第1
> 項第7号に該当するに至つた場合に限り，当該社員の相続人（第46条第3項
> において準用する会社法第675条において準用する同法第608条第5項の規定
> により社員の権利を行使する者が定められている場合にはその者）の同意を
> 得て，新たに社員を加入させて司法書士法人を継続することができる。

　　司法書士法人が社員の死亡により，社員を欠亡した場合，当該司法書士法
人の精算人は，当該社員の相続人の同意を得て，新たに社員を加入させるこ
とにより，司法書士法人を継続することができる（司書§44の2）。社員の
欠亡により直ちに解散するとすると，依頼者や債権者の保護に欠けるため，
新たな社員を加入させてその法人を存続させることが社会の利益になること
もあるからである。

(5) 裁判所による監督

> （裁判所による監督）
> **司法書士法 第44条の3**　司法書士法人の解散及び清算は，裁判所の監督に属す
> る。
> **2**　裁判所は，職権で，いつでも前項の監督に必要な検査をすることができる。
> **3**　司法書士法人の解散及び清算を監督する裁判所は，法務大臣に対し，意見
> を求め，又は調査を嘱託することができる。
> **4**　法務大臣は，前項に規定する裁判所に対し，意見を述べることができる。

　　司法書士法人の解散および清算は，裁判所の監督に属する（司書§44の3
Ⅰ）。裁判所は，職権によりいつでもこの監督に必要な検査をすることがで
きる（同Ⅱ）。司法書士法人の解散および清算を監督する裁判所は，法務大
臣に対し意見を求めまたは調査を嘱託することができる（同Ⅲ）。法務大臣は，
司法書士法人の解散および清算を監督する裁判所に対し，意見を述べること
ができる（同Ⅳ）。

(6)　解散及び清算の監督に関する事件の管轄

（解散及び清算の監督に関する事件の管轄）

司法書士法 第44条の4　司法書士法人の解散及び清算の監督に関する事件は，その主たる事務所の所在地を管轄する地方裁判所の管轄に属する。

(7)　検査役の選任

（検査役の選任）

司法書士法 第44条の5　裁判所は，司法書士法人の解散及び清算の監督に必要な調査をさせるため，検査役を選任することができる。

2　前項の検査役の選任の裁判に対しては，不服を申し立てることができない。

3　裁判所は，第1項の検査役を選任した場合には，司法書士法人が当該検査役に対して支払う報酬の額を定めることができる。この場合においては，裁判所は，当該司法書士法人及び検査役の陳述を聴かなければならない。

　裁判所は，司法書士法人の解散および清算の監督に必要な調査をさせるため，検査役を選任することができる（司書§44の5Ⅰ）。この検査役選任の裁判に対しては，不服の申立てをすることはできない（同Ⅱ）。

　裁判所は，検査役を選任した場合，司法書士法人がその検査役に対して支払う報酬の額を定めることができ，この場合には裁判所はその司法書士法人および検査役の意見を聴かなければならない（同Ⅲ）。

3　司法書士法人の合併

（合併）

司法書士法 第45条　司法書士法人は，総社員の同意があるときは，他の司法書士法人と合併することができる。

2　合併は，合併後存続する司法書士法人又は合併により設立する司法書士法人が，その主たる事務所の所在地において登記することによつて，その効力を生ずる。

3　司法書士法人は，合併したときは，合併の日から2週間以内に，登記事項証明書（合併により設立する司法書士法人にあつては，登記事項証明書及び定款の写し）を添えて，その旨を，主たる事務所の所在地の司法書士会及び日本司法書士会連合会に届け出なければならない。

> 4　合併後存続する司法書士法人又は合併により設立する司法書士法人は，当該合併により消滅する司法書士法人の権利義務を承継する。

(1)　司法書士法人の合併

　　司法書士法人は，総社員の同意があるときは，他の司法書士法人と合併することができる（司書§45Ⅰ）。合併は，合併後存続する司法書士法人または合併により設立した司法書士法人が，その主たる事務所の所在地において登記することによってその効力を生ずる（同Ⅱ）。

(2)　合併の届出

　　司法書士法人は，合併したときは，合併の日から2週間以内に登記事項証明書（合併によって設立する司法書士法人にあっては，登記事項証明書および定款の写し）を添えて，その旨を主たる事務所の所在地の司法書士会および連合会に届け出なければならない（司書§45Ⅲ）。

(3)　権利義務の承継（司書§45Ⅳ）

(4)　債権者の異議等（司書§45の2）

(5)　合併の無効の訴え（司書§45の3）

第４章
懲戒処分その他

第1節　懲戒処分

Topics ・懲戒処分の内容および手続について理解すること。

1　司法書士に対する懲戒

> （司法書士に対する懲戒）
> **司法書士法 第47条**　司法書士がこの法律又はこの法律に基づく命令に違反した
> ときは，法務大臣は，当該司法書士に対し，次に掲げる処分をすることがで
> きる。
> 一　戒告
> 二　２年以内の業務の停止
> 三　業務の禁止

・　**個人の司法書士に対する懲戒の種類**

H19-8-ア
H15-8-ウ

　司法書士が司法書士法または司法書士法に基づく命令に違反したときは，法
務大臣は，その司法書士に対し次に掲げる処分をすることができる（司書§
47）。

①　戒告（司書§47①）
　　戒告とは，その司法書士の非行の責任を確認させ，反省を求め，再び過
ちを犯さないように戒める旨の処分である。

②　２年以内の業務の停止（司書§47②）
　　これは，その司法書士に対し，２年以内の一定の期間，業務を行うこと
を禁止する処分である。

③　業務の禁止（司書§47③）

H7-8-5

　　この懲戒処分を受けると，司法書士の欠格事由に該当し（司書§５⑤），
司法書士名簿の必要的取消事由となる（司書§15Ⅰ④）。

2　司法書士法人に対する懲戒

> （司法書士法人に対する懲戒）
>
> **司法書士法 第48条**　司法書士法人がこの法律又はこの法律に基づく命令に違反
> したときは，法務大臣は，当該司法書士法人に対し，次に掲げる処分をする
> ことができる。
> 　一　戒告
> 　二　2年以内の業務の全部又は一部の停止
> 　三　解散
> 2　前項の規定による処分の手続に付された司法書士法人は，清算が結了した
> 後においても，この章の規定の適用については，当該手続が結了するまで，
> なお存続するものとみなす。

(1)　司法書士法人に対する懲戒の種類

　　司法書士法人が司法書士法または司法書士法に基づく命令に違反したとき
は，法務大臣は，その司法書士法人に対し次に掲げる処分をすることができ
る。

　①　戒告（司書§48Ⅰ①）

　②　2年以内の業務の全部または一部の停止（司書§48Ⅰ②）
　　　「業務の全部の停止」とは，その司法書士法人の業務のすべてを停止す
　　ることを意味する。「業務の一部の停止」には，複数の事務所を有する司
　　法書士法人について，特定の事務所の業務を停止することのほか，特定の
　　事務所における業務のうちの一部の業務を停止することが含まれる。

　③　解散（司書§48Ⅰ③）

H28-8-エ
H19-8-ウ

(2)　懲戒手続に付された司法書士法人の取扱い

　　懲戒処分の手続に付された司法書士法人は，清算が結了した後においても，
懲戒についてはその手続が結了するまで，なお存続するものとみなされる（司
書§16Ⅰ）。

➕ **アルファ**

　　司法書士法人Aの社員の司法書士Bが，司法書士法人Aの受任した事件を
遂行するにあたり司法書士法に違反する行為を行った場合には，司法書士法

H30-8-エ
H19-8-エ

人Aに対する懲戒処分と司法書士Bに対する懲戒処分はそれぞれ別個のものであるので，司法書士法人Aおよび司法書士Bに対する懲戒処分が重ねてなされることがありうる。

3　懲戒処分の手続

（懲戒の手続）

司法書士法　第49条　何人も，司法書士又は司法書士法人にこの法律又はこの法律に基づく命令に違反する事実があると思料するときは，法務大臣に対し，当該事実を通知し，適当な措置をとることを求めることができる。

2　前項の規定による通知があつたときは，法務大臣は，通知された事実について必要な調査をしなければならない。

3　法務大臣は，第47条第1号若しくは第2号又は前条第1項第1号若しくは第2号の処分をしようとするときは，行政手続法（平成5年法律第88号）第13条第1項の規定による意見陳述のための手続の区分にかかわらず，聴聞を行わなければならない。

4　前項に規定する処分又は第47条第3号若しくは前条第1項第3号の処分に係る行政手続法第15条第1項の通知は，聴聞の期日の1週間前までにしなければならない。

5　前項の聴聞の期日における審理は，当該司法書士又は当該司法書士法人から請求があつたときは，公開により行わなければならない。

（資料及び執務状況の調査）

司法書士法施行規則　第42条　法務大臣（法第71条の2の規定により法第49条第1項及び第2項に規定する懲戒の手続に関する権限の委任を受けた法務局又は地方法務局の長を含む。次項及び第3項において同じ。）は，必要があると認めるときは，法第47条又は第48条第1項の規定による処分に関し，司法書士又は司法書士法人の保存する事件簿その他の関係資料若しくは執務状況を調査し，又はその職員にこれをさせることができる。

2　法務大臣は，前項の規定による調査を，司法書士会に委嘱することができる。

3　司法書士会は，前項の規定による調査の委嘱を受けたときは，その調査の結果を，意見を付して，委嘱をした法務大臣に報告しなければならない。

4　司法書士又は司法書士法人は，正当の理由がないのに，第1項及び第2項の規定による調査を拒んではならない。

(1)　国民一般による司法書士の法令違反の事実の通知

　何人も，司法書士または司法書士法人に懲戒事由があると思料するときは，法務大臣に対し，その事実を通知し，適当な措置をとることを求めることができる（司書§49Ⅰ）。

(2)　法務大臣の調査

①　法務大臣の調査義務

　国民一般からの懲戒の申出があった場合には，法務大臣は，通知された事実について必要な調査をしなければならない（司書§49Ⅱ）。

②　事件簿等の調査

　法務大臣は，必要があると認めるときは，司法書士法に定める懲戒処分（司書§47，48）に関し，司法書士または司法書士法人の保存する事件簿その他の関係資料若しくは執務状況を調査し，またはその職員にこれをさせることができる（司書規§42Ⅰ）。そして，法務大臣は，この調査を，司法書士会に委嘱することができる（同Ⅱ）。この委嘱を受けた司法書士会は，その調査結果について，委嘱した法務大臣に意見を付して報告しなければならない（同Ⅲ）。

　そして，司法書士または司法書士法人は，正当な事由がないときは，これらの調査を拒否してはならない（同Ⅳ）。

(3)　懲戒処分と聴聞の手続

　行政手続法13条1項は，行政庁が不利益処分をしようとする場合に，処分の内容に応じて，聴聞または弁明の機会を付与することを義務づけている。不利益処分とは，特定の者に「義務を課し，またはその権利を制限する処分」をいう（行手§2④）。

　聴聞とは，あらかじめ関係者の意見や言い分を聴くことであり，弁明の機会とは原則として書面をもって意見を述べることである。

①　業務禁止の場合

　この懲戒処分は，司法書士の欠格事由に該当し（司書§5⑤），その登録の必要的取消事由となる（司書§15Ⅰ④）。つまり，資格のはく奪処分であるから，行政手続法13条1項1号ロの「名宛人の資格又は地位を直接にはく奪する不利益処分」に該当し，聴聞が必要とされている。

　また，司法書士法人に対する懲戒処分としての解散も（司書§48Ⅰ③），司法書士法人の地位を直接はく奪する処分に当たり，同様に行政手続法13条1項1号ロに該当し聴聞が必要となる。

② 戒告・業務停止の場合

H3-10-ア

　　司法書士または司法書士法人に対する戒告および業務停止の懲戒処分は，行政手続法13条1項1号に定める事由のいずれにも当たらない。そのため，行政手続法上は同条同項2号の弁明の機会を付与すれば足りることになる。

　　しかし，戒告および業務停止についても，司法書士法は特則を設け，聴聞を必要的とした（司書§49Ⅲ）。

(4)　聴聞の期日における審理

　　聴聞の期日における審理は，その司法書士または司法書士法人から請求があったときは公開により行わなければならない（司書§49Ⅴ）。行政手続法上の，行政庁が公開することを相当と認めるときを除き公開しないとの原則（行手§20Ⅵ）に対する特則である。

4　懲戒処分の除斥期間

> **司法書士法 第50条の2**　懲戒の事由があつたときから7年を経過したときは、第47条又は第48条第1項の規定による処分の手続を開始することができない。

　　懲戒の事由となる事実があった時から7年を経過したときは当該事由によって懲戒処分の手続を開始することができない（司書§50の2）。司法書士における資料保管等の負担を軽減するためである。

5　司法書士に対する登録取消の制限等

> （登録取消しの制限等）
> **司法書士法 第50条**　法務大臣は，司法書士に対して第47条各号に掲げる処分をしようとする場合においては，行政手続法第15条第1項の通知を発送し，又は同条第3項前段の掲示をした後直ちに日本司法書士会連合会にその旨を通告しなければならない。
> 2　日本司法書士会連合会は，司法書士について前項の通告を受けた場合においては，法務大臣から第47条各号に掲げる処分の手続が結了した旨の通知を受けるまでは，当該司法書士について第15条第1項第1号又は第16条第1項各号の規定による登録の取消しをすることができない。

⑴　法務大臣による事前通知

　　法務大臣は，司法書士に対して懲戒処分をしようとするときは，行政手続法15条１項の通知を発送し，または同条３項前段の掲示をした後直ちに日本司法書士会連合会にその旨を通告しなければならない（司書§50Ⅰ）。

⑵　登録の取消しの制限

　　日本司法書士会連合会は，⑴の通告を受けたときは，法務大臣から懲戒処分の手続が結了した旨の通知を受けるまでは，その司法書士について業務廃止を理由とする登録の取消しの届出があっても登録の取消しをすることはできず，あるいは２年以上の業務休止や心身の故障による業務不能による登録の取消しをすることはできない（司書§50Ⅱ）。これは，業務停止または業務禁止の懲戒処分を受けようとする司法書士が自ら業務廃止等を名目として登録を取り消す等により，懲戒処分を免れることができないようにする趣旨である。

　　登録取消しの制限される時期が日本司法書士会連合会が通告を受けた後となっているのは，懲戒事由の調査の段階で登録の取消しが留保されるとすると，濫用された請求による懲戒申出の場合にも登録の取消しができず，司法書士の身分に重大な制限を及ぼすことになるからである。

6　懲戒に係る通知の受理権限の（地方）法務局長への委任等

（権限の委任等）

司法書士法 第37条の7　次に掲げる法務大臣の権限は，法務局又は地方法務局の長に委任する。ただし，第２号及び第３号に掲げる権限については，法務大臣が自ら行うことを妨げない。
一　法第49条第１項の規定による通知の受理
二　法第49条第２項の規定による調査
三　法第50条第１項の規定による通告
四　法第60条の規定による報告の受理
第37条の8　法務大臣は，法第49条第３項の規定による聴聞を行おうとするときは，第42条第１項の規定による調査を行つた法務局又は地方法務局の長の意見を聴くものとする。
2　法務大臣は，必要があると認めるときは，法第49条第３項の規定による聴聞の権限を法務局又は地方法務局の長に委任することができる。

⑴　懲戒に係る通知の受理権限の（地方）法務局長への委任

　　懲戒手続に係る法務大臣の権限は，（地方）法務局の長に委任する。ただし，②および③に掲げる権限については，法務大臣が自ら行うこともできる。

①　国民一般による司法書士の法令違反の事実の通知の受理（司書§49Ⅰ）

②　司法書士の法令違反の事実の調査（同Ⅱ）

③　司法書士に対して懲戒処分をしようとする旨の連合会への通告（司書§50Ⅰ）

④　司法書士会による所属の会員の法令違反の旨の報告の受理（司書§60Ⅰ）

⑵　聴聞の権限の（地方）法務局長への委任

　　法務大臣は，必要があると認めるときは，懲戒手続に係る聴聞の権限を（地方）法務局の長に委任することができる。

7　懲戒処分の公告等

⑴　懲戒処分の公告

> （懲戒処分の公告）
> **司法書士法 第51条**　法務大臣は，第47条又は第48条第１項の規定により処分をしたときは，遅滞なく，その旨を官報をもつて公告しなければならない。

H19-8-オ

　　法務大臣は，司法書士または司法書士法人に対して懲戒処分をしたときは，遅滞なくその旨を官報をもって公告しなければならない（司書§51）。

⑵　懲戒処分の通知

H3-10-エ

　　法務大臣は，司法書士法47条１号，２号または同48条１項１号，２号の処分をしたときは，その旨をその司法書士（法人）の所属する司法書士会に，同47条３号または同第48条第１項３号の処分をしたときはその旨を日本司法書士会連合会およびその司法書士（法人）の所属する司法書士会に通知しなければならない（司書規§38）。

第2節　司法書士会

Topics・司法書士会の規定について理解すること。

1　司法書士会の設立

(1)　設立の強制

　　司法書士は，その事務所の所在地を管轄する（地方）法務局の管轄区域ごとに，会則を定めて，1個の司法書士会を設立しなければならない（司書§52Ⅰ）。

(2)　司法書士会の目的

　　司法書士会は，会員の品位を保持し，その業務の改善進歩を図るため，会員の指導および連絡に関する事務を行うことを目的とする（司書§52Ⅱ）。 H31-8-ア

(3)　法　人

　　司法書士会は，法人とする（司書§52Ⅲ）。

　　ただし，会員の品位保持を図る等の目的で設立される法人であり，公益を目的とする社団ではないから，公益社団法人および公益財団法人の認定に関する法律上の公益法人ではない。

(4)　住所等に関する準用

　　一般社団法人及び一般財団法人に関する法律4条および78条の規定は，司法書士会に準用される（司書§52Ⅳ）。すなわち，司法書士会の住所はその事務所の所在地にあるものとする（一般法人§4）。また，理事その他の代理人がその職務を行うについて他人に加えた損害を賠償する責任を負う（一般法人§78）。

2　司法書士会の会則

(1)　会則の記載事項

　　司法書士会の会則には次の①〜⑫に掲げる事項を記載しなければならない（司書§53）。
① 名称および事務所の所在地
② 役員に関する規定
③ 会議に関する規定
④ 会員の品位保持に関する規定
⑤ 会員の執務に関する規定

⑥　入会および退会に関する規定

⑦　司法書士の研修に関する規定

⑧　会員の業務に関する紛議の調停に関する規定

⑨　司法書士会および会員に関する情報の公開に関する規定

⑩　資産および会計に関する規定

⑪　会費に関する規定

⑫　その他司法書士会の目的を達成するために必要な規定

(2)　会則の認可

`H元-10-1`　司法書士会の会則を定め，またはこれを変更するには，法務大臣の認可を受けなければならない（司書§54Ⅰ本文）。ただし，(1)の①及び⑦〜⑪の事項の変更についてはこの限りではない（同Ⅰただし書）。

`H元-10-4`　司法書士会が会則の認可を申請するには，その司法書士会の事務所の所在地を管轄する法務局または地方法務局の長を経由して，法務大臣に認可申請書を提出しなければならない（司書規§43Ⅰ）。

法務大臣は，会則を認可しまたは認可しない旨の処分をするには，日本司法書士会連合会の意見を聞かなければならない（司書§54Ⅱ）。

`H元-10-5`　法務大臣が会則を認可しまたは認可しない旨の処分をしたときは，その旨を当該司法書士会に，その事務所の所在地を管轄する法務局または地方法務局の長を経由して通知することになる（司書規§44）。

3　司法書士会の登記

司法書士会は，政令（組合等登記令）で定めるところにより登記をしなければならない（司書§55Ⅰ）。登記事項は，組合等登記令2条2項に規定されているが，このうち目的および業務は司法書士法に規定されているため，登記事項とはされていない（組合登令§2Ⅱ，同§26Ⅰ②）。

登記すべき事項は，登記の後でなければ，これをもって第三者に対抗することはできない（司書§55Ⅱ）。

4　司法書士会の役員

司法書士会には，会長，副会長および会則で定めるその他の役員を置く（司書§56Ⅰ）。会長は，司法書士会を代表しその会務を総理する（同Ⅱ）。副会長は，会長の定めるところにより，会長を補佐し，会長に事故があるときはその職務を代理し，会長が欠員のときはその職務を行う（同Ⅲ）。

`H元-10-2`　副会長を置くと規定されているため，司法書士会の会則をもって，副会長を置かないことを定めることはできない。

5 司法書士会への入会および退会

(1) 司法書士の入会，退会

（司法書士の入会及び退会）

司法書士法 第57条 第9条第1項の規定による登録の申請又は第13条第1項の変更の登録の申請をする者は，その申請と同時に，申請を経由すべき司法書士会に入会する手続をとらなければならない。

2 前項の規定により入会の手続をとつた者は，当該登録又は変更の登録の時に，当該司法書士会の会員となる。

3 第13条第1項の変更の登録の申請をした司法書士は，当該申請に基づく変更の登録の時に，従前所属していた司法書士会を退会する。

　　新規登録の申請または所属する司法書士会の変更の登録の申請をする者は，それらの申請と同時に，申請を経由すべき司法書士会に入会する手続をとらなければならない（司書§57Ⅰ）。この入会の手続をとった者は，その登録または変更の登録の時にその司法書士会の会員となる（同Ⅱ）。

`H20-8-ア`
`H10-8-イ`

　　所属する司法書士会の変更の登録の申請をした司法書士は，その申請に基づく変更の登録の時に従前所属していた司法書士会を退会する（同Ⅲ）。

(2) 司法書士法人の入会，退会

（司法書士法人の入会及び退会）

司法書士法 第58条 司法書士法人は，その成立の時に，主たる事務所の所在地の司法書士会の会員となる。

2 司法書士法人は，その清算の結了の時又は破産手続開始の決定を受けた時に，所属するすべての司法書士会を退会する。

3 司法書士法人の清算人は，清算が結了したときは，清算結了の登記後速やかに，登記事項証明書を添えて，その旨を，主たる事務所の所在地の司法書士会及び日本司法書士会連合会に届け出なければならない。

4 司法書士法人は，その事務所の所在地を管轄する法務局又は地方法務局の管轄区域外に事務所を設け，又は移転したときは，事務所の新所在地においてその旨の登記をした時に，当該事務所の所在地を管轄する法務局又は地方法務局の管轄区域内に設立された司法書士会の会員となる。

5 司法書士法人は，その事務所の移転又は廃止により，当該事務所の所在地を管轄する法務局又は地方法務局の管轄区域内に事務所を有しないこととなつたときは，旧所在地においてその旨の登記をした時に，当該管轄区域内に

　　設立された司法書士会を退会する。

6　司法書士法人は，第4項の規定により新たに司法書士会の会員となつたときは，会員となつた日から2週間以内に，登記事項証明書及び定款の写しを添えて，その旨を，当該司法書士会及び日本司法書士会連合会に届け出なければならない。

7　司法書士法人は，第5項の規定により司法書士会を退会したときは，退会の日から2週間以内に，その旨を，当該司法書士会及び日本司法書士会連合会に届け出なければならない。

① 　司法書士法人の入会

H28-8-ア
H23-8-イ
H20-8-ウ

　　司法書士法人は，その成立の時に，主たる事務所の所在地の司法書士会の会員となる（司書§58Ⅰ）。

　　司法書士法人は，その事務所の所在地を管轄する（地方）法務局の管轄区域外に事務所を設けまたは移転したときは，事務所の新所在地においてその旨の登記をした時に，その事務所の所在地を管轄する（地方）法務局の管轄区域内に設立された司法書士会の会員となる（同Ⅳ）。この場合，司法書士法人は，会員となった日から2週間以内に，登記事項証明書および定款の写しを添えて，その旨をその司法書士会および連合会に届け出なければならない（同Ⅵ）。

② 　司法書士法人の退会

　　司法書士法人は，その清算の結了の時または破産手続開始決定を受けた時に，所属するすべての司法書士会を退会する（司書§58Ⅱ）。司法書士法人の清算人は，清算が結了したときは，清算結了の登記後速やかに登記事項証明書を添えて，その旨を主たる事務所の所在地の司法書士会および連合会に届け出なければならない（同Ⅲ）。

　　司法書士法人は，その事務所の移転または廃止によりその事務所の所在地を管轄する（地方）法務局の管轄区域内に事務所を有しないこととなったときは，旧所在地においてその旨の登記をした時に，その管轄区域内に設立された司法書士会を退会する（同Ⅴ）。この場合，司法書士法人は，退会の日から2週間以内に，その旨をその司法書士会および連合会に届け出なければならない（同Ⅶ）。

③　入会，退会の通知

司法書士会は，入会しまたは退会した司法書士の氏名，住所，事務所および登録番号を，その司法書士会の事務所の所在地を管轄する（地方）法務局の長に通知しなければならない（司書規§40本文）。

ただし，登録に伴う入会または所属する司法書士会の変更の登録に伴う入会および退会については，この限りではない（同ただし書）。

6　司法書士会による紛議の調停

司法書士会は，所属する会員の業務に関する紛議につき，その会員または当事者その他の関係人の請求により調停をすることができる（司書§59）。 `H31-8-イ`

司法書士の業務が高度化・複雑化すると，依頼者との間で紛議が多くなることが予想されるところ，このような紛議については中立的な立場にある者が第一次的な調停に当たることが望ましい。そこで，司法書士の業務についての専門的知識を有し，かつその指導および連絡に関する事務を行う立場にある司法書士会が紛議の調停に当たることとされたのである。

7　司法書士会の法務大臣への報告義務

司法書士会は，所属する会員が司法書士法または司法書士法に基づく命令に違反すると思料するときは，その旨を，法務大臣に報告しなければならない（司書§60）。そして，この報告を受理するのは，（地方）法務局の長である（司書規§37の7④）。 `H31-8-オ` `H4-8-イ` `H3-10-イ`

8　司法書士会による注意勧告

司法書士会は，所属する会員が司法書士法または司法書士法に基づく命令に違反するおそれがあると認めるときは，会則の定めるところにより，その会員に対して注意を促しまたは必要な措置を講ずべきことを勧告することができる（司書§61）。

司法書士会は，所属の司法書士に対し上記の注意を促しまたは勧告をしたときは，その旨をその司法書士会の事務所の所在地を管轄する（地方）法務局の長に報告しなければならない（司書規§41）。 `H9-8-オ` `H4-8-ウ`

第3節　日本司法書士会連合会

Topics・日本司法書士会連合会の規定について理解すること。

1　日本司法書士会連合会の設立

(1)　設立の強制

全国の司法書士会は，会則を定めて日本司法書士会連合会（以下，連合会という）を設立しなければならない（司書§62Ⅰ）。

(2)　連合会の目的

連合会は，司法書士会の会員の品位を保持し，その業務の改善進歩を図るため，司法書士会およびその会員の指導および連絡に関する事務を行い，ならびに司法書士の登録に関する事務を行うことを目的とする（司書§62Ⅱ）。

2　日本司法書士会連合会の会則

(1)　会則の記載事項

連合会の会則には，次の①〜⑤の事項を記載しなければならない（司書§63）。

① 名称および事務所の所在地，司法書士の研修に関する規定，資産および会計に関する規定，会費に関する規定（司書§53①⑦⑩⑪）
② 役員に関する規定，会議に関する規定（司書§53②③）
③ 司法書士の登録に関する規定
④ 連合会に関する情報の公開に関する規定
⑤ その他連合会の目的を達成するために必要な規定

(2)　会則の認可

連合会の会則を定めまたはこれを変更するには，法務大臣の認可を受けなければならない（司書§64本文）。ただし，(1)の①および④に係る会則の変更についてはこの限りではない（同ただし書）。

連合会がその会則の認可を申請するには，法務大臣に認可申請書および必要な添付書面を提出しなければならない（司書規§45，43Ⅱ）。

3　法務大臣への建議

連合会は，司法書士または司法書士法人の業務または制度について法務大臣に建議し，またはその諮問に答申することができる（司書§65）。

4　登録審査会

　　連合会は，登録審査会を設置する（司書§67Ⅰ）。登録審査会は，会長およ
び委員4名をもって組織し，会長は連合会の会長をもって充てる（同ⅢⅣ）。
委員は，会長が法務大臣の承認を受けて，司法書士，法務省の職員および学識
経験者のうちから委嘱する（同Ⅴ）。委員の任期は2年とし，欠員が生じた場
合の補充の委員の任期は前任者の残任期間とする（同Ⅵ）。

　　登録審査会は，連合会の請求により，司法書士の登録の拒否（司書§10Ⅰ②，
③）または登録の取消し（司書§16Ⅰ）について審議を行う（司書§67Ⅱ）。

5　司法書士会に関する規定の準用

　　連合会については，司法書士会についての以下の規定が準用される（司書§
66）。

(1)　法人であること等に関する規定（司書§52ⅢⅣ）の準用

(2)　登記に関する規定（司書§55）の準用

(3)　役員に関する規定（司書§56）の準用

第4節　公共嘱託登記司法書士協会

Topics ・公共嘱託登記司法書士協会の規定について理解すること。

1　公共嘱託登記司法書士協会の設立

(1)　設立の目的

　　その名称中に公共嘱託登記司法書士協会という文字を使用する一般社団法人は，社員である司法書士および司法書士法人がその専門的能力を結合して官庁，公署その他政令で定める公共の利益となる事業を行う者（以下，官公署等という）による不動産の権利に関する登記の嘱託または申請の適切かつ迅速な実施に寄与することを目的とし，かつ以下(2)～(4)に掲げる内容の定款の定めを有するもの（以下，協会という）に限り，設立することができる（司書§68Ⅰ柱書）。

(2)　協会の社員

H3-9-2

　　協会の社員は，同一の（地方）法務局の管轄区域内に事務所を有する司法書士または司法書士法人でなければならない（司書§68Ⅰ①）。したがって，協会の社員である司法書士が事務所を他の（地方）法務局の管轄区域内に移転したときは，社員の資格を失う。

(3)　協会の社員の加入

　　協会は，同一の（地方）法務局の管轄区域内に事務所を有する司法書士または司法書士法人が協会に加入しようとするときは，正当な理由がなければ，その加入を拒むことはできない（司書§68Ⅰ②）。退会も自由である。

(4)　協会の理事

　　協会の理事の員数の過半数は，社員（社員である司法書士法人の社員を含む）でなければならない（司書§68Ⅰ③）。

(5)　定款変更の不許

　　協会についての上記(2)～(4)に関する定款の定めは，変更することができない（司書§68Ⅱ）。

(6)　成立の届出

　　上記(1)の一般社団法人が成立したときは，成立の日から2週間以内に登記事項証明書および定款の写しを添えて，その旨をその主たる事務所の所在地を管轄する（地方）法務局の長およびその管轄区域内に設立された司法書士会に届け出なければならない（司書§68の2）。

2　公共嘱託登記司法書士協会の業務

(1)　協会の業務

　　協会は，司法書士法68条1項に規定する目的を達するため官公署等の嘱託を受けて，不動産の権利に関する登記につき，法3条1項1号～5号の業務を行う（司書§69Ⅰ）。　`H3-9-5`

(2)　事件の配分

　　協会は，その業務を，司法書士会に入会している司法書士または司法書士法人でない者に取り扱わせてはならない（司書§69Ⅱ）。その違反に対しては，罰則がある（司書§77）。司法書士会に入会している司法書士または司法書士法人であればよく，協会に属さない司法書士または司法書士法人，他の協会の社員に業務を取り扱わせることもできる。　`H3-9-1` `H3-9-3`

(3)　事件の受任等

　　協会がその事務所を管轄する（地方）法務局の管轄区域外の官公署等から委任を受けることや協会の社員たる司法書士が個人の資格で官公署等から委任を受けることには，何ら制約はない。

(4)　依頼に応ずる義務

　　協会は，正当な事由がある場合でなければ，依頼を拒むことはできない（司書§70，21）。これに違反したときは，その違反行為をした協会の理事または職員は，100万円以下の罰金に処せられる（司書§75Ⅲ）。

(5)　協会の業務の監督

　　協会の業務は，その主たる事務所の所在地を管轄する（地方）法務局の長の監督に属する（司書§69の2Ⅰ）。（地方）法務局の長は，協会の業務の適正な実施を確保するため必要があると認めるときは，いつでも，その業務および協会の財産状況を検査しまたは協会に対しその業務に関し監督上必要な命令をすることができる（司書§69の2Ⅱ）。　`H31-8-エ`

⑹　その他の業務上の義務

　　上記⑶の依頼応諾義務（司書§70，21）につき，依頼を拒んだ場合における理由書の交付の規定が準用される（司書規§51，27）。また，不当依頼誘致の禁止（司書規§51，26），領収証に関する規定（司書規§48）および協会の事件簿の規定がある（司書規§49）。

3　司法書士会の助言

　　司法書士会は，所属の会員が社員である協会に対し，その業務の執行に関し必要な助言をすることができる（司書§71）。

4　非司法書士等の取締り

⑴　非司法書士の取締り

　　司法書士会に入会している司法書士または司法書士法人でない者（協会を除く）は，他の法律に別段の定めがない限り，司法書士法3条1項1号〜5号に規定する業務を行ってはならない（司書§73Ⅰ本文）。これに違反すると，1年以下の懲役または100万円以下の罰金に処せられる（司書§78Ⅰ）。

⑵　協会による業務の取扱いの禁止

　　協会は，その業務の範囲を超えて，司法書士法3条1項1号〜5号に規定する業務を行ってはならない（司書§73Ⅱ）。これに違反すると，その違反行為をした協会の理事または職員は，1年以下の懲役または100万円以下の罰金に処せられる（司書§78Ⅱ）。

⑶　名称の使用の禁止

　　司法書士でない者は，司法書士またはこれに紛らわしい名称を用いてはならない（司書§73Ⅲ）。司法書士法人でない者は，司法書士法人またはこれに紛らわしい名称を用いてはならない（司書§73Ⅳ）。協会でない者は，公共嘱託登記司法書士協会またはこれに紛らわしい名称を用いてはならない（司書§73Ⅴ）。

　　これらの名称使用の禁止のいずれかに違反すると，100万円以下の罰金に処せられる（司書§79）。

付　録

様式・書式集

1 弁済供託の供託書の例

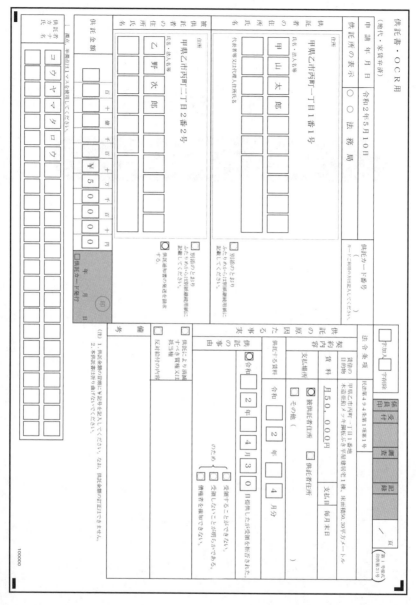

2 執行供託の供託書の例

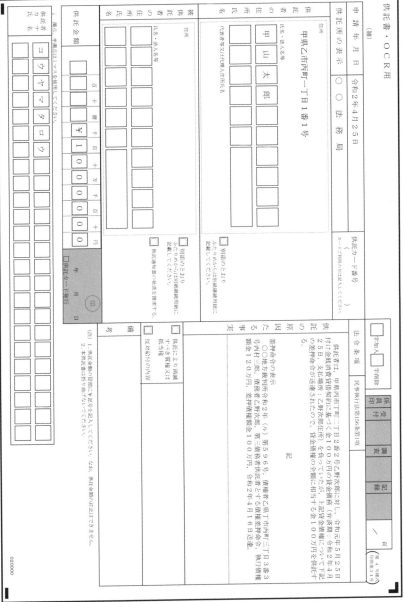

3 裁判上の担保供託の供託書の例

供託書・OCR用
〔裁判上の保証及び仮差押・仮処分解放金〕

| 申請年月日 | 令和2年2月15日 |
| 供託所の表示 | ○○法務局 |

供託者の住所
（○○○－○○○○）
甲山市内町一丁目1番1号

供託者の氏名・法人名等
甲山産業株式会社
代表者等ではない代理人の住所氏名
甲県乙市内町二丁目2番2号 代理人 乙野次郎

被供託者の住所
（○○○－○○○○）
甲県乙市内町三丁目3番3号

被供託者の氏名・法人名等
丙川運輸株式会社
代表者等ではない代理人の住所氏名
甲県乙市内町二丁目2番2号 代理人 乙野次郎

供託金額
¥100,000,000

□ 別添のとおり　ふたりめからは別紙継続用紙に記載してください。
□ 別添のとおり　ふたりめからは別紙継続用紙に記載してください。

受理　年　月　日　印

供託者カナ氏名
コウヤマサンギョウカブシキガイシャ

１．income点、半濁点は1マスを使用してください。

10000

法令条項
民事執行法第10条第1項第3号

裁判所及び事件の名称等
○○地方裁判所　　支部
令和2年（モ）第10号　強制執行停止決定申立事件

当事者
□原告　□申請人　□債権者　□被申請人　□債務者
□被告　□債務者　□被告　□被申請人　□債権者

供託の原因たる事実
□訴訟費用の担保　□仮執行の担保　□仮執行を免れるための担保
□強制執行停止の保証　□強制執行取消の保証　□強制執行続行の保証
□仮差押取消の保証　□仮差押の保証　□仮処分の保証
□仮差押解放金　□仮差押取消の保証　□仮処分解放金

備考
□その他

（注）1. 保証金額の単位に¥記号等を記入してください。なお、供託金額の訂正はできません。
2. 本供託書正本は折り曲げないでください。

100000

4 営業保証供託の供託書の例

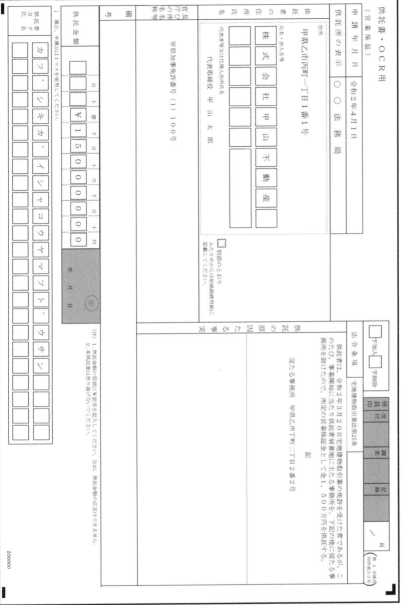

5 選挙供託の供託書の例

供託書・OCR用

（別紙）

受付	調査	記録	頁
供託官印			

（第4号様式）
（用紙A4）

□予加入人 □予削除

法令条項 公職選挙法第92条第1項

供託の原因たる事実
供託者は、令和2年4月20日に行われる衆議院議員の総選挙につき、小選挙区選出議員選挙甲県第1区の選挙長に対し、立候補の届出をするための供託をする。

供託所の表示	甲県乙市内町三丁目3番3号

申請年月日　令和2年4月8日

○○法務局

供託カード番号
（カード利用の方は記入してください。）

供託者

住所	甲県乙市内町三丁目3番3号
氏名	甲山太郎

代表者等又は代理人住所氏名

被供託者

住所	
氏名	

供託者の氏名・法人名等

供託者の住所

国

供託金額

億	千万	百万	十万	万	千	百	十	円
		3	0	0	0	0	0	0

□ふりがなのとおり別紙供託用紙に記載してください。

□別紙のとおり

□ふりがなのとおり別紙供託用紙に記載してください。

□別紙のとおり

□供託通知書の発送を嘱託する。

□供託により消滅すべき質権又は抵当権

□反対給付の内容

備考

官庁の名称　衆議院小選挙区選出議員選挙甲県第1区選挙長

供託金の利息
年　月　日
□供託カード発行

供託者カナ氏名
コウヤマタロウ

供託者氏名

（注）1 供託金額の冒頭に¥記号を記入してください。なお、供託金額の訂正はできません。
2 本供託書は折り曲げないでください。

□備考欄　年　月　日（印）

020000

6 供託カードを使用した場合の供託書の例

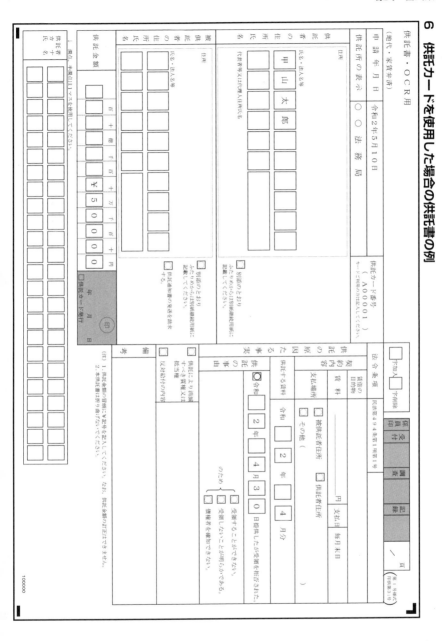

７ 供託金払渡請求書の例

請求年月日	令和２年２月１５日
供託所の表示	○○法務局

○○

請求者の住所氏名印

（〒○○○－○○○○）
甲県乙市丙町一丁目１番１号
甲山太郎 ㊞

［代理人による請求のときは、代理人の住所
氏名をも記載し、代理人が押印すること。］

受付番号	第　　　　号
整理番号	第　　　　号
	年　月　日　認可　㊞

払渡請求事由及び還付取戻の別

還付　1. 供託受諾　2. 担保権実行　3.

取戻　1. 供託不受諾　2. 供託原因消滅　3.

1. 隔地払　3. 頂貯金振込
隔地払、国庫金
振替、預貯金振
込を希望すると
きはその旨

2. 国庫金振替
受取人
銀行　　　店

預貯金の種別
振込先　　銀行　　　店
預貯金口座番号　普通・当座・通知・別段
預貯金口座名義
人（かな書き）

備　考

供託番号	元本金額	利息を付す期間	利息金額
28年度金第240号	20,000円	年　月から　年　月まで	円
28年度金第350号	20,000円	年　月から　年　月まで	
28年度金第460号	20,000円	年　月から　年　月まで	
年度金第　号		年　月から　年　月まで	
			元　　　　件
			利
			計

合計金額	本	￥ 6 0 0 0 0
元 合計		百 十 万 千 百 十 円

上記金額を受領した。
年　月　日
受取人氏名 ㊞

（代理人により受け取るときは、本人の氏名及び代理人の氏名印）

8 供託有価証券払渡請求書の例

供託番号	記号番号	名称	枚数	総面額	備考
			枚数	総　面　額	券面額、回記号及び番号
56年度証第184号		利付国庫債券（10年）	3枚	300,000円	10万円券、第12回312から314まで
年度証第　　号					
年度証第　　号					
計			3枚	300,000円	

請求年月日　平成元年4月10日

供託所の表示　〇〇法務局

請求者の住所氏名印
甲県乙市丙町1丁目1番1号
甲野太郎　㊞

（代理人によるときは、代理人の住所氏名をも記載し。）
（代理人が押印すること。）

払渡の事由及び取戻
払及び渡付請取事由
遷付　取戻
1.供託受諾　2.供託原因消滅
3.没収

保管印　受付　第　号　平成　年　月　日認可㊞
受付番号　第　　号
受付　調査　照合　交付　元帳
平成　年　月　日認可㊞

上記払渡を認可する。

平成　年　月　日
供託局官　　㊞

又は

供託官の認可した払渡請求書一通を受領した。

上記有価証券を受領した。
平成　年　月　日
受取人氏名　　㊞
（代理人により受け取るときは、本人の氏名及び代理人の氏名印）

用 語 索 引

用語索引

判例先例索引

257

司法書士スタンダードシステム

司法書士　スタンダード合格テキスト 9　供託法・司法書士法　第4版

2013年 9 月20日　初　版　第 1 刷発行
2022年 9 月15日　第 4 版　第 1 刷発行

編 著 者	Wセミナー／司法書士講座	
発 行 者	猪　野　　　　樹	
発 行 所	株式会社　早稲田経営出版	

〒101-0061
東京都千代田区神田三崎町3-1-5
神田三崎町ビル
電話 03 (5276) 9492 (営業)
FAX 03 (5276) 9027

組　　版	株式会社　エストール
印　　刷	今 家 印 刷 株 式 会 社
製　　本	東 京 美 術 紙 工 協 業 組 合

© Waseda Keiei Syuppan 2022　　　　Printed in Japan　　　　ISBN 978-4-8471-4956-6
N.D.C. 327

Ｗセミナー 司法書士講座

総合力養成コース

対象:初学者、または基礎知識に不安のある方

20ヵ月、1.5年、1年、速修 総合本科生・本科生

[山本オートマチック]　[入門総合本科生]

9月～開講　20ヵ月総合本科生

総合力アップコース

対象:受験経験者、または一通り学習された方

上級総合本科生

対象:受験経験者、答練を通してアウトプットの訓練をしたい方

答練本科生

対象:受験経験者、または一通り学習された方

山本プレミアム上級本科生[山本オートマチック]

択一式対策コース

対象:択一式でアドバンテージを作りたい方

択一式対策講座[理論編・実践編]

対象:応用力をつけたい方

山本プレミアム中上級講座[山本オートマチック]

記述式対策コース

対象:記述式の考え方を身につけたい方

オートマチックシステム記述式講座[山本オートマチック]

対象:記述式の解法を知り、確立させたい方

記述式対策講座

法改正対策コース

対象:近時の改正点を押さえたい方

法改正対策講座

直前対策コース

対象:本試験の解答テクニックを習得したい方

本試験テクニカル分析講座[山本オートマチック]

対象:直前期に出題予想論点の総整理をしたい方

予想論点セット(択一予想論点マスター講座＋予想論点ファイナルチェック)

対象:本試験レベルの実戦力を養成したい方

4月答練パック

模試コース

対象:直前期前に実力を確認したい方

全国実力Check模試

対象:本試験と同形式・同時間の模試で本試験の模擬体験をしたい方

全国公開模試

Ｗセミナーなら
身につく合格力!

Wセミナーは目的別・レベル別に選べるコースを多数開講!

Wセミナーでは目的別・レベル別に選べるコースを多数開講しています。受験生個々のニーズに合ったコースを選択すれば、合格力をアップすることができます。

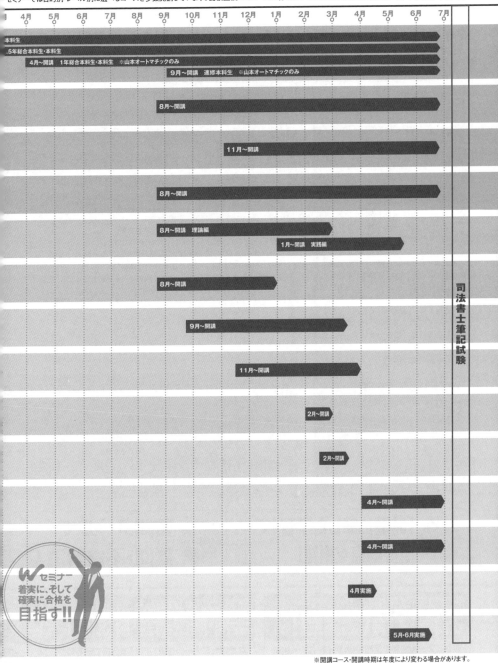

4月	5月	6月	7月	8月	9月	10月	11月	12月	1月	2月	3月	4月	5月	6月	7月

本科生

.5年総合本科生・本科生

4月～開講　1年総合本科生・本科生　※山本オートマチックのみ

9月～開講　速修本科生　※山本オートマチックのみ

8月～開講

11月～開講

8月～開講

8月～開講　理論編

1月～開講　実践編

8月～開講

9月～開講

11月～開講

2月～開講

2月～開講

4月～開講

4月～開講

4月実施

5月・6月実施

司法書士筆記試験

Wセミナー
着実に、そして
確実に合格を
目指す!!

※開講コース・開講時期は年度により変わる場合があります。

Wセミナー 答練・模試

タイムリーなカリキュラムで「今、解くべき問題」の演習を実現しました

●—[11月]　　　●—[1月]　　　●—[2月]　　　●—[3

過去問学習のペースメーカー！　　　全出題範囲の主要論点を総潰し！

11月 開講（全6回）
総合力底上げ答練

<出題数>
択一式 全210問（各回35問）
記述式 全12問（各回2問）

年内は過去問を学習する受験生が多いので、それに合わせて"過去問学習のペースメーカー"になるように工夫されたタイムリーな答練です。各問題には「過去問チェック」を掲載しているため、答練の復習と同時に過去問の肢を確認できます。また、受験経験者の方にとっては"本試験の勘"を取り戻していただくために、各回択一35問、記述2問を本試験と同様の形式で解き、年明けの学習へのステップとして利用できる答練となっています。

1月 開講（全12回）
科目別全潰し答練

<出題数>
択一式 全420問（各回35問）
記述式 全24問（各回2問）

年明けすぐの1月〜3月は、4月からの直前期を迎える前に、全科目を一通り学習できる時機です。そこで、科目ごとにもう一度試験範囲を一通り学習するためのペースメーカーとして、タイムリーな科目別答練を用意しました。択一式では、司法書士試験の出題範囲である主要論点を網羅しているため、ご自身の科目別の学習と併用して受講することにより学習効果が大きく上がります。また、記述式については、毎回2問を出題しており、時間配分の練習に着目して受講することで、特に記述式の実戦練習をしたい方にも適している答練です。

 Point 「時機に即した学習」で重要論点を網羅！

 Point 質問メールで疑問・不安解消！

開講講座・試験情報・キャンペーン等
お得な情報満載！

Wセミナー司法書士講座Webサイト

| Wセミナー 司法書士 | 検索 |

無料・カンタン申込み
答練・解説講義・解説冊子を体験！

なぜWセミナーの答練"だけ"で合格できるのか？
その「答え」がここにあります！

全ての答練・模試をパッケージ化した「答練本科生」「答練本科生記述対策プラス」には、「法改正対策講座（全2回）」もカリキュラムに加わります。

受験生を合格へと導く！
W セミナー
「太鼓判」
答練で磨く！答練で合格を勝ち取る！

●[4月] ●[5月] ●[7月]

出題予想論点で本試験予行練習！

4月

全国実力Check模試

実戦形式で隙間を埋める！

4月 開講（全6回）

合格力完成答練

<出題数>
択一式	全210問（各回35問）
記述式	全12問（各回2問）

4月から5月の直前期においては、本試験と同じ問題数、同じ時間で本試験レベルの問題を解くことにより、繰り返し本試験の予行演習を行うことが合格には不可欠です。その予行演習を通して各自の足りない所を発見し、直前期の学習に役立てていただくことをコンセプトにした"合格する力を完成させる"タイムリーな答練を用意しました。直前期の勉強のペースメーカーとして威力を発揮する実戦的な答練です。

出題予想論点で本試験予行練習！

5〜6月

全国公開模試 第1〜3回

本試験と同じ問題数、同じ時間で実施されるタイムリーな本試験予行演習です。"今年の本試験での出題が予想される論点"を中心に本試験レベルの問題を出題します。今までの答練シリーズで学習し積み重ねた"成果"を試す絶好の機会であるといえます。「全国実力Check模試」は時期的に直前期に入る前に実施されるため、"今の自分にとって何が足りないか？"を確認できるよう、基本的な論点を中心に問題が構成されています。直前期の学習に役立ててください。「全国公開模試」は今までの答練シリーズの総決算です。本番の試験のつもりで、ご自身の実力を試してみてください。

司法書士筆記試験

※開講コース・開講時期は年度により変わる場合があります。

Point **充実した割引制度で受験生をバックアップ！**

Point **通信生も答練教室受講OK！**

書籍の正誤に関するご確認とお問合せについて

書籍の記載内容に誤りではないかと思われる箇所がございましたら、以下の手順にてご確認とお問合せをしてくださいますよう、お願い申し上げます。

なお、正誤のお問合せ以外の**書籍内容に関する解説および受験指導などは、一切行っておりません。**
そのようなお問合せにつきましては、お答えいたしかねますので、あらかじめご了承ください。

1 「Cyber Book Store」にて正誤表を確認する

早稲田経営出版刊行書籍の販売代行を行っている
TAC出版書籍販売サイト「Cyber Book Store」の
トップページ内「正誤表」コーナーにて、正誤表をご確認ください。

CYBER TAC出版書籍販売サイト
BOOK STORE

URL：https://bookstore.tac-school.co.jp/

2 1の正誤表がない、あるいは正誤表に該当箇所の記載がない ⇒ 下記①、②のどちらかの方法で文書にて問合せをする

★ご注意ください★

お電話でのお問合せは、お受けいたしません。
①、②のどちらの方法でも、お問合せの際には、「お名前」とともに、
「対象の書籍名（○級・第○回対策も含む）およびその版数（第○版・○○年度版など）」
「お問合せ該当箇所の頁数と行数」
「誤りと思われる記載」
「正しいとお考えになる記載とその根拠」
を明記してください。
なお、回答までに１週間前後を要する場合もございます。あらかじめご了承ください。

> ① ウェブページ「Cyber Book Store」内の「お問合せフォーム」より問合せをする
>
> 【お問合せフォームアドレス】
>
> ### https://bookstore.tac-school.co.jp/inquiry/

> ② メールにより問合せをする
>
> 【メール宛先　早稲田経営出版】
>
> ### sbook@wasedakeiei.co.jp

※土日祝日はお問合せ対応をおこなっておりません。
※正誤のお問合せ対応は、該当書籍の改訂版刊行月末日までといたします。

乱丁・落丁による交換は、該当書籍の改訂版刊行月末日までといたします。なお、書籍の在庫状況等により、お受けできない場合もございます。
また、各種本試験の実施の延期、中止を理由とした本書の返品はお受けいたしません。返金もいたしかねますので、あらかじめご了承くださいますようお願い申し上げます。

（2022年7月現在）